传 媒 学

Media Communication

编著 （日）桥元良明

译 江 晖

东南大学出版社
·南京·

图书在版编目(CIP)数据

传媒学／(日)桥元良明编著；江晖译. —南京：
东南大学出版社,2013.7
 ISBN 978-7-5641-4379-4

Ⅰ.①传… Ⅱ.①桥… ②江… Ⅲ.①传播媒介—研究—日本 Ⅳ.G219.313

中国版本图书馆 CIP 数据核字(2013)第 153910 号

MEDIA COMMUNICATION GAKU by HASHIMOTO Yoshiaki
Copyrights 2008 HASHIMOTO Yoshiaki
All rights reserved.
Originally published in Japan by TAISHUKAN PUBLISHING CO., LTD., Tokyo.
Chinese(in simplified character only) translation rights arranged with TAISHUKAN PUBLISHING CO., LTD., Japan
through THE SAKAI AGENCY and BARDON-CHINESE MEDIA AGENCY.

江苏省版权局著作权合同登记
图字:10-2013-209

传媒学

出版发行:东南大学出版社
社　　址:南京市四牌楼2号　　邮　编:210096
出 版 人:江建中
网　　址:http://www.seupress.com
经　　销:全国各地新华书店
印　　刷:南京玉河印刷厂
开　　本:880mm×1230mm　1/32
印　　张:7
字　　数:214千
版　　次:2013年7月第1版
印　　次:2013年7月第1次印刷
书　　号:ISBN 978-7-5641-4379-4
印　　数:1—4000册
定　　价:30.00元

* 本社图书若有印装质量问题,请直接与营销部联系,电话:025-83791830。
* 版权所有,未经书面许可,本书的任何部分和全部不得以任何形式重制。

序　言

　　在被喻为"信息时代"的当下世界，如若你稍作用心，便会发现"媒体"已似一张绵密的网，于悄然无声之际渗透进我们日常生活的点滴之中。在近代百年时光里，我们见证了电话、广播、电影、电视、手机、网络的诞生，将这一刻放置于人类数万年的历史长河中，形容之为"日新月异"亦不为过。今日之光景，非但古人，甚至在半个世纪之前人们自身也未曾得以想象吧。

　　可是世间万物终具两面，媒体亦然。从问世到大量普及，媒体的发展总不免伴随着喜忧参半的声音和质疑的眼光。当某时某刻，人们开始抱怨对媒体的操控力不从心时，一种恐惧心理便会不禁而生。但终究是人类创造了媒体，而媒体却如水滴石穿般改变着人类的生活，这仿佛是一个因果关系有待明确、亦或永远无法明确的循环。或许，媒体的真正力量，是在于改变了人类认识世界的方式，从而促使并且加速了社会变革的脚步。因此，身处其中的我们，能够窥其规律且游刃有余驾驭之者乃时代之强者也。

　　那么，如何能够成为上述的强者呢？简明扼要地说，需要的是一种学术的眼光和思考方式。不仅要观其"象"，更要究其"理"。如果说社会和人类自身是成全媒体发展的土壤，作为媒介手段的媒体究竟如何运作其中，使得社会和人类的关系得以重新编排演绎？社会、人类、媒体，这三者的关系定位即是我们眼前的课题。而本书的出版，旨在为诸位读者提供一种源自社会心理学的方法论，用以思考有关传媒的现实问题。诸如日常人际关系和家庭形态、社区团体运营、信息收集、舆论形成，乃至年轻人所喜好的游戏和音乐等诸多领域里发生的IT变革，都可以理解为是经由媒体产生的全新交流方式。本书在考察这些现象背后的社会意义的同时，还将探讨由此衍生的关联事项以及社会文化等众多大家的关心所在。

　　选择将本书翻译出版，主要原因有二。一为本书从社会学、社会心理学的专业角度对媒体以及人类的传播交流活动作出了全新的诠释，这在以往的出版书籍里尚不多见，因此首先其专业性和创新性值得我们关注。本书原著编者日本东京大学桥元良明教授，长期从事有关媒体、传播学方面的研究，在日本学术界有着举足轻重的影响。其代表编著的《日本人的情报行动》丛书是考察日本社会媒体发展和利用的最权威的实证报告。桥元教授所著颇丰，但是遗憾由于语言问题，其作品并未能与国内的广大读者见面，希望本书的出版能够成为精彩的开场篇，而有望待其后续。原因之二在于本书在论述有关传媒学的基础知识时，不仅大量引用了欧美学术界的先行研究成果，更结合了日本社会的实际情况，提供了丰富的数据加以分析，因此，本书对于从事日本研究的专业人员，以及对日本社会的媒体发展、国民的媒体利用状况有兴趣的读者来说，都不失为一部珍贵的参考资料。

本书各章作者均是来自日本各大高校以及研究机关、在日本学术界媒体研究领域取得成就者，从这个意义上来说，本书也可谓是"取千家之长"。

本书内容分为两大部分：媒体的扩张、现代信息社会的传播交流活动，共12个章节。每个章节由不同作者执笔，内容也相对独立。每章开头用发问的形式归纳出本章的重点内容，让读者带着疑问进入本章的阅读。文章中出现的一些专有名词和术语，在适当的地方给予了解释。另有一部分涉及日本社会背景的知识，译者也尽可能在书下注释里作了补充说明。章节末尾的 Extension Study 栏目主要用于介绍相关联的研究成果以及成果应用情况，有兴趣的读者可以结合参考文献中列举的书籍做进一步探讨。现将各章内容简述如下，希望能够方便各位读者阅读本书。

在第一部"媒体的扩张"里，主要将视线锁定在媒体的发展历程，对于技术革新仍在进行中的各大媒体，回顾其历史并且对未来的发展前景予以展望。其实媒体的诞生和进化在某种意义上来说是技术革命的附属史，以往不少著作都对这方面做了阐述。在此，本书将考察的重点放在媒体在社会生活中的应用及其意义，所以亦可将之看做是一部媒体的"生活史"。

第0章　从"声音文化"到"网络时代"——传媒发展史概观（作者：桥元良明）

从人类的交流能力、欲望、身体能力制约等角度出发，记述了人类创造媒体的基本动机和原始动力。原本主要依靠优秀的视觉处理能力生存的人类，却不得已转而采用作为听觉记号的声音为交流手段，但是正是在这样的过程里，为了弥补声音交流的缺陷，以文字为首的诸多媒体相继被开发问世。

第 1 章　电话的发展——手机文化的兴起（作者：松田美佐）

讲述了作为克服了声音交流在空间范围内的制约的媒体——电话的发明具有怎样的社会意义，并且比较了家庭固定电话与手机的区别所在。如今的手机，早已不再局限为一种交流工具，它在具备了多功能媒体的性质后给人类生活带来了怎样的变化，今后又可能出现哪些方面的发展，本章作出详尽分析。

第 2 章　图像媒体的发展——电视的诞生与未来（作者：小平佐智子）

选取在人们的日常生活中不可或缺的电视作为考察对象，记述了电视的问世给人们的生活方式和生活形态造成了何等巨大的影响，以及在时代进程中人们的收视方式和收视心态所发生的变化。

第 3 章　活字媒体的变迁——书籍报纸的发展前景（作者：辻大介）

叙述了印刷术的普及为人类社会进步作出的贡献，其中特别对报纸问世的历史背景及其社会近代化发展过程中产生的作用作了归纳总结。如今活字媒体的发展前景堪忧，那么书籍和报纸今后将何去何从也是本章关注的重点之一。

第 4 章　声音媒体——广播与"青年文化"（作者：南田胜也）

从文化视角探讨了广播诞生的意义，特别讲述了广播对于日本年轻人文化产生的影响。在当今社会，作为媒体中的"非主流"，广播如何能够实现多功能化发展，从而在网络时代里找寻到自己的全新定位呢？

第 5 章　网络革命（作者：三浦麻子）

在简要介绍了因特网的发展历史后，详细分析了这种具有划时代意义的新媒体，及其在功能上的革新性给人类生活造成的冲击。

第二部"现代信息社会的传播交流活动"则是主要以现代人类的信息传播交流活动为考察对象，从社会学、心理学、社会心理学的角度，在考证了大量先行研究成果的基础上，讨论了伴随着新媒体的诞生所产生的社会现象和社会新文化，以及在通过媒体进行的交流活动过程中浮现出的新问题。

第 6 章　电视图像对大脑发育的影响（作者：桥元良明）

论述了有关婴幼儿收看电视等图像媒体的行为，如过高的使用频率是否会对儿童的语言系统、理解能力和空间认知能力的发育造成不良影响。

第 7 章　电视与电子游戏（作者：森康俊）

就图像媒体中的暴力场景与青少年的性格形成、尤其是暴力倾向之间的关联性作了具体分析。近些年充斥着暴力元素的电子游戏在市场上大量流通，其中不乏一部分作品画面的真实感已远远超越了电视和电影。另一方面，对此的批评和忧虑之声也不绝于耳，终究我们只是在"杞人忧天"吗？

第 8 章　手机、网络与人际关系（作者：辻大介）

就 20 世纪 90 年代后期开始迅速普及的手机，以及其后日渐普遍的手机上网行为，给人们的社会交际和家庭内部关系带来的影响给予阐述。

第 9 章　电子空间的交流活动——"网络沸腾"的真相（作者：是永论）

针对目前网络上频繁发生的流言、中伤现象，从电子空间里形成的人际关系的特殊性这一视角分析了现象背后的原因，并总结了网络交流活动的特点。

第 10 章　虚拟社区（作者：三浦麻子）

分析了在网络空间里形成的"社区"与现实生活中"社区"的差异，在此基础上讨论了虚拟社区的文化特质及其对现实世界产生的影响。

第 11 章　媒体与舆论形成——复合型网络系统构筑的现实（作者：是永论）

主要考察媒体与舆论形成之间的关系以及电视等大众传媒与网络舆论的关系，并且论及了网络系统的诸多特性。

第 12 章　媒体素养——批判性解读媒体的方法论（作者：见城武秀）

首先就何谓"媒体素养"的定义作了考察，并且就其重要性与多义性作了讨论。最后结合日常生活中存在的"炒作"现象，论述了"媒体素养"的现实意义。

但所谓昨日之说不能用于今日之事，世上无放之四海而皆准的法则，尤其是对于我们目前所处的这个千变万化的媒体环境。因此本书的初衷是给诸位读者提供一种方法论，即一种思考模式，让大家在媒体的四面包围里能得到一瞬思考的空隙。

谨记，媒体或许瞬息万变，谙其本质者则能以不变而应万变。

译者：江　晖
2013 年 7 月

目 录

☐ **第一部　媒体的扩张**

0　从"声音文化"到"网络时代"——传媒发展史概观 3
　0.1　人类为何选择了"声音文化"？ 3
　0.2　弥补"声音"缺陷的媒体发明 5
　0.3　媒体发展年历表 7

1　电话的发展——手机文化的兴起 9
　1.1　电话：克服空间制约的声音 9
　1.2　手机：突破场所的制约 11
　1.3　从声音媒体到多功能媒体 15
　1.4　融入日常生活 18

2　图像媒体的发展——电视的诞生与未来 23
　2.1　1953—1965年：视觉媒体电视隆重登场 23
　2.2　1965—1975年：从娱乐媒体到综合媒体 27

2.3 1975—1985年:电视收视日常化与个人化引发的家庭矛盾 ········ 29
  2.4 20世纪80年代中期至90年代中期的10年:新媒体时代里对电视的重新认识 ································· 31
  2.5 20世纪90年代中期以后:数字时代的电视 ················ 33

3 活字媒体的变迁——书籍报纸的发展前景 ················ 43
  3.1 古腾堡革命——西方活字印刷品的出现 ················ 43
  3.2 近代社会与报纸的崛起 ··························· 47
  3.3 "远离活字"的真相与书籍报纸的未来 ················· 52

4 声音媒体——广播与"青年文化" ····················· 58
  4.1 广播媒体的全新体验 ····························· 58
  4.2 广播与日本的"青年文化" ························ 63
  4.3 今日广播 ····································· 69

5 网络革命 ·· 75
  5.1 回顾网络发展史 ································ 75
  5.2 因特网发展的黎明期:基本构想与技术的确立 ············ 76
  5.3 因特网的诞生:新媒体掀起的旋风 ···················· 78
  5.4 因特网革命:走向个人信息的时代 ···················· 79
  5.5 因特网的普及:急速普及与内容多样化的进程 ············ 85
  5.6 因特网的昨天、今天与明天 ························ 87

□第二部 现代信息社会的传播交流活动

  6 电视图像对大脑发育的影响 ·························· 93
    6.1 信息化发展对儿童的影响 ························ 93
    6.2 有关电视与儿童大脑发育的最新讨论 ················ 95
    6.3 《芝麻街》引发的争论 ··························· 96
    6.4 有关收看电视阻碍儿童语言能力发育的理论 ············ 99
    6.5 有关信息处理过程差异的理论 ···················· 101

6.6 日本学术界有关电视收视与儿童语言能力发育的最新研究 …… 103
6.7 电视图像处理技术对儿童空间认识的影响以及导致多动症的可能性
　　 …………………………………………………………………… 106
6.8 今后的问题 ………………………………………………………… 108

7 电视与电子游戏 ……………………………………………… 113
7.1 电视暴力图像与暴力型电子游戏 ………………………………… 113
7.2 电视暴力图像的影响 ……………………………………………… 114
7.3 暴力型电子游戏的影响 …………………………………………… 119
7.4 有关暴力型电子游戏影响的众多研究 …………………………… 124
7.5 暴力型电子游戏与攻击性性格的研究现状 ……………………… 127

8 手机、网络与人际关系 ……………………………………… 133
8.1 "信息缘"的出现与普及 …………………………………………… 133
8.2 "网络悖论"与社会关系资本 ……………………………………… 138
8.3 手机创造的联络无间断时代 ……………………………………… 142

9 电子空间的交流活动——"网络沸腾"的真相 ……………… 148
9.1 "沸腾的"网络世界 ………………………………………………… 148
9.2 网络交流的特点 …………………………………………………… 150
9.3 "网络沸腾现象"与态度形成——关于"对人魅力"的研究 ……… 151
9.4 "群体规范"的力量 ………………………………………………… 156
9.5 网络交流的未来 …………………………………………………… 161

10 虚拟社区 ……………………………………………………… 163
10.1 何谓"虚拟社区" …………………………………………………… 163
10.2 虚拟社区与现实社区 ……………………………………………… 166
10.3 虚拟社区折射出的文化差异 ……………………………………… 170
10.4 虚拟社区的发展前景 ……………………………………………… 173

11 媒体与舆论形成——复合型网络系统构筑的现实 176
  11.1 全球新闻——"泰坦尼克号"事件 176
  11.2 舆论制造的"拟态环境" 178
  11.3 舆论的复合型结构体系 179
  11.4 舆论与网络结构的类型 184

12 媒体素养——批判性解读媒体的方法论 191
  12.1 无休止的"媒体炒作"与"媒体素养" 191
  12.2 何谓"媒体素养" 194
  12.3 英国媒体教育的发展与"媒体素养"论 197
  12.4 "媒体炒作"与"事实主义" 202

本书各章作者简介 206
译者后记 207

第一部

媒体的扩张

从"声音文化"到"网络时代"
——传媒发展史概观

- ☑ 人类为何被称为"视觉动物"？
- ☑ 在语言高度进化的过程中，人类为何选择了"声音"这种信号手段？
- ☑ 促使人类致力于开发新"媒体"的背后原因是什么？

0.1 人类为何选择了"声音文化"？

要想全面比较"眼睛"和"耳朵"这两个系统的复杂程度，可以尝试比较眼睛、耳朵与脑中枢连接神经的大小。视神经含有的神经元是耳蜗神经的大约 18 倍，或许你可以把这个数字理解为它们传送的信息量。事实上，如果是拥有正常视听能力的人，可以认为其眼睛搜集信息的能力是耳朵的大约 1 000 倍（Hall，Edward T.，*The Hidden Dimension*，Doubleday & Company，Inc,1966）。

人类被称为"视觉动物"。与拥有约 100 万神经纤维的视神经相比，耳蜗神经只有 3 万根左右的神经突起。根据对红毛猿的研究结果，科学家发现，与视神经相关联的大脑皮层面积约占大脑新皮质（cerebral neocortex）总面积的 55%，而与听觉相关联的领域只局限在颞叶（temporal lobe）上部约 3.4% 的部分。

至于视觉的信息处理能力比听觉要如何出色的问题，我们不妨设想一下看"天气预报"的场景。如果是看电视或者报纸上的"全国气象图"，在瞬间你就可以掌握大致的情况。但如果是收听广播，恐怕还需要花费几分钟时间来做出判断。

但是并非包括人类在内的所有哺乳类都是视觉能力优先的。从爬虫类分衍出来的原始哺乳类，据推测是为了躲避以恐龙为代表的大型爬虫类动物而逐渐发展成为夜行性动物。因此与视觉相比，它们的听觉能力或许更为优秀。而在人类进化史上，视觉的重要性得到提升准确地讲应该是进入到灵长类以后。人类和猿猴类的祖先逐渐习惯了在森林里的生活以后，他们的生活空间拓展到了更为广阔的立体空间。树枝间的移动、摘取树木果实以及捕食小动物，这些行为都需要经过复杂的视觉信息处理。此后，随着来自大型爬虫类动物的威胁日渐减少，人类祖先的生活时间也从夜行性变为昼行性①。因此可以认为，在向灵长类进化的漫长过程中，人类祖先彻底成为了视觉能力优先的动物。

在人类祖先将高度分节语言②作为交流手段之前，毫无疑问他们使用了身体动作、表情等视觉信号传达了比现在更为丰富的信息。但是，作为将人类完全区别于猿猴类的最大要素"语言"，在它高度进化的过程里，选择了听觉信号而并非视觉信号，这究竟是出于什么原因呢？

实际上，作为交流手段，视觉信号存在着几个致命的弱点。首先，视觉信号容易受到自然条件的限制。识别视觉信号需要有阳光，如果光线被树木遮挡，信号将无法传递。此外，视觉信号的传播范围也相对狭窄，例如表情信号在传播的方向性上也极受限制。而与此相比，声音信号的传播范围要广大许多③，传播方位也可达360°。在很多情况下，对于信号发送者来说，交流信号的发出地点不被敌方察觉这一点是至关重要的。声音信号不仅传播范围容易调节，而且与由化学物质所产生的其他信号不同，声音信息能够在瞬间消失得无影无踪。

声音信号作为交流手段的另一个重要因素，就是在发出信号时能尽量将使用的能量控制到最小。身体动作需要消耗很大的能量，而且不能与其他动作同时进行，例如逃跑。而发出声音只需要动用很少一部分器官，所以消耗

---

① 现在，除原猿类外，真猿类以上等级几乎全部属于昼行性。
② 译者注：指由文字、语音、语素等语言要素组成的语言体系。
③ 据研究结果表明，鸟类相隔3～5 km以外也能够识别同伴的叫声（Wilson, Edward O., *Sociobiology: The New Synthesis*, The President and Fellows of Harvard College, 1975）。

的能量也相对较小。同时,声音含有音量大小、音调高低、音色和连续/非连续等众多要素,可以通过调节其强弱制造音质的变化,而信号接受者可以根据这些特征明确地分辨信号。从这一点来看可以更加肯定,视觉信号是不适合用来构建二重结构①的信号体系的。

最后一点,对于像人类祖先这样身体条件脆弱的动物来说,需要一直做好准备以便应付强敌以及环境的变化,因此有必要让某个器官时刻保持活动状态。如果对视觉器官作这样的要求,那么势必给脑部造成过重负荷。因此按照进化论的规律,处理信息时所占大脑比重相对较低的听觉器官被选中,成为了 24 小时不间断工作的"危险感知器"。事实上,人类在一天里有三分之一的时间是处于闭目状态的,视觉信号处理也被暂停。但是耳朵不会闭合,尤其在睡眠当中。作为紧急信号的传播手段,声音信号发挥着巨大的作用。

0.2 弥补"声音"缺陷的媒体发明

可以认为,人类所发明的声音语言,作为一种交流工具,其复杂性与多样性,是在迄今为止地球生物的所有发明中处于最高水平。但是尽管如此,它仍然存在着不少缺陷。

首先,它与人类作为"视觉动物"所具有的特性是相互矛盾的。人在单位时间里能够处理的声音信息是很有限的,并且无法处理并行的、相对复杂的声音信息。比如对于眼前众人的表情,人们可以同时做出判断的,但是想要准确判断这一群人同时发出的声音,却存在很大困难。换句话说,对于声音信息,人类只能在时间轴的直线上作出处理,但是这个特点却意外地培养了人们的时间观念。此外,声音信号一瞬即逝的特点,也意味着它不可记录、不可保存的性质。

为了完善使用声音信号的交流活动,人类在构建文明的进程中花费了大量的时间和精力发明了"媒体"。

---

① 译者注:二重结构(double articulation),法国结构主义语言学家 A. Martine 提出的概念,认为人类语言由句(sentence)组成,句又可以分为词(word)和音素(phoneme)。几十个音素组成数十万词语,再通过这些词语的自由组合产生无穷的文章表现,体现了语言的经济性(有限的素材)和创造性(无限的表达形式)。

最初，人们用文字的形式把语言刻在黏土和石头上面，将"声音"视觉化。这样不但能够记录下交流的过程，同时也解决了时间制约的问题。而且通过将文字记录在莎草纸①、羊皮纸和蜡板上面，使相隔远方的信息传递变得更加方便。人的声音虽然可以传到远方，但其传达范围还是受到制约的。尽管在集团群居生活的时代没有造成太大问题，但是随着文明的发展，人们的社会生活区域日渐广泛，远距离交流的必要性也就随之增加。尤其是采取军事行动的时候，需要迅速地将信号传至远方，换句话说，信息能到达的地方就是权力所控制的范围。

自古以来，远距离通信通常使用狼烟和火把，可是用这样的方法能传达的信息内容却极其有限。因此为了解决信息的传达范围这个难题，人们从两个方面作了尝试。第一，发明了大量复制的方法，利用了文字的可记录性和可移动性，让身处不同地理位置的人们能够共享同一信息，这就是公元1450年前后发明并投入商业使用的"活版印刷技术"②。但是这个方法并没有能够解决将信息"及时传递至远方"的问题。结果，为了发明出一种方法将言语信息及时、正确地传达到视线所不能及的范围，人类花费了相当漫长的一段时间。直到1844年，"摩斯密码"成功地被运用于电报，紧接着1876年贝尔发明了电话③。1920年，美国KDKA广播电台的总统选举广播，终于实现了将信息及时传递至远方的这一人类夙愿④。

可是，无论语言的传达手段如何高度化、精度化，总是不可避免地存在传达不尽其意的地方，尤其是对于人类感情、感性，还有对信息处理能力要求更高的视觉信息的表达。况且现有的图画表达方式其制作过程也过于花费时间。因此，人们迫切地需要开发出一种更为高端的技术用于再现视觉信息。在之后的1839年，人类世界出现了最早的再现静止视觉信息的媒体，那是由

---

① 译者注：Papyrus，古代埃及人用于书写的载体，相当于今天的"纸"，制作材料是盛产于尼罗河三角洲的纸莎草。到公元8世纪左右，由于现代造纸术的普及，莎草纸逐渐退出了历史舞台，制作莎草纸的技术也因为缺乏记载而失传。
② 本书主要介绍的是古腾堡发明的西方活字印刷术，详情参照本书第3章。
③ 参照本书第1章。
④ 参照本书第4章。

法国人达盖尔①发明的银版摄影法。半个世纪后的 1891 年,爱迪生②发明了可以再现动态视觉信息的电影放映机。随后经过一段时间的等待,1930 年美国 NBC 电视台③试播成功,这意味着从此以后视觉信息也能够像听觉信息一样,通过媒体传送给远方的人们④。但是,一直等到电视发明以后,人们才能够利用媒体将在人类处理能力中占据绝对优势的视觉信息完全再现。

与此相比,体现了"同化"或者说是"相互作用性"等"交流活动"中最本质的特点的媒体,当属因特网⑤。通常以 1969 年 ARPANET⑥ 开通为原始起点的因特网,之后迅速发展,如今这种全新的媒体已经成功地突破了地理、时间的限制,能够将文字、静态/动态画面等用电子数据的形式瞬间发送给特定的个人以及其他非特定人群,并且成功实现了双向性互动。

从传播学的角度来看,在人类发明了高等声音语言之后的几万年时间里,原本最具优越性的视觉处理能力一直处于受压制的状态,毫无用武之地。但也正是因为如此,才促使了各种媒体的竞相问世,并且将人类历史带入了新的时代。

0.3 媒体发展年历表

图 0.3.1 展现了从高等语言的发明到现在(2009 年 12 月 31 日)为止主要媒体的发明时期年历⑦。其中的"高等语言的发明"是阶段性的,并不能将其特定到某一具体时间,在这里以属于哺乳类灵长目人科智慧人种(Homo sapiens sapiens)的克罗马侬人(Cro-Magnon)使用与现代人类几乎同样复杂的声音语言开始,也就是 35 000 年前作为起点。

---

① 译者注:Louis Jacques Mandé Daguerre(1787—1851),法国画家、摄影家。他发明的银版摄影法利用水银蒸气进行显像处理,极大地缩短了曝光时间,并用这种方法拍摄的照片影像细腻、不易褪色,又称"达盖尔摄影法"。
② 译者注:Thomas Alva Edison(1847—1931),美国著名发明家、企业家,生平拥有 1 300 多项发明。
③ 译者注:National Broadcasting Company(http://www.nbc.com)。
④ 参照本书第 2 章。
⑤ 参照本书第 5 章。
⑥ Advanced Research Projects Agency Network,1983 年被现行"TCP/IP 协议"所取代。
⑦ 该图将 35 000 年前到公元 2009 年 12 月 31 日换算为 1 年时间,用具体的月日形式表示主要媒体的发明时间。

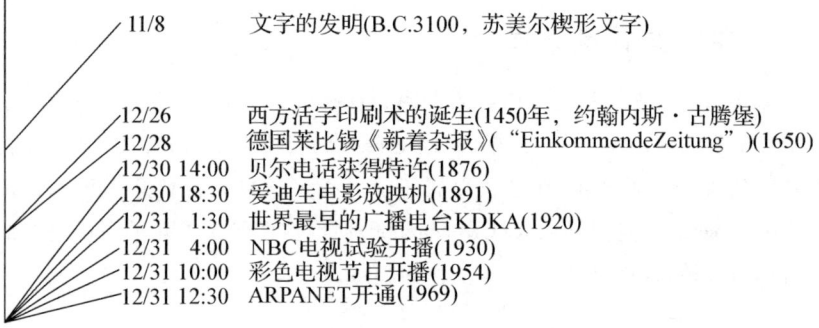

年代	媒体	换算年历表
35 000年前	高等分节声音语言	1月1日
B.C.3100	文字(苏美尔人)	11月8日
1450年前	西方活字印刷术(古腾堡等人)	12月26日
1650年	报纸(最早的日报《新着杂报》)	12月28日
1839年	照片(达盖尔银版摄影法)	12月30日5:00
1844年	电报(摩斯试验成功)	12月30日6:00
1876年	电话(贝尔)	12月30日14:00
1891年	活动电影放映机(爱迪生)	12月30日18:30
1920年	广播(KDKA电台始播)	12月31日1:30分
1930年	电视(NBC电视台试播)	12月31日4:00
1954年	彩色电视节目开播	12月31日10:00
1969年	ARPANET开通	12月31日12:30
1983年	因特网(实行TCP/IP协议)	12月31日17:00

- 1/1　语言的发明(克罗马侬人，35 000年前)
- 11/8　文字的发明(B.C.3100，苏美尔楔形文字)
- 12/26　西方活字印刷术的诞生(1450年，约翰内斯·古腾堡)
- 12/28　德国莱比锡《新着杂报》("EinkommendeZeitung")(1650)
- 12/30 14:00　贝尔电话获得特许(1876)
- 12/30 18:30　爱迪生电影放映机(1891)
- 12/31 1:30　世界最早的广播电台KDKA(1920)
- 12/31 4:00　NBC电视试验开播(1930)
- 12/31 10:00　彩色电视节目开播(1954)
- 12/31 12:30　ARPANET开通(1969)

图 0.3.1 从高度分节语言产生到今日的换算年历表

　　根据这个换算的年历表,文字的发明是11月8日,而其他的主要媒体都是在年末的5天之内齐齐登场。由此可见,在相当漫长的一段时间里,人类的交流活动是完全依赖于声音语言的。同时我们还可以看到,媒体的发明在进入近代以后呈现出加速的趋势,来自于半导体产业的"摩尔定律"①似乎也适用于形容媒体的发展状况。

---

　　① 译者注:由英特尔创始人之一的戈登·摩尔提出的概念,原指集成电路上可容纳的晶体管数目,每18~24个月会增加一倍,由此引申为技术的性能革新速度呈现出的指数式上升模式。

电话的发展
——手机文化的兴起

☑ 使用"家用座机"和"手机"打电话的最大差别是什么？

☑ 很多人使用手机主要是用于收发邮件短信。那么你知道手机究竟经历了怎样的发展过程才有了今日的模样？

☑ 日益多功能化的手机，我们该如何看待其发展前景？

1.1 电话：克服空间制约的声音

围绕"媒体与社会"、"媒体与日常生活"这样的话题，很多讨论都是从媒体给社会以及日常生活带来的变化这样的视角出发的，但是实际上并非是媒体在单向地改变着我们的日常生活乃至社会。媒体走进日常生活，成为社会的一个组成部分，它必须经受商家的开发竞争与反复思量，顾及来自政界以及业界的反应，最后接受我们消费者的实际使用。因此在一种新媒体为社会所接纳的过程中，其自身也不断地发生着变化。并且在这个过程里，新媒体与其他旧媒体之间的竞争关系也显得尤为重要。

例如，1876年贝尔①发明了电话。但是当时的"电话"有别于我们今日所见的电话，并非一对一形式的交流媒体。实际上直到1920年为止，"电话"系统仍在定时播送新闻、音乐、体育赛事和法院裁判的实况转播等内容。像这样的声音播送服务，在我们看来更加接近于现在的广播。可是当时的"广

---

① 译者注：Alexander Graham Bell(1847—1922)，学者、发明家。出生于苏格兰，后移居美国。

播"，仅仅是无线电爱好者自己组装的设备，不但有声音接收装置，还具备了发送信息的功能，通过它可以和身处远方的其他广播爱好者进行交流。也就是说，那时的"广播"恰恰和今天的电话比较相似。如此说来，电话和广播，虽然当初两者都在技术上实现了声音的双向交流，前者也最终发展成为个人交流用的媒体，而后者却将这种特性舍弃，成了大众媒体的一种①。

在"电话"逐渐向现代媒体转化的期间，还出现了另外一种重要的媒体，那便是"电报"。在电话问世的大约半个世纪以前，也就是1835年，电报已经投入使用，并且在往后的数十年里成为世界各地不可或缺的信息传递手段。在这之前，信息的传递速度甚至无法超过人、马、火车和蒸汽船的移动速度，但是电报的出现将其变成在瞬间即可完成的事情。于是在19世纪，克服了空间制约的媒体——电报，和运送人流物资的铁路，以及作为大众媒体之一的报纸一起坚实发展，促进了远距离的人和物的流通与信息传播②。

在电报这种先驱媒体的影响下，最终"电话"真正实现了利用声音来克服空间的制约。据说贝尔发明电话的第二年，在向一位电信公司老板推销电话特许权的时候，对方认为电话不过是一个"通电的玩具"而拒绝了他。因为当初的电话，不仅音质很差，又不能像电报那样可以留下记录，所以不可否认作为通信手段存在着很大的缺陷。但是随着技术的发展，电话实现了人与人之间的直接通话，不像电报需要专业的话务员，因此其便捷性逐渐为社会所接受，于是电话开始被广泛应用到商业领域。之后在普及到家庭的过程中，电话不仅作为传递信息的手段，更加成为了一种通过"声音"来表达情感的个人媒体（Private Media）。

那么，电话这种媒体究竟具有怎样一些特性呢？首先，和电视、报纸等大众媒体相比，电话属于一种个人媒体。大众传媒的模式是少数人向多数人单向性发送信息，而与之不同的是，电话实现了所有人之间的双向信息收发。电话的出现让远距离通话不再是梦想，这正验证了阿隆松提出的"心理邻居

---

① 吉见俊哉、若林幹夫、水越伸，《作为媒体的电话》，弘文堂，1992。
  吉见俊哉，《声音的资本主义》，讲谈社，1995。
② 水越伸，《媒体的产生》，同文馆，1992。同时参照本书第11章。

(Psychological Neighborhood)"这一概念,即虽然物理距离相隔甚远,但是心理距离却相对接近的关系状态①。并且,在周围没有旁人且电话录音并不普及的条件下,通话内容只有当事人双方知晓。因此电话作为可以用来分享秘密的个人媒体是再适合不过,当然,在某些情况下电话也一直保持着它公众性的一面,例如公司的公开联络热线。

仅仅通过"声音"进行交流往往会因受限较多而显示出诸多不便,但这也恰恰是其魅力所在。设想一下如"这件事情在电话中方能讲出口",或者"这件事是不能通过电话讲的",这些场合下的揣摩心理就能够理解了。此外,电话通话不需要向对方暴露自己的身份信息,因此可以进行一种完全匿名的交流。例如电话咨询,乃至恶作剧电话或者诈骗电话,都是利用了电话的这个特点。

还有一点,人们因为远距离相隔才需要使用电话,却也因此能够更加频繁地听到对方的声音。和通常面对面的对话相比,电话制造了一个更为亲密的"交流场所"。这种通过电话交流感受到的亲密关系,并不仅仅是因为通过电话可以分享秘密,而是电话这种媒体能够产生一种完全不同于面对面对话时感受到的"真实"。这是因为通过电话的交流会时刻提醒你通话对方不在身边,因此你能更加强烈地意识到空间制约被打破后的释放感,而这样的"交流"感觉想必更胜于面对面的交谈②。

1.2 手机:突破场所的制约

出乎意料的是,电话正式走进日本普通家庭的时间较晚,并且在1960年以后才渐渐普及。但是在那之后的普及速度却快得惊人,在20世纪七八十年代的日本社会,无论家庭内还是室外的公用电话都配置完备,人们可以随时和身在远方的朋友进行通话。

但是这里还存在一个问题,那就是电话虽然克服了"空间的制约",却时

---

① Aronson, S. D., The Sociology of the Telephone, *International Journal of Comparative Sociology*(10),1971.
② 渡辺润,《媒体的微观社会学》,筑摩书房,1989。
　　加藤晴明,《媒体文化的社会学》,福村出版,2001。

刻受到场所的制约。因为只有双方都在电话机旁的时候才可以通话,外出时虽然可以使用公用电话打给对方,但是这样也不能随时随地接听电话。

于是,手机的出现打破了这种来自场所的制约。1979年日本开始了名为"汽车电话"的移动电话服务,在原先的一些特定地点以外,人们也可以随时接听电话。在经过第二代汽车电话(Shoulder Phone,通过汽车电源充电,可拿出汽车外使用)后,1987年日本开始了和今日手机类似的移动电话服务。

当无法获知对方所在地的情况下,作为联络手段,无线传呼(Pager)服务最先普及开来。在日本,为大多数人所熟悉的是NTT docomo公司的注册商标"Pocket Bell",简称"Pocke-bell"(以下为"传呼机")。当时是为了方便外出做销售的公司员工随时和公司取得联系,传呼机达到了一定数量的普及。当传呼机显示呼叫,外出人员可以通过使用附近的公用电话与公司联络,因此传呼机的出现解决了出门在外无法接听电话的难题。

在这里需要指出的是,传呼机的普及是在20世纪80年代末,此时日本的家庭、工作单位以及街头的电话都已经十分普及了。也正因为如此,人们更加强烈地意识到了电话的限制性,不知道对方的所在地就无法取得联系。此外,传呼机响起后立刻可以使用附近的公用电话联系,所以说公用电话的广泛设置也促进了传呼机的普及。所以说传呼机这种媒体,在将电话的双向性和即时声音传递的这两种特性半取半舍以后,实现了人们在移动中的交流活动。

进入20世纪90年代以后,手机开始在日本社会普及。导致手机普及最直接的原因,是1985年的"电气通信事业自由化"的影响。1987年以后,由于新成立的电信服务提供商加入到行业竞争,不仅服务质量得到提高,而且收费标准也随之降低。因此之前使用传呼机服务的人,都纷纷转向手机这种类似于电话,并且同样具有双向交流特征的新媒体。

其实除了突破了"场所的制约",手机能够迅速普及还有一个更为重要的原因,那就是克服了"场所的公共性",这是电话所没有能够实现的。电话座机通常设置在固定的场所,因此一般情况下只要身在其地就可以使用。所以电话的私有性表现得并不彻底,比如向家庭座机打电话的时候,拨打人无法预计接听人是谁,并且开始通话以后,通话的内容也会被其他在场的家人听到。因此从这个意义上来说,真正打破了"场所公众性"制约的媒体当属传呼机和手机,它们实现了双向交流媒体的私有化和私用化。

"电气通信事业自由化"

为了实现"让电话成为在日本全国各地任何人都能够以便宜的价格享受到的同等服务"这个目标,日本电信电话公社(简称"电电公社")在1952年成立之后,一直致力于拓展电话用户规模。可是在20世纪70年代硬件设备几乎完全配置完成的时候,接踵而来的新课题是如何提高服务质量。降低费用是一个方面,同时开展数字通信新服务的需求也迫在眉睫。当时以美国为首的欧美国家都在努力推进电气通信事业的自由化,为了提高国际竞争力,1985年日本的电信电话行业也走上自由化发展的道路,此前一直处于垄断地位的电电公社被日本电信电话株式会社(现 NTT)所取代,并且有更多的服务提供商新加入到了这个行业。因此从20世纪90年代后期开始,手机和因特网得到了更加快速的普及。

接下来让我们回顾一下电话的历史。日本学者吉见俊哉等人通过关注家用座机位置的变化发现,一开始家用电话通常设置在玄关处,随后转移到客厅,在1980年前后开始进入到卧室。此后,随着子母机和无绳电话的普及,原本属于家庭成员共用的电话,逐渐成为私人的聊天工具。几乎在同一时期,电视也趋向个人所有化发展,进驻卧室。但是与电视相比,电话需要支付高额的开通费,并且每个月都要缴纳定额的月租金,因此家用座机往往共用一根回线,每个家庭成员只能在需要使用的时候选择各自的场所。

拥有一部自己的手机在今天似乎是"理所当然"的事情,但是在20世纪80年代中期,多人共用一台移动电话的情况并不罕见。即使是现在,在有线电话没有完全普及的国家和地区,作为唯一的双向交流媒体,手机仍然是多数人共同使用的。其实手机的用处并不只是实现了移动中的通信,这种个人所有化特征强烈,并且可以随时随地使用的私人媒体,与之前家用座机的个人化使用进程是密切相关的。

手机的诞生,让声音的交流不仅克服了"空间的制约",还打破了"场所公共性"的限制,而这些给我们的生活带来了怎样的影响呢？美国学者凯茨和奥克斯①曾提出"无间断通信（perpetual contact）"的概念,意指交流活动的日趋频繁性和普遍性。拥有手机以后就可以在任何时间、任何地点进行交流,在街头、地铁、演唱会现场甚至医院这样的公众场合进行私人会话,相反在家休息的时候也会接到工作的电话。于是手机的出现将公私领域的界限变得模糊,由此引发的多种争议也暴露了人们的反感情绪,有关在地铁内是否可以使用手机的讨论就是其中一例。此外,未满10岁的儿童在家也会频频通过手机与朋友联络,这一点无疑招致了家长们的不安,担心这样会影响到家庭的亲密关系。只能感叹,手机让声音的交流无处不在。

同时,因为通过手机可以随时随地进行联络,这也就意味着交流已经被剥夺了"休息时间"。和家人共用的家庭座机,人们已经形成共识"超过晚上10点不打电话",但如果换成是个人直接接听的手机,那么根据和对方的关系,无关早晨深夜都可以随时拨打,即使是外出旅行的时候也不可避免地接到电话。只要在手机信号服务圈内,人们每时每刻都需要接听电话。因此很多人认为手机是"公司配给的枷锁",是束缚个人自由的媒体。

另一方面,这种全天无休的交流方式给年轻人带来了"手机依存症"和"联络焦虑症"②。当然,导致这些社会症候群产生的原因,并不仅仅在于手机带来的每时每刻的交流。在电话普及之初,人们习惯公开家庭和工作单位的电话号码,这些号码甚至被公布在电话号码簿上。但是随着令人困扰的推销电话蜂拥而至,人们的个人隐私保护意识逐渐提高,到1980年以后拒绝将电话号码公布的家庭与日俱增。之后手机普及,更是无人会将号码登在电话号码簿上了。所以与电话相比,手机接听到陌生人来电的可能性就大大降低了。1993年数字手机的问世,使手机先于家用电话在1994年就开始了来电显示业务。从20世纪90年代中期开始,年轻的手机用户已经广泛接受了这个功能,在确认对方身份以后再决定是否接听电话。时至今日,不仅年轻人,

---

① Katz, J. E. & Aakhus, M., *Perpetual Contact*: *Mobile Communication*, *Private Talk*, *Public Performance*, Cambridge University Press, 2002.

② 参照本书第9章。

其他的各个年龄层的用户一般都会先确认对方,做好心理准备后再接听电话。很多人如果发现来电号码不是手机电话簿里收录的电话号码会拒绝接听,因此通过手机联络的基本都是相互交换了手机号码的熟人。但是与电话不同的是,手机可以直接接通到自己想要联系的对方。而"手机依存症"与"联络焦虑症"的产生,从某种意义上来说可能更清晰地暴露了自己和对方的关系。

1.3 从声音媒体到多功能媒体

(1) 开路先锋传呼机

今天的手机已经从单纯的声音交流用媒体即电话,进化成为了具有闹钟、计算器、收发邮件、上网、照相以及看电视等多种功能的多功能媒体。其实在这个进化的过程里,作为开路先锋的传呼机是功不可没的。因为,作为手机的前代产品,传呼机这种媒体率先实现了个人所有,并且为个人交流所用。

上一节里我们曾经介绍过,传呼机是在 20 世纪 80 年代前期到中期,为了方便外出营销的员工与公司取得联系而迅速普及开来的媒体。到 20 世纪 80 年代末 90 年代初,传呼机逐渐成为了年轻人用于个人联系的工具。1987 年问世的带有液晶显示屏的传呼机可以显示数字和文字,这种新功能不仅给使用者带来了巨大的惊喜,也彻底改变了传呼机的使用方式。

早前的传呼机在接收到呼叫信号后只能发出简单的鸣叫声,因此只能适用于和特定对象比如公司之间的联系。而新一代的传呼机,能够在屏幕上显示出呼叫人需要回复的电话号码,因此可以对应多名传呼人的呼叫,传呼机的主人也就可以把自己的传呼机号码告诉更多的朋友。于是传呼机逐渐从"商业人士必备品"转变成"年轻人的媒体",完成了从"紧急事务联络用"到"娱乐用"媒体的蜕变。

在之后的时间里,显示文字的传呼机更加普及,尤其受到以女高中生为主的年轻人的追捧。"你好吗?""在干什么呢?""晚安!"这样的讯息交换让深夜成为传呼机使用的高峰时段。即使在没有要紧事的情况下,朋友之间互发文字信息的"习惯"也从此延续下来。

此外,传呼机的个人持有化和频繁利用也给机体外形带来了变化。当初市场上最常见的是适合商务用的、毫无美感可言的"黑盒子",后来为了迎合年轻人的喜好,开发商推出了五颜六色、形状各异的机种。并且年轻人会在机体上写字画画、贴画纸和当时流行的"大头贴",把市场上随处可以买到的机种变成了自己专有的样式。所以说,这种给移动设备做"美容"的习惯,是从传呼机普及的年代开始的,这也为之后手机挂件、机体绘画、手机铃声和待机画面下载的流行风潮作了极好的铺垫。

可见,用户的使用习惯可以造成媒体自身的改变,而传呼机就是这样一个耐人寻味的例子。

(2) 手机的多功能化

日本的传呼机使用人数在 1996 年 6 月超过 1 078 万人,达到历史顶峰。但是之后随着手机的迅速普及,传呼机用户人数锐减,最终在 2007 年 3 月,日本 NTT docomo 全面停止了这项服务。

说到传呼机"衰退"的原因,其实并不仅仅是因为与可以直接通话的手机相比,传呼机只能被动地等待对方回电话而显得不够方便,更重要的原因是在于手机除了可以对话以外,还能够进行文字的交流。但是不可否认的是,传呼机实质上促进了手机从单纯声音媒体到文字媒体的"进化"。

在传呼机流行的影响下,1996 年 4 月,日本 DDI-Cellular Group(今日本 au)正式开始提供手机的文字信息服务,随后其他服务运营商也竞相开始提供这种被称为"短信"的服务。但是需要注意的是,当初在不同的服务运营商之间是不能够收发文字信息的。于是 1997 年后各大服务运营商开始提供利用因特网收发电子邮件的服务[①],从此利用手机收发电子邮件在十几岁的年轻人中间迅速成为风潮,手机的主要使用功能也从电话通话变成了电子邮件。对于经历过传呼机的流行,深谙文字信息交流之乐趣的年轻人来说,相

---

① 译者注:在日本,手机电子邮件服务不受服务运营商的限制,即不同服务运营商提供的手机服务之间也可以收发电子邮件。

对于通话更加低廉的费用、收发文字数多、不同的服务运营商之间甚至手机和电脑之间也可以发送邮件，等等，电子邮件服务的种种好处充满了无限魅力。

另外与日本相似，从20世纪90年代中期开始手机迅速普及，年轻人之间流行发送文字信息的还有挪威和芬兰等北欧国家。但是这些国家使用的不是通过因特网发送的电子邮件，而是SMS(Short Message Service)，即"短信"服务。这种服务自开通时起就支持不同服务运营商之间的短信收发。所谓SMS是指第二代手机统一规格GSM(Global System for Mobile Communication)下的文字信息服务。现在除日本和韩国以外，全世界几乎全部采用GSM模式的手机，因此GSM模式也实际上成为全球标准行业模式(De Facto Standard)。

近年来，在各个年龄层的人群里，使用邮件功能的频率高于通话功能的人群比例都显示出不断增加的倾向。根据这个标准，可以认为手机正在从电话这个声音媒体逐步向文字媒体转变，而从这个意义上来看传呼机是功不可没的。

下面来看看除收发邮件以外手机具有的其他主要功能。首先要介绍的是因特网功能。自从日本NTT docomo从1999年2月开始提供"i-mode"[①]网络服务以后，其他手机服务运营商也都相继推出了同种服务。但是需要强调的是，真正推动手机网络服务普及的并非网页浏览，而是电子邮件的使用。在该项服务提供之初，手机的网页浏览使用发展相当缓慢，使用较多的只有手机铃声和待机画面的下载等手机个性化服务[②]。

有关手机铃声的服务再补充几点。手机个性化装饰的习惯从开始的手机挂件、贴纸等逐渐扩张到了对手机铃声的改造。1996年9月IDO(今日本au)发售了可以自己输入来电音乐的机型，之后的第二年ASTEL公司（现

---

① 译者注：由日本NTT docomo提供的，包括收发电子邮件和网页浏览等因特网功能的手机专用服务。"i-mode"的"i"是取interactive、information、internet的首字母，并且在英文里表示"我"的意思。

② 松田美佐，《移动交流文化的成立》，出自伊藤守、小林宏一、正村俊之编《电子媒体文化的深层》，早稻田大学出版社，2003。

YOZAN)开始提供手机铃声下载的服务,并且该项服务成为 ASTEL 的注册商标。日本关西大学教授冈田朋之指出①,如果是个人持有的手机,只需要使用振动功能就可以提示来电,因此原本是不需要手机铃声的。可是之后铃声功能继续发展,到 2004 年 11 月,服务商甚至开始提供整首歌曲作为手机铃声的服务。1979 年随着日本索尼(SONY)随身听的诞生,外出时也能够随时随地听音乐的"习惯"蔓延至全世界甚至成为一种社会现象,而如今的手机也涉足了这个流行领域。

最后介绍的是手机的照相功能。1999 年 7 月 PHS(Personal Handy-phone System)率先推出带照相机的机型,其后第二年手机也推出了具有同样功能的机型。一开始市场对这种机型的反应甚为冷淡,直到 2001 年 J-Phone(今日本软银 Softbank)提供使用电子邮件发送照片的服务后,市场迅速火热起来。手机和照相机的组合受到追捧还有一个重要的原因,即 20 世纪 90 年代前期开始在年轻人中流行的大头贴,朋友之间交换照片是当时的风尚。到 2006 年 3 月为止,日本所有签约手机中 76.3% 是带照相功能的机型②。如今人们已经习惯随身携带有照相功能的手机出门,当发生事故或者在街头偶遇名人的时候,拿出手机拍照早已是司空见惯的场景。但是与此同时,手机偷拍和电子盗窃(在没有购买的情况下用手机拍摄书籍或杂志内容的行为)也成了严重的社会问题。

1.4 融入日常生活

(1) 开通因特网服务的重要性

现在,手机作为一种多功能媒体,在我们的日常生活中被广泛使用。查看天气预报、浏览新闻网页,甚至使用手机进行网络购物、参加网上拍卖的人也逐年增加。日本的"移动商业市场"(指包括使用手机进行网络购物、购票、股票交易以及网上拍卖等的市场)的规模从 2002 年的 1 193 亿日元迅速增加

---

① 冈田朋之,《手机的诞生与青年文化》,出自松田美佐、冈部大介、伊藤瑞子编《手机的某些风景》,北大路书房,2006。
② 详细数据参考日本《平成 17 年度情报通信白皮书》。

到 2006 年的 5 624 亿日元①。

2004 年 7 月以后，内藏非接触型 IC 卡——FeliCa 的手机问世（又称钱包手机）。从此只需要将手机轻轻一点就可以享受多种服务。例如在便利店可以使用电子支付功能进行购物，在游乐场和商店可以代替会员卡、入场券和机票，甚至可以当进出公司和家门的钥匙，使用范围相当广泛。2006 年开始实现了手机支付地铁和公交车车费②并且开通了信用卡服务。

当初为了联络方便而随身携带的手机，如今大有代替书籍和杂志的势头，成为了人们乘车时娱乐消遣的媒体，而其中最有人气的莫过于游戏功能。2001 年 1 月随着 Java 功能在手机的应用，具备游戏功能的手机在年轻人里迅速获得了广大的用户群。

如上所述，今日的手机超越了个人交流媒体的领域，在日常生活中的方方面面都积极地发挥着作用。但需要强调的是，手机所具备的功能和提供的种种服务背后都离不开因特网的支持。例如，在带照相功能的手机普及以后，2002 年能够读取二维条形码的机型问世，从此人们省去了需要在手机里输入 URL 地址的繁琐。其后可以读取住所和地图的服务推出后，手机又成为了商家争夺广告资源的新阵地。

此外，使用手机听音乐的人也不断增多。尽管网络存在着利用 P2P 软件非法下载的问题，但不可否认手机已经成为了一条购买音乐的新途径。在美国等一些国家主要通过因特网提供音乐下载服务，与此相比，因为手机铃声服务的巨大影响力，在日本更主要的是向手机提供该项服务。如果是具备广播功能的手机，在收听 FM 频道时还可以将喜欢的音乐买下作手机铃声，这项服务在日本受到广泛的欢迎。今后手机与携带式音乐播放器将如何共存

---

① 参考日本《平成 19 年度情报通信白皮书》。
② 译者注：例如东日本旅客铁道（简称 JR 东日本）的注册商标"Suica"，是采用了 FeliCa 技术的通用乘车 IC 卡、电子支付卡，截止到 2011 年 3 月日本全国共发行 3 534 万张。"Suica"的名称来自于"Super Urban Intelligent Card"的简称，并且因为名称发音与日语"西瓜"相似，所以卡面采用绿色设计，卡通形象是由日本画家坂崎千春设计的一只企鹅。

共生,我们拭目以待。并且,如今发展势头强劲的视频下载服务和手机电视①,在不久的将来是否会成为新的娱乐焦点,也值得我们密切关注。

使用因特网的媒体一般有这样一种特性,那就是用户可以很容易地将信息发送给其他多数人。受到因特网上博客流行的影响,使用具备相机功能的手机拍摄照片发送到手机博客(Mobile Blog)和 SNS② 的人也日渐增加。所以可以预测,今后个人用手机拍摄的照片或者视频通过因特网广泛传播的可能性极大。

还值得一提的是从 2004 年开始在十几岁的年轻人中流行开来的手机小说。用手机或电脑下载的电子书往往是出自名家的作品,但是手机小说多是来自一般用户的投稿。内容也是以发生在身边能引起共鸣的事情作题材,以围绕年轻主人公的恋爱小说为主。在邮件文化的渗透和博客、SNS 日记流行的背景下,产生了一批"业余"作家,其中被出版以后成为畅销书的作品也不在少数。紧跟手机小说的脚步,手机漫画也悄然兴起。不得不承认,从 2003 年 11 月开始日本各大手机服务运营商推出的手机上网包月制在很大程度上促进了上述手机功能的广泛使用。

(2)重申"场所"的重要性

前面我们提到过手机是克服了场所制约的媒体。可是,在手机日渐融入到日常生活当中的今天,我们有必要再次确认关于"场所"的重要性。

现在在日本,手机除了可以代替地铁和公共汽车的车票以外,与其他公共交通的合作也紧锣密鼓地进行着。2001 年 9 月,日本关东地区和关西地区的私营铁路开始了名为"goo pass"的服务。当登录会员用月票或者手机通过地铁出口处闸机时,系统会根据个人设置以及平时的行动习惯作出判断,将车站出口周围的有关信息通过邮件形式发送到该会员登录的手机号码上。此外,结合手机提供的现在所在地信息,通过手机网页获取打折券的人也不断增加。用户得到实惠,这对商家来说也是促进买卖的绝好机会。

---

① 译者注:"1-seg",向手机等移动媒体提供的地面数字电视播放服务,可以参照本书第 2 章。
② Social Networking Services,即社会性网络服务,参照本书第 10 章。

1　电话的发展

可是,如今与人们形影不离的手机,却有着被视为监视工具的历史。一直到1990年初为止,传呼机被称为是"公司配给的枷锁"。而之后拥有更大用户群的手机,也逐渐演变成为了一种"无形的监视手段"。手机提供的位置信息服务在1998年以后竞相登场。其中,1995年推出市场的PHS利用其每个信号点的覆盖范围比手机小的特点,在位置信息服务的提供上下足了功夫。可将位置信息的误差控制在半径100米左右的PHS,一为保护儿童安全,二为迷路老人,依靠这两条服务信念占据了一定市场。之后,手机与GPS全球定位系统(Global Positioning System)联手推出了手机定位服务。90年代后期,因日本国民对社会治安评价整体下降,为了保护小学生的安全,采取了一系列的措施。例如面向儿童的手机,不仅装有报警器,还有利用GPS功能获知其所在位置的服务,签约用户(一般多为儿童的监护人)可以通过网络或者电子邮件获得信息。甚至,即使有人将手机电源强行切断,手机还具有自动接通电源的功能。尽管目前手机市场已趋向饱和,但是面向儿童的服务从2000年开始才真正发展起来,实际使用人群也日渐增多。

像这样的"监视"功能,从保护安全的角度来讲是可以理解的,因此,通常不能称之为"监视"。出于"关心"而使用高科技手段,似乎视之为"电子护身符"更为恰当。但是"被监视方"大多情况下只能限于儿童或者老年人,而且这种出于"关心"的"监视"一般也是无法拒绝的。并且,在这样的电子"监视"中,"监视方"和"被监视方"的角色是不能轻易调换的,属于单向性的行为。这一点与上文提到的"公司配给的枷锁"倒是有一些契合。

我们日常的交流行为,电话帮助我们克服了"空间的制约",手机帮助我们打破了"场所的制约"。但是在已发展成为多功能媒体的手机日渐融入我们的日常生活、积极扮演着多种角色的今天,"场所"也不断被赋予新的定义。

今后,手机在我们的生活中将以何种面貌出现?它的种种功能又将给我们带来怎样的影响?让我们拭目以待。

Extension Study　　**手机先进国家——日本之二三事**

关于日本移动电话服务的特点,首先不得不提的是其因特网服务加入率之高。截止至2004年9月,签约移动电话中网络服务的加入率,日本高达

94.1%，位居世界之首，韩国(89.0%)紧随其次，再次为美国33.5%、奥地利28.2%、芬兰22.1%(《平成17年度情报通信白皮书》)。第二个特点便是其进化速度之快，在迅速完成了向第二代手机的过渡之后，至2007年7月已有78.0%的产品实现了第三代升级(根据社团法人电气通信事业者协会资料)。最后，前文中提到的多功能手机的普及也可称为一大特点。谈及移动电话发展的未来前景，日本市场的动向值得全世界的关注。

那么移动电话服务为何能在日本如此迅速地普及开来呢？其中一个重要的原因在于，在日本可以用低廉的价格购买到全新型号的手机，所以一般用户平均两年半更换一次手机。但是如此的手机低价格化是如何实现的呢？

其实这与日本移动电话服务的运营模式是密切相关的。日本采用垂直统合型手机运营模式，也就是说由通信服务运营商决定手机以及各项服务的具体内容，手机生产商和手机服务提供商只能听从安排。结合通信服务运营商提出的服务构想开发生产出来的新型手机便出现在销售代理店的柜台。在实际销售的时候，通信服务运营商将支付给销售代理店一笔销售奖励金，因此销售商愿意用远远低于手机原价的低廉价格来吸引用户（自2006年9月以后，各大运营商调整了该运营体系，现在用户可以自己选择一次性付款或者分期付款来购买手机）。在用户购买手机的同时需要签署一份有关最低使用期限的协议（一般为两年），在使用期限内通信服务运营商将通过收取各项手机服务使用费收回当初用作销售奖励金的成本。此外，用户即使发现自己喜欢的手机型号，但如果与自己现在使用的手机不属于同一运营商提供的产品也无法直接更换，这也再次说明了在日本手机产品与通信服务运营商有着密不可分的关联。

手机服务的迅速普及虽然也可以称为是日本移动电话市场的一大特征，但因为第二代手机没有采用GSM模式，因此在世界移动电话市场上日本所占的份额相对较低，2006年的数据显示尚不足7%(《平成19年度情报通信白皮书》)。所以，为了提高国际竞争力，垂直统合型运营模式的改革迫在眉睫，例如废止销售奖励金制度、导入SIM卡（具有记录手机号码等用户信息、识别用户身份功能的移动电话用IC卡）等。但是对于改革也不可避免地存在着反对的声音，因为有人认为改革势必会影响到一些新服务的普及，例如手机电视和数字广播等。

2 图像媒体的发展
——电视的诞生与未来

- ☑ 20世纪最具代表性的媒体——电视,给我们的社会生活方式带来了怎样的影响?电视发展至今日又是经历了怎样的历程?
- ☑ 在时代变迁,以电视为首的媒体不断变化的环境中,人们收看电视的方式以及对电视的认识,又悄悄地发生着怎样的变化?
- ☑ 在多媒体、数字化发展进行的浪潮中,今后的电视将会何去何从呢?

2.1　1953—1965 年:视觉媒体电视隆重登场

(1) 草创期的电视

电视,被尊为是 20 世纪媒体的代表。虽然以英国、美国为首的一些国家在第二次世界大战之前就已经开始播放电视节目,但是全世界真正进入电视时代是进入 20 世纪 50 年代以后的事。电视最主要的特征,正如其英语单词的原本含义"television——看见远方的事物"。如今,人们通过收看电视得知世界各地发生的事情,分享信息和感动。"看电视"早已成为全社会规模的行为,而一种全新的社会交流方式也由此产生。纵观电视的发展历史,可以概括说它在极短的时间之内,通过娱乐、新闻报道、教养/教育类节目,对人们的生活、意识形态以及交流活动造成了无比巨大的影响。

其实在电视出现以前,已经存在一种能够同时向多人传达信息的媒体,那就是活字媒体①。但是将人类的语言转化成抽象的文字再进行传播的过程并不是所有人都能轻松接受的。而与此相比,电视作为一种杰出的视觉媒体,不仅语言,甚至人们的表情以及周边的情况都能够通过图像传送。因此这种更加接近人类直观感受的传播方式,迅速博得了大众的青睐。

日本电视于1953年(昭和28年)始播。1953年2月1日,日本公共电视台"日本放送协会NHK"②开播。同年8月28日,"日本电视台(Nippon Television Network Corporation)"抢先于其他日本民营电视台率先开业。在这个时期,电视机的价格尚显昂贵,并非人人都能负担得起,因此人们聚集在安装了"街头电视"的广场、电器店和餐馆,或者来到购买了电视的邻居家,无比新奇地体验了这种全新媒体带来的冲击。当时人们主要收看的是职业摔跤、棒球、相扑等体育赛事的直播和舞台剧、电影,等等,而在拥有电视以前,这些都是人们必须出门才能享受到的娱乐。

"街头电视"

"日本电视台"为了尽快促进电视的普及,想出了这样的宣传策略:用一台电视机给无数人提供看电视的机会,以此来扩大电视的影响。在开业当天,该电视台在新桥车站的西口广场和浅草观音地区等日本东京都内以及郊外55个人流量较大的场所安装了街头电视(根据最终统计,日本全国一共安装了278台)。于是1954年2月的国际职业摔跤比赛直播在当时掀起了一股热潮,也从此奠定了街头电视的人气。

(2)向一般家庭的普及过程

在20世纪50年代后期到60年代这一段时间里,日本各大民营电视台相继开台,电视节目的播放时间也逐渐加长。NHK综合频道原先全天共计

---

① 参照本书第3章。
② 译者注:根据1950年设立的《日本放送法》成立的特殊法人,承担日本的公共放送事业,下属于日本总务省。所谓"公共放送机关",区别于国家直接运营的国营媒体,也不同于依靠广告收入作为经济来源的民营电视台,目前NHK主要依靠向签约用户收取收视费维持财政运营。英文全称"Japan Broadcasting Corporation",简称"NHK"取自"日本放送协会"的日语发音"Nippon Hoso Kyokai"的首字母。可参考主页 http://www.nhk.or.jp/。

播出 4 小时节目,并且中间间隔一次长达 5 个小时的休息,但是从 1962 年 10 月开始,NHK 实行从早晨 6 点到凌晨 12 点无间断的全日制播出。不仅播出时间做了调整,电视节目内容也在体育比赛直播的基础上增加了电视剧、知识竞猜、综艺等电视独有的娱乐节目。而在此时,电视机的价格开始出现下调,对普通大众来说已不再是望尘莫及的奢侈品。此外还有重要的一点,1959 年 4 月"明仁皇太子(今日本天皇)成婚典礼游行"的实况转播,让日本国民真正领略了电视带来的身临其境的神奇感受,这无疑极大地促进了电视向一般家庭的普及。

之后,人们看电视的场所从街头转移到了家里。第二次世界大战以后,日本经济高速增长,普通家庭对洗衣机、电冰箱等用于提高家务效率的电器产品的需求也随之增大,电视机虽然姗姗来迟,却大有超越前者的势头。于是,炙手可热的电视机终于进驻日本一般家庭,被小心翼翼地放置在客厅,成为家庭成员一起享用的媒体。当时,以美国中产阶级家庭为舞台的电视剧以及稍后描写日本家庭的家庭剧充斥着各大频道,剧中描绘的幸福家庭拥有各式大型的家用电器,这些都成为日本国民心目中憧憬的战后家庭的理想形象。与此同时,大人和儿童可以平等参加的知识竞猜类节目也很受大众欢迎。

1959 年,"明仁皇太子成婚典礼"实况转播拉开了电视时代的序幕。5 年后的 1964 年,日本国民翘首以待的另一件盛事——第 18 届夏季奥运会在东京隆重举行,而此时几乎所有的日本家庭都具备了收看电视(黑白电视)的条件(参照图 2.1.1)。这个时期的电视节目,已不仅仅停留在给无法到现场的观众实况转播的水平上,而是将世间发生的事情再加工,用"电视的语言"传达给大众。例如,电视台将在各个赛场同时进行的比赛穿插转播,有时会在正在进行的比赛直播中间插入已经结束的其他比赛的录像,或者重放比赛精彩瞬间的慢镜头,等等。通过灵活运用这些表现手法,电视将奥运会如一场盛大的视觉盛宴般呈现在人们的眼前。相对于能出入赛场实际观看比赛的极少数人,绝大多数人是通过电视收看比赛,因此 1964 年东京奥运会对于日本国民来说,可谓是来自"电视的记忆"。甚至在当时,很多人认为只有通过电视收看的奥运会比赛,才是真正的奥运会。

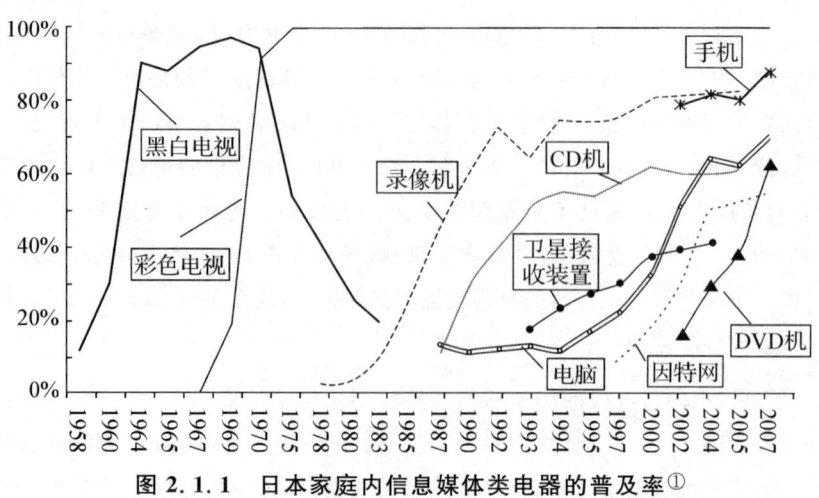

图 2.1.1　日本家庭内信息媒体类电器的普及率[①]

(3) 融入现代生活

20世纪60年代初期,随着电视在日本一般家庭的普及,人们收看电视的时间急剧增加(参照图 2.1.2)。根据 NHK 从 1960 年开始每 5 年实施一次的"国民生活时间调查"的数据显示,在 1960 年,日本国民平均每天收看电视的时间不到 1 个小时,但是到 1965 年已经接近 3 个小时,增长幅度令人咂舌。另外还有数据显示,人们绝大多数时间是在家看电视,其中一边吃饭、做家务一边看电视,也就是在进行其他行为的同时收看电视(日本称之为"并行收视")的时间占收视时间总量的约 40%。

电视与广播最大的区别在于能够提供视觉信息,因此人们可以一边看电视一边进行交谈。也正是因为这个特点,在日本的大多数家庭,晚饭时以及饭后,家庭成员一边看电视、一边聊天就逐渐成为一种习惯。所以人们的吃饭时间随之变长,大人小孩也不知不觉将做家务和学习的时间延后,甚至不

[①] 除因特网相关数据以外,其他数据均出自"消费动向调查"(截止至 2001 年,调查由日本经济企划厅实施,之后转交日本内阁府);该调查经历了一系列名称变动,1977 年之前名为"消费与储蓄的动向",1978 年更名为"家计消费的动向:消费动向调查",1988 年再次更名为"消费动向调查年报";从 1978 年起,该调查的实施时间从每年 2 月调整至每年 3 月;1963 年以前的调查不包括农业人口的相关数据;因特网相关数据来自日本因特网协会监督发行的《因特网白皮书》,显示的是在家里使用因特网的家庭比率。

惜牲牺睡眠时间。于是这些生活习惯的改变被视为是电视带来的负面影响，受到了社会的广泛关注。但是耐人寻味的是，这个时期的调查结果显示，儿童的学习时间并没有出现减少的倾向。

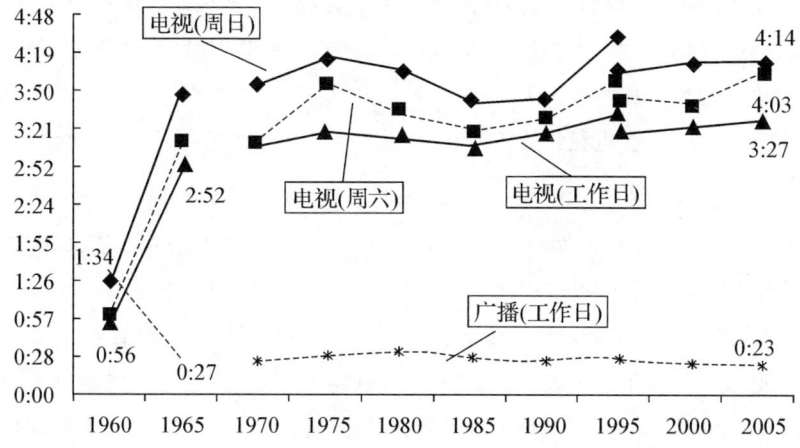

图 2.1.2 1965—2005 年日本国民电视收视时间量的变化①

此外在电视收视时间急增的这 5 年里，作为活字媒体的报纸、杂志和书籍的阅读时间也没有出现明显变化。但是相比之下，广播的收听时间从 1960 年的 1 个半小时到 1965 年减少到不足 30 分钟。与此同时，和电视同为视觉媒体的电影，全年观众总人数也出现了急剧减少的趋势。

1960 年到 1965 年期间，电视在人们的生活里一步一步站稳脚跟，而人们收看电视的习惯也在发生着巨大的变化。如今，在每天的日常生活中，绝大多数人早已习惯了将几个小时用于坐在家里的电视机前，收看电视节目来打发时间。而这种生活方式的雏形，应该是在 1965 年，也就是电视刚刚开始在日本全国普及的时候形成的。

2.2 1965—1975 年：从娱乐媒体到综合媒体

早期的电视节目，主要是以面向家庭全部成员的娱乐节目为主。一直到

---

① 参考日本 NHK"国民生活时间调查"，该调查以日本全国 10 岁以上国民为调查对象，每年 10 月实施。曲线图中出现断层的地方是由于前后调查方法的差异造成的。

20世纪60年代初期,日本国民还保留着早晨收听广播、晚上看电视的习惯。可是,自从NHK 1961年开始在早晨播放电视连续剧①,其他电视台也相继在上午播放新闻和谈话类节目,这些新内容迅速吸引了早晨准备出门上班以及忙于家务的人们,于是人们逐渐习惯在早晨就打开电视。为了避免上班迟到,从这个时期开始,人们甚至已经习惯通过看电视掌握时间,电视进而取代了钟表的地位。这些变化无疑给人们原有的收视模式带来不小的冲击,人们不再"认真地"坐在电视机前收看节目,从此"并行收视"和"断片式收视"更加普遍。

20世纪60年代后期,彩色电视淘汰了黑白电视,开始进入一般家庭。在这个时期,除电视连续剧以外,大型综艺节目,如日本TBS电视台1969年播出的《8点了!全员集合》,以及音乐节目等多种多样的娱乐节目层出不穷,给家庭成员提供了茶余饭后的话题。继《铁臂阿童木》获得巨大成功以后,动画片节目和以"奥特曼"系列为代表的科幻电视连续剧也陆续登上荧幕,动漫人物的模仿游戏以及周边产品席卷市场,成为日本儿童日常生活和娱乐中不可缺少的组成部分。

此外,这个时期发生的历史大事件,如越南战争(20世纪60—70年代)、美国"阿波罗11号"宇宙飞船登月成功(1969年)、日本航空"淀(YODO)"号劫机事件②(1970年)、浅间山庄事件③(1972年)等,人们通过电视的长时间实况转播关注着事件的进展,因此也领略到电视作为报道性媒体的强大威力。人们迎来了足不出户就可以目睹国内、世界乃至宇宙间发生的新鲜事,并且和全世界的人们同步信息的时代。

---

① 从1962年开始变为每天早晨8:15—8:30,播放15分钟,这种方式一直持续至今。

② 译者注:1970年3月31日,日本"共产主义者同盟赤军派"9人策划胁持了从东京羽田机场起飞至板付机场(现福冈机场)搭乘122名乘客的日本航空351号,事件以劫犯成功流亡朝鲜画上句号。这是日本历史上发生的第一次劫机事件,为此日本于同年6月颁布了《劫机防止法》。

③ 译者注:1972年2月19日至28日,日本"联合赤军"的5名成员(坂口弘、坂东国男、吉野雅邦、加藤伦教、加藤元久)在长野县北佐久郡轻井泽町的河合乐器保养所"浅间山庄"胁持了山庄管理人的妻子(当时31岁),与警察进行了长达219小时的对抗,最终人质安全救出,劫犯全部被捕。

与此同时，日本的各大电视台对教育/教养类节目的内容也进行了充实。到20世纪70年代中期，日本的电视已经逐渐发展成为了具备多种功能的综合性媒体。在1965年向后的10年里，人们收看电视的时间持续增长。电视在家庭里充分发挥它的向心作用力，将家庭成员聚集到客厅。在那里，人们不仅围绕着电视节目热烈交谈，还不时上演着遥控器争夺战。可以说，电视拉近了家庭成员彼此间的距离。

但是在日本，电视并不仅仅面向家庭娱乐，在学校等教育机关也发挥着不可小觑的作用。早在1953年日本电视始播之时便已经出现了专门用于学校播放的电视节目。1959年世界首家教育频道——NHK教育台开播以后，电视开始在日本校园里普及开来。20世纪60年代中期，日本全国有90%的小学普及了电视，其中超过70%的学校在实际教学中使用电视。到1975年，日本实现了每所小学的每一间教室里都配备一台电视机，并且90%以上的小学使用理科、社会学和思想品德等课程的电视节目。

2.3 1975—1985年：电视收视日常化与个人化引发的家庭矛盾

电视问世20年以后，也就是到了20世纪70年代中期，日本已有近90%的家庭普及了彩色电视机，其中超过一半的家庭拥有2台以上的电视机，而人们收看电视的方式也在不知不觉中发生着变化。

（1）观众口味的变化与电视在家庭中的地位

电视更加彻底地融入到现代家庭生活当中，人们不再将其视为特别的存在，因此看电视也逐渐成为一种再平常不过的行为。于是，人们对电视节目渐渐失去了新鲜感，并且开始批评电视的过热报道，种种迹象都表明人们对电视的兴趣正在减退，与此相应的便是人们收看电视的时间开始出现下滑。在上一节里介绍过，从电视出现到20世纪70年代中期为止，日本国民的收视时间一直保持增长，但是在1975年到达顶峰后走向下坡，并且这种减少的趋势持续到1985年（参照图2.1.2）。由此看来，"脱离电视"已不再是停留在人们意识层面上的一句口号,而是非常实际地体现到了行动上,电视收视时间停止增长甚至出现减少趋势的现象就可以证明这一点。

在这个时期,从整体上看,收看电视的主流方式仍然是吃饭时或在晚饭后,家庭成员聚集在客厅一起分享家里的主用电视机。但是同时,另一种"个人收视"的方式也悄然出现,如果自己想看的节目与其他家庭成员不一致的话,(在家里有两台或两台以上电视机的情况下)可以一个人去打开家中另外那一台备用电视机。

此外,家庭成员一起收看电视时的状态也在发生着变化。1979 年由 NHK 组织实施的名为"家庭和电视"的调查结果显示,除了"配合其他家庭成员的喜好,全家一起津津有味地收看电视"以外,现在出现了"不置可否、漠然收看"的情况。也就是说,电视给人们在茶余饭后提供了聊天的话题,并且为家庭成员相聚时的愉快交流创造了条件,因此说电视的存在营造了轻松快乐的家庭氛围也不为过,只是偶尔出现的有关家庭暴力的话题,也会给家庭关系带来些许的不和谐因素。

综上所述,这一时期的电视,从收看形式上讲造成了家庭的分散,但是从心理角度来看,又在发挥着团结家庭成员的作用。

(2) 电视回归本位

虽然人们已经对电视逐渐产生了一种倦怠感,但是在这个时期仍然有能够吸引观众的电视节目,它们都具有一个共同点,那就是不无病呻吟,而是以事实为卖点。例如音乐节目《The Best 10》(日本 TBS 电视台 1978 年播出)坚持贯彻使用现场直播的原则,依靠电视独有的"同时性"魅力吸引了大批观众;还有一些公开型娱乐综艺节目向观众提供彩排现场的真实感也是其中成功的例子。

之前的电视节目,通常在每周的固定时间播放同一节目,即采用以一个星期为单位的循环播放形式。但是到了这个时期,出现了打破这种日常播放模式的电视节目,比如超常规的 3 小时电视剧以及连续几天集中播放的特别节目,等等。

1978年,日本电视台为了庆祝开播25周年,播出了《24小时电视·爱拯救地球》的慈善特别节目,在日本第一次实现了电视节目的全天24小时连播。日本电视台分布在日本全国的29个地方台携手合作,将名人明星在各地呼吁捐款的情况进行了24小时无间断直播,最终通过这个节目募集到的捐款总额高达11亿日元。当然,这不仅是因为该节目前所未有的超长播出时间,更重要的原因在于身处日本全国各地的家庭虽然各自收看了节目,但是在这些素不相识的人们之间,通过电视传达的"现实"产生了令人热血沸腾的连带感,在这种力量的作用下,无数人积极地参与到了捐款的活动中去。日本学者藤竹晓曾著书名为《电视媒体的社会力》①,上述便是解释这个书名的一个很好的例子。

2.4　20世纪80年代中期至90年代中期的10年:新媒体时代里对电视的重新认识

(1) 电视重聚人气

在20世纪80年代到90年代期间,各种新兴媒体不断问世,人们也渐渐熟悉了"新媒体时代"这个词语。在这短短10年里,VTR、电子游戏机、电脑等媒体设备开始迅速向一般家庭普及(参照图2.1.1)。虽然有人担心同样使用电视机画面的录像带和电子游戏的普及会加速人们"脱离电视"的进程,但是出人意料的是,从1985年向后到现在,人们收看电视的时间其实一直保持着增长(参照图2.1.2)。而录像带的普及率虽然很高,但实际使用率却偏低,有相关数据显示日本国民每天看录像带时间平均只有10分钟左右。

那么,该如何理解电视的收视时间从之前的减少趋势回复到增加呢?首先,人们生活时间的变化是一个不得不考虑的因素。从1987年开始日本实现了24小时电视播放常规化。1990年到1995年,因为双休日制度的大力推

---

① 藤竹晓,《电视媒体的社会力——解读名为电视的魔法盒》,有斐阁,1985。

行以及家用电器普及节省下了家务时间,人们自由活动的时间大大增加了,并且人们的作息时间渐渐向夜晚推移。在这背景下,深夜顺理成章地成为了人们收看电视的时间段。

其次,从意识层面上的变化来看,在经过一段时间的低迷后人们又重新对电视产生了兴趣,具体表现在人们对新闻报道类节目的关注度上。直播技术以及录像设备小型轻量化等技术方面的进步,给电视报道的及时性和同时性带来了飞跃式的提高。这期间发生的国内外大事,如"柏林墙倒塌"(1989年)、"海湾战争"(1991年)、"阪神·淡路大地震"(1995年)等,让人们通过电视的报道再次认识到了电视的魅力,并且给予了电视新的评价。

有意见认为,以柏林墙倒塌为开端的东欧社会民主化运动的急速兴起,是因为东欧的各国人民通过卫星电视得知了自由富饶的西欧社会和人民生活,从此集合起来形成了社会变革的原动力。电视也通过这次事件向全世界的人们展示了它无与伦比的庞大影响力。

(2)遥控器带来的收视变化

还有一点值得注意的是由电视机遥控器带来的变化。遥控器于20世纪70年代末问世后,普及率在1987年达到54%,到1992年达到87%。使用遥控器可以让切换频道更加容易,不仅可以跳过广告,还能够选择收看节目中最有意思、最想看的部分。因此遥控器的出现改变了人们看电视的方式,也重新燃起了人们对电视的热情。

在电视发展最初的30年里,对于各种各样的电视节目,人们只能照单全收。但是有了遥控器之后,人们可以选择收看更有意义的节目,还可以边看边比较各大电视台在同一时间段播出的新闻,即使在节目播出途中也可以随意换台,于是人们逐渐适应了一种更加主动的收视方式。

在此期间,家庭平均拥有的电视机台数仍然保持增长,这说明家庭集体收视减少而个人收视增加的倾向还在扩大。进入20世纪80年代以后,电视发展初期一度广受欢迎的家庭电视剧逐渐在电视屏幕上销声匿迹,取而代之的是以特定年龄层观众为收视目标的电视剧。如偶像剧一般多以主人公的恋爱、工作和家庭等当今社会常见的问题以及最新的流行讯息来吸引观众，因此与家庭成员相比，更容易成为朋友们之间的话题。

此外，出现了可以从娱乐中获得知识和信息的综艺节目（也称知识型娱乐节目、娱乐型教养类节目）以及从搞笑类节目里分离出来的主要由笑星艺人出演的新型娱乐节目。在这之后，还出现了跨越"娱乐"、"报道"等多种分类的节目，比如强调"真实性"、在现场或演播厅直播的节目以及包含强大信息量的谈话类节目。总体来讲，电视节目呈现出向娱乐化方向发展的倾向。

2.5　20世纪90年代中期以后：数字时代的电视

（1）全新的收视方式——似无还有

20世纪90年代后期，家庭电视收视个人化继续发展，再加上遥控器的普遍使用，人们看电视时逐渐显露出"断片式"的收视形态。尤其在年轻人中，"即使没有想看的节目也习惯性打开电视"、"无意识地一直按遥控器切换频道"等等这样的行为司空见惯。于是在了解了目前社会主流的电视收视方式之后，也为了让中途打开电视开始收看节目的观众能够轻松跟上节目的节奏，日本的各大电视台有意识地对节目进行了一些改造，例如将节目分成若干个短篇分开播出，或者为了让画面更加简单易懂，在屏幕上添加大量的动画、漫画文字等。但是事与愿违，电视台的这些功夫却在实质上更加促进了观众们如上所述的"无意识"收视。

另一方面，从出生就拥有电视的年轻一代成长起来，并且熟悉了电视节目制作常用技巧的人也逐渐增多，因此很多人在享受电视娱乐的同时已经能够认识到电视节目不过是一种"表演"。在这个时期，电视台又推出了一批构想比较复杂的新节目，节目制作人事先设定部分任务和情节，观众可以和节目参演者一起期待在节目实际录制过程中发生的各种意外环节，比如《去学校吧！》①和《恋爱·地球·旅行》②是其中比较有人气的节目。年轻人在收看这类节目的时候会边看边评论，即使是一个人坐在电视机前，也能和节目的参演者像朋友聊天一样参与到节目当中去。这样与其说是在收看节目，更像是在和电视进行交流。

图 2.5.1 是日本 NHK 于 2002 年"电视 50 周年调查"结果中有关年轻人收看电视的几大特点，例如喜欢一直开着电视、如果遇到自己喜欢的节目会投入感情认真收看、和电视对话并且积极地预测情节的发展、一旦失去兴趣便立刻使用遥控器换频道，等等。全家人一起聚集在电视机前，从节目开始到最后目不转睛地收看电视的情景，在今天已经是无法想象的过去时了。

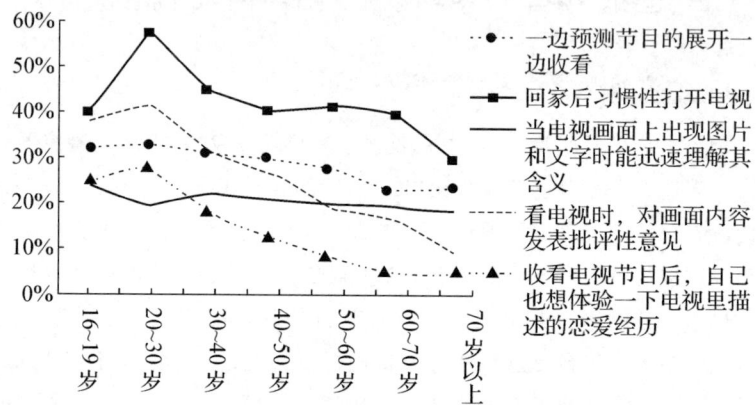

图 2.5.1　日本年轻人收看电视的特点（参考 NHK"电视 50 周年调查"，2002 年 10 月）

---

①　译者注：英文名 *GROOVY AFTER SCHOOL*，1997 年 10 月 16 日至 2005 年 3 月 15 日每周二晚 8 点日本 TBS 电视台播出的学校教育综艺节目，2005 年 4 月 19 日起更名为《去学校吧！MAX》。在节目中日本著名歌唱组合 V6 的成员到日本各大中学与当地的学生们进行互动，内容涉及广泛。

②　译者注：又名《恋爱巴士》，1999 年 10 月 11 日至 2009 年 3 月 23 日每周一晚 11:00—11:30 日本富士电视台播出的恋爱综艺节目（共 441 期）。每期节目中有 4 名男性和 3 名女性共计 7 名年轻人参加，他们乘坐一辆面包车环游世界，共计经过 92 个国家和地区（曾于 1999 年 11 月途经中国）。摄像机沿途记录他们的言行遭遇和世界各地的风情。每期节目结束时，节目参加者可以拿着回日本的机票向自己的意中人表白，如果对方接受则可以两人一起回国，如果对方拒绝只能自己一人回国。该节目的参与者中共诞生 44 对情侣。

2 图像媒体的发展

（2）迈向多频道数字化时代

随着卫星电视、城市有线电视、CS数字电视的普及，到20世纪90年代中期以后，日本真正迎来了多频道的时代。尽管从收视时间来看，相对于新兴的卫星电视，目前（译者注：2008年）接收地面信号的电视播放形式的所占份额仍然具有绝对优势，但是即使是为了满足一小部分人群的需要，也为了给观众提供更多的选择，从长远来讲、对多种频道建设的投入还是具有很大意义的。

表2.5.1 多频道化、数字化的发展进程

1989年6月	NHK卫星电视开播
1992年5月	由通信卫星提供信号的CS电视开播
1996年10月	CS数字电视开播（Perfect TV!）
2000年2月	BS数字电视开播：数据传导，高清数字电视开播
2003年12月	关东、中京、近畿三大都市圈地面数字电视[1]开播
2006年4月	移动电子设备"1-seg"开播
2011年7月	NTSC式播放[2]废止，全国实施地面数字电视

数字电视实现了高画质和可与CD相媲美的高音质，并且可以数据传导提供双向信息服务。与通信行业常见的"一对一"模式不同，电视媒体是从"一对多"的单向播放模式发展起来的，但是从现在开始电视也迈入了能够提供双向互动服务的时代，观众可以通过按动遥控器的按钮回答节目中提出的问题。2006年4月，地面数字电视和移动电话强强联手推出了"1-seg"服务，"无论何时、无论何地"都能够收看电视，从此电视不再是家庭的专属品，而是上升到了可以随身携带的阶段。

---

[1] 英文名称：Digital Terrestrial Television Broadcasting。
[2] 译者注：1952年12月由美国国家电视标准委员会（National Television System Committee，缩写为NTSC）制定的电视广播传送和接受协议。

"1-seg"

"1-seg"是地面数字电视向手机等移动电子设备提供的服务。日本的地面数字电视,将每一个频道分为13个波段(segment),将其中的一个波段分配给移动设备,因此称为"1-seg"。该服务可以提供清晰的画质,即使在移动中图像和声音也能保持稳定。除了可以收看电视节目以外,通过数据传送还可以接收新闻报道、气象信息、教育信息和电视节目预告,等等。

(3) 电视与网络的多重连动

晚于电视问世的众多新媒体当中,当数从20世纪90年代中期开始飞速普及的因特网(参照图2.1.1)和电视的关系最为密切。各大电视台也纷纷通过网络提供新闻,开设节目主页发布有关节目的最新信息。

2007年,英国BBC将一档刚刚开播7天的电视节目利用名为iPlayer的网络服务向观众免费提供节目内容,只要在英国境内,任何人都可以通过因特网进行下载,这一举动引起了全世界的关注。此外,在美国成立的视频分享网站YouTube也是一例。可见,这个时期的欧美等国家正在兴起一股电视媒体与视频网站积极联手的业界新潮流。

表2.5.2 日本人的媒体人均使用率与使用时间(星期日)

	使用率(%)		平均使用时间	
	2001年	2006年	2001年	2006年
电视	91	89	3:52	3:33
广播	12	11	0:15	0:17
报纸/杂志/漫画/书(印刷品)	49	45	0:33	0:34
CD/MD/磁带	14	15	0:17	0:16
录像带	12	**14**	0:13	**0:16**
电子游戏	9	8	0:10	0:09
网页浏览[※1]	9	**20**	0:06	**0:15**
电子邮件[※1]	22	**37**	0:13	**0:25**
因特网(Internet)[※2]	26	**44**	0:19	**0:40**
电脑[※3]	15	**23**	0:16	**0:27**
手机[※3]	34	**48**	0:20	**0:35**

2 图像媒体的发展

[数据来源于日本 NHK"IT 时代的生活时间调查"(2006 年 10 月,调查对象为日本全国 10～69 岁的国民)]

注①:※$_1$"网页浏览""电子邮件":不区分电脑和手机的使用。

※$_2$"因特网(Internet)":"浏览网页"和"收发电子邮件"的总和,不区分电脑和手机,不区分工作和个人娱乐的使用。

※$_3$"电脑""手机":分别使用电脑、手机进行"浏览网页"、"收发电子邮件"以及"其他使用"的总和。

注②:与 2001 年相比数字有所增加的项目标记为黑体字。

注③:本次调查对象的年龄上限为 69 岁,因此调查结果与前文中图 2.1.2 显示的结果不同,电视的平均收视时间出现了负增长。

表 2.5.2 从使用量的角度对照比较了日本国民使用电脑、手机上网以及电视等其他媒体的实际状况(这里介绍的是个人自由支配时间最长的星期日的调查结果)。从这张数据表里我们可以看到,无论是使用人数(使用率)还是使用时间,电视都远远超出其他媒体,大有一枝独秀的风头,并且这个特点不受性别、年龄等其他因素的干扰,在各个年龄层的人群中都体现得非常清晰。这次调查中,有关因特网的使用状况设置了"浏览网页"和"收发电子邮件"这两个项目,结果显示在 2001 年到 2006 年的这 5 年期间因特网的使用人数大幅度增长,到 2006 年有接近一半的日本国民在每天的日常生活中使用网络。在 40 岁以下的人群中,网络是仅次于电视,使用率位居第二的媒体。尤其是 20～30 岁的年轻人,他们的网络使用率(男性 66%,女性 76%)已经足够威胁到电视的王者宝座(男性 78%,女性 76%)。

从使用时间来看,10～30 岁的人群无论男女使用网络的时间都达到 40 分钟以上,并且同时使用书刊报纸、CD/MD/磁带、录像带等多种媒体。相比之下,50 岁以上人群的网络使用时间相对较少,维持在 10 分钟左右,但是收看电视 4～5 小时、阅读书刊报纸 30 分钟以上、收听广播 20 分钟以上,可见三大传统媒体的使用仍然占据主要地位。因此我们可以将 40 岁作为分界线做一个划分,概括为 40 岁以下人群积极尝试使用新媒体,并且能够根据需要灵活使用多种媒体,而 40 岁以上人群仍然将大部分时间用在传统媒体上。

那么,网络的使用是不是会减少人们收看电视的时间呢?截止到 2006 年并没有确凿的科学数据来证实这一观点。根据 NHK"IT 时代的生活时间调查·2006"的调查结果显示,无论工作日还是星期日的晚上 8:00—10:00 期间,使用网络的人群中有三分之一到 50% 的人同时也在收看电视。关于电视和网络同时使用这一点,也有其他的调查曾经关注过,并且在结果中指出,很多人在看电视的时候如果发现有意思的信息,会立即在网络上搜索,另外由各大电视台开设的、用于补充介绍节目信息的各档节目的主页也为数不少。看电视时配合使用其他媒体似乎已经成为了这个时代的一道新风景。

此外,在 20~30 岁的人群当中,一边看电视一边用手机的现象也很普遍。在看电视的时候同时收发手机讯息,用邮件告诉朋友"我现在看的节目很有意思呢",然后围绕这个话题展开一系列对话。现在只要是对应"1-seg"播放模式的手机,都可以实现"手机收视上网一体化",即一部手机可以同时看电视、检索信息和收发邮件。虽然这样的媒体使用形式尚未能渗透到社会的每一个角落,但是很多在今天我们还无法想象的情景,随着媒体功能的进化,或许在将来某一天就会出现在我们的生活里。

(4) 电视的功过与将来

人们对电视的肯定,不仅表现在使用人数和收视时间上,对于其作为媒体所发挥的作用,人们也同样给予了很高的评价。在 2005 年由 NHK 实施的"日本人与电视"调查中,询问了日本国民关于电视、报纸、因特网以及和家人交谈等 11 种媒体以及交流手段的功能。调查结果显示,在给出的"报道"(报道世间时事动态)、"娱乐"(带来欢乐和感动)、"教育/教养"(增长知识)、"信息"(提供有关生活和爱好的相关信息)、"评论解说"(深层探讨政治与社会问题)、"放松休闲"(缓解疲劳、放松身心)、"交流"(促进深化人与人的交流)这 7 个选项中,电视在"报道"(66%)、"娱乐"(57%)、"评论解说"(51%)等 5 个项目获得了最多的支持,其余两个项目电视也高居第二。甚至"每天都使用因特网"的这一部分人群的回答里电视也占据了 3 个项目的第一,可见电视在日本社会获得了广泛的肯定。至于对因特网的评价,虽然在"信息"、"报道"、"评论解说"和"交流"几个项目中的排位也相对靠前,但是排在电视前面的只有"信息"这一个项目。可以看出即使是因特网的拥护者们,也不是全般依赖网络,而是根据不同需要来选择使用对象。电视在努力地向更多的人灌输信息,而与此不同的是,因特网需要用户自己有目的性地操作才能让其发挥价值,因此可以说网络其实是属于满足个人需求的媒体。

即使是在现在这个多种媒体竞相登场的时代,虽然人们收看电视的方式也从家人聚集演变成个人行为,但是对于人们,起码对于日本人来说,电视还是生活中必不可少的一部分。无论是新闻报道还是娱乐节目,电视里时刻上演着"现在时"。并且在大多数人的意识里,通过收看电视节目可以了解社会、与他人分享感动,否则将会产生一种被社会淘汰的感觉而陷入恐慌。

电视能够在我们的日常生活里安营扎寨,成为生活的一个重要组成部分,还有一个不可忽视的原因,那就是看电视时可以很放松,不需要刻意集中注意力。虽然从悲观的角度来讲这其实是一种"被动的"接收方式,但是在现在这个多媒体的时代,电视的这种特点却也是难能可贵的。对于几乎完全依靠电视来获取信息的人们来说电视可以提供生活里必需的基础社会信息,而对于可以熟练运用多种新媒体且习惯主动搜集信息的人来说,通过电视可以从更加广阔的视角了解社会,不至于被封闭在自我的狭小世界里。所以估计在今后的一段时间里,电视的这个特点仍将继续受到追捧。

在本章里我们也关注了人们收看电视方式的变化,但是不可否认的是其实一个人是可以接受多种收视方式的。有时拿着遥控器不停切换频道,有时却会从头至尾认真看完一个节目。外出时使用手机看电视的人,回到家后通过大屏幕享受家庭影院的气氛,这绝不是天方夜谭里才会出现的景象。

(5)未来的电视与人类

今后的电视必将不断完善、不断发展,那么人类和电视该如何共存共处呢?在本章的最后,关于这个问题,我们来整理几个要点。自从电视问世以来,人们习惯了生活在一个由电视创造的世界里,但是对于这一点绝大多数人都没有能够清醒地认识到,而是将在电视看到的内容与现实生活混为一谈,不能区分"电视的世界"和"现实的世界"。适用于包括电视在内等全部媒体的"媒体素养"论一直在提醒人们不要仅仅根据电视屏幕上出现的画面来判断是非①,而我们需要重新认识这一点的重要性。

其次,电视之所以能产生如此大的影响,是因为可以看见的事物本身具有极高的可信度,所谓"眼见为实"这一点是至关重要的条件。但是在多媒体、多频道化日益发展的今天,尤其日本在1997年正式导入个人收视率调查后,各大电视台甚至各档节目之间的收视率竞争愈演愈烈,报道方针/原则、人权/隐私保护、青少年保护等有关电视存在方式的诸多问题也随之相继浮出水面。为了避免过于重视收视率,在电视发展50周年之际,我们有必要将20世纪60年代提出的"收视质②"的概念重新温故。

提到电视节目质量的负责人,自然而然想到的是节目的制作、播出方。但是通过本章的论述,我们可以认识到,如今已经是电视节目的观众也能够参与到节目制作中去的时代,与此同时,电视的影响力可以通过网络等其他媒体更加广泛地散播到社会间的各个角落。因此,整个社会都有责任重新认识电视与人类之间的关系、切实思考有关电视节目质量的问题。

---

① 参照本书第12章。
② 译者注:评价电视节目质量、观众收视质量的标准尺度。

2 图像媒体的发展

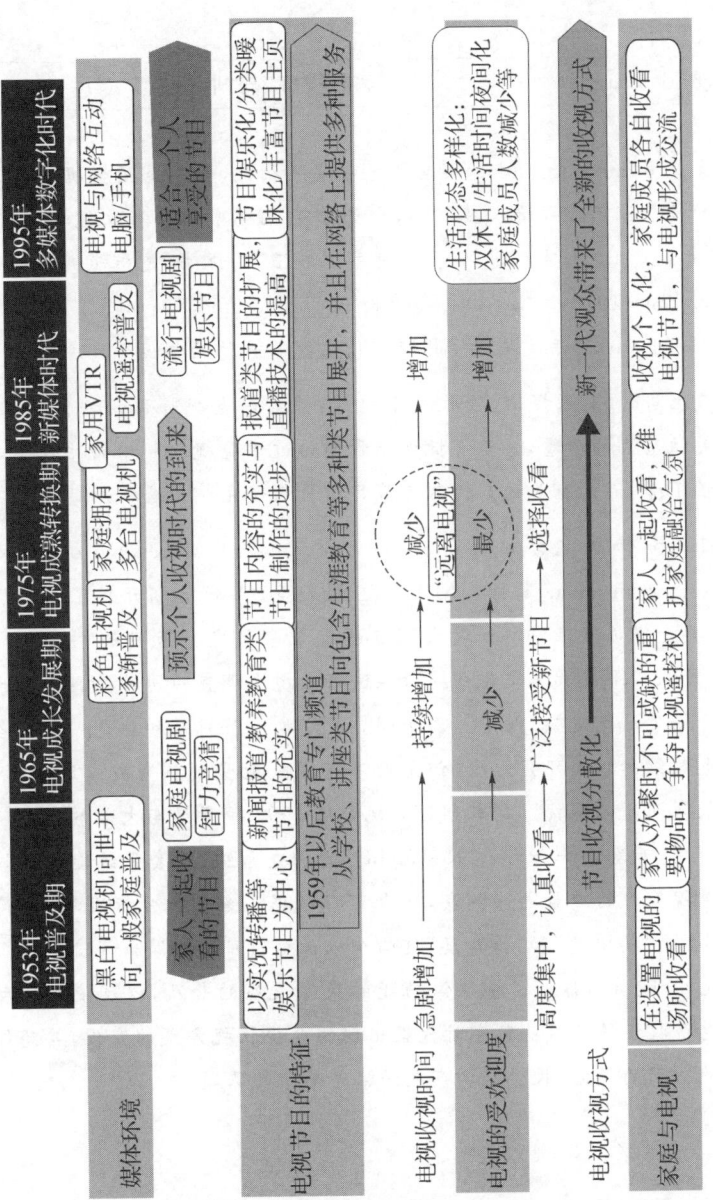

图 2.5.2　电视媒体环境与日本国民收视行为的 50 年变迁历程

Extension Study　　　　　　　"收视率"与"收视质"

收视率(audience rating)诞生于电视发展初期,作用是用数据来反映电视节目的收看家庭数或者人数,可以分为家庭收视率和个人收视率。在20世纪80年代的日本,曾经出现过"收视率三冠王"的说法,是指能够在黄金时段(golden time,19:00—22:00)、高峰时段(prime time,19:00—23:00)和全天(6:00—24:00)的年度收视率排行里均占据第一位的电视节目。

与此同时,有人提出,除收视率以外,观众对电视节目的评价也很重要,呼吁关注节目的质量,甚至有批评指责因为过于重视收视率而导致了电视节目质量下降,因此有关该如何测定节目质量的研究也相继展开。

日本民营电视台联盟研究所(The National Association of Commercial Broadcasters in Japan,简称NAB)于20世纪70年代后期开发了一套调查系统,主要是根据节目内容和观众调查的结果来评定该节目的"充实种类"与"充实度"。NHK放送文化研究所在进行收视率调查的同时,也从20世纪80年代开始尝试测定"好评率",用于调查观众收看节目后的感想。随后各大电视台也都继续加大研究力度,但是都不可避免地受到调查成本过高、调查时间过长等问题的困扰。日本朝日电视台从1997年开始与大学的研究室开展共同研究,开发出一套名为"ResearchQ"的调查系统,这套系统能够通过因特网对电视节目的质量进行调查,观众可以根据5分制评分标准从"期待度"、"满意度"、"集中度"和"推荐度"这四个方面给节目打分做出评价。

此外,随着具备大容量录像功能的录像设备的普及,以及使用移动设备进行电视收视等等这些数字时代里出现的电视收视方式的变化,要想能够获得准确全面的数据,收视率调查也面临着全新的课题。

3 活字媒体的变迁
——书籍报纸的发展前景

- ☑ 15世纪以后,在从手工誊写时代进入到活字印刷时代的过程中,究竟经历了怎样的变化?
- ☑ 报纸在怎样的社会背景下,于18、19世纪以欧洲为中心取得了飞速的发展?报纸又是在何时进入到日本并发展至今的呢?
- ☑ 在"远离活字"问题广受关注的今天,报纸和书籍是否已经沦落为落后于时代的媒体,即将退出历史舞台呢?

3.1 古腾堡革命——西方活字印刷品的出现

如果让你选择在过往千年的世界史上发生的最为重要的事情,你会选什么?或许会让你感到意外,1998年美国著名杂志 Life 选出的第一位,是德国人古腾堡①在15世纪用活字印刷技术大量印制了《圣经》!

在以因特网为代表的数字信息技术日益发达的今天,人们已经很难想象在纸张上印刷文字的技术曾经给世界造成了怎样巨大的影响。在本章里,我们首先介绍在活字印刷品横空出世、逐渐普及的年代里,这种革新技术给当时的社会所带来的冲击。

在15世纪中叶的德国,从事金属加工业的古腾堡发明了西方活字印刷

---

① 译者注:约翰内斯·古腾堡(Johannes Gensfleisch zur Laden zum Gutenberg)(1398—1468),出生于德国美因茨,1445年试验成功活字印刷机,奠定了西方活字印刷术的基础。

术,并且结合经伊斯兰传入欧洲的中国造纸术,不但极大地提高了印刷的速度,而且降低了书本的制作成本。因此这项技术迅速在欧洲传播开来,据保守统计到15世纪末,运用这种技术印刷了35 000种合计2 000万册的书籍。

"西方活字印刷术"

在古腾堡发明西方活字印刷术以前,欧洲主要使用木版印刷和铜版印刷,并且出现了木制活字印刷。但是与木制活字相比,古腾堡发明的金属活字(主要成分是铅、锡和锑)具有容易制作、容易控制大小并且方便组合等优点。其实早在13世纪,朝鲜(原高句丽)已经出现了铜活字印刷①,但是因为汉字种类繁多,并且该技术与铸币技术一样被视为机密,因此未能得到普及。古腾堡印刷的《42行圣经》在经过日本庆应义塾大学使用数字图像技术处理后,现在因特网上被公开展示(参照 http://www.humi.keio.ac.jp)。

在此之前,书籍的出版主要是通过人工逐字逐句地抄写。虽然有教会的僧侣和被称为"写字生"的专门人员承担这项工作,但是显然用这种誊写方式制作的书籍数量是极其有限的。因此,书籍(包括其中记载的知识)在那个年代是只有圣职者和贵族才能拥有的贵重物品。以15世纪的英国为例,一本宗教方面的书籍相当于当时中产阶级下层家庭一年的收入,换算成现在的日元,大约需要几百万日元②!

活字印刷术促进了书籍的大量生产,因此原先被一部分特权者独占的知识从此向广大的一般人群开放,人们可以更加容易地接触到《圣经》、圣典和学术书籍,有人认为这为接下来16世纪的宗教改革奠定了基础。宗教改革发起人马丁·路德③的著作几年间的销售量据说达到30万本以上,而短时间内能够出版如此多的数量,这要归功于古腾堡的发明。但是极具讽刺意味的是,马丁·路德所批判的天主教发放的免罪符也是用古腾堡发明的技术印刷

---

① 译者注:关于铜活字印刷术的发明者在中国和韩国学者之间尚存争议,此处翻译尊重原著。

② 译者注:根据中国银行外汇牌价,2008年4月日元现汇买入价大约为6.7,即100日元可以兑换6.7元人民币。

③ 译者注:Martin Luther(1483—1546),德国神学家、牧师,16世纪欧洲宗教改革倡导人。

的。此外，活字印刷术还被认为加速了起源于14世纪的文艺复兴，并且促进了17世纪近代科学的诞生，等等。

但是其实，将活字文化从一小部分特权阶层手中传递给一般大众的，不仅仅是古腾堡发明的技术，人们自身识字、读写能力的提高也是一大必要条件。通过现在残留的历史资料虽然无法直接了解当时人们的识字率，但是根据推测，在17世纪前期能够写出自己名字的英国男性只有20%～30%，在17世纪后期的法国也不超过30%，女性的比例则更低。虽然也存在不少能读不能写的情况，但即使是在当时处于世界领先地位的欧洲各国，普及识字也是等到18、19世纪完善了教育制度以后的事情。顺便一提，现在的发展中国家识字率依然很低，在埃塞俄比亚和孟加拉国等国家只有40%[①]。因此从全世界来看，因特网带来的"数字落差"[②]固然值得重视，但是在那之前文字读写能力的差距已然存在。

随着书籍走向大众，人们的读书方式也发生了一系列的变化。在17世纪以前的欧洲，像《圣经》这般数量稀少的书籍，人们一般只有在家庭聚会或者教会通过音声朗读才能"听"到书的内容。但是到了18、19世纪，面对丰富的书籍，城市里的人们开始流行独自默读。而这些都是在书籍大量生产、大量流通的背景下才能够实现的，因为人们可以更加容易地获得各种各样的书籍。从音读到默读，从少量精读到大量滥读，同时从集团到个人，渐渐地形成了与今天相类似的近代化的读书方式。

文学研究家马歇尔·麦克卢汉[③]和杰克逊·昂基[④]认为，从音读到默读的变化可以看成为脱离声音文化、形成文字文化的表现，同时他们强调这个变化具有极大的意义。昂基通过全面比较靠口头流传下来的故事和活字印刷技术普及以后的文字作品，指出活字文化具有更为优越的抽象、分析等表现能力，意思是说文字的产生和应用，促使人们的思考方式，以及对知识的领

[①] 参照2004年联合国教科文组织统计数据。
[②] 译者注：Digital Divide，亦作"数位落差"，指因为性别、种族、经济收入、居住环境和阶级背景等外在条件的不同造成的使用电子产品（如手机、电脑、因特网等）的机会与能力，以及接触到的信息量的差别。
[③] M. McLuhan，*The Gutenberg Galaxy*，University of Toronto Press，1962.
[④] Ong，W. J.，*Orality and Literacy*，Methen & Co. Ltd，1982.

悟发生了变化。其中一个有力的证据是文字脱离了"状况（context）"的束缚，例如，在说话的时候，"这里"是指哪里，"现在"是指什么时候，即使不作特别说明，会话双方根据当时的状况就能心领神会；但是如果换成文字表述，在非现在进行时的情况下就很难作出判断了。因此，文字表述与现在状况的脱节，促进了人们的抽象思维以及分析能力。

继承了昂基理论的桑德斯[1]在此基础上又提出，只有默读才能诞生近代的"内省的自我"。用声音发出的语言即刻消失、无法回顾，只有当语言变成文字以后才能够实现保存。桑德斯认为，与被保存下来的文字进行深层对话，也就是默读，方能敦促自我的反省。

除昂基和桑德斯等文学研究者以外，社会学家里斯曼[2]也将这种从声音到文字的交流方式的进化与人格类型的变化联系在一起。由面对面的对话形成的小团体里，人们往往根据某种默认的规则采取行动或者作出判断，这就是所谓的"传统指向型人格"。与此相比，活字文化将文化从外界带入到传统的小团体当中，提高人们的内在素养，因而培养出来的是"内部指向型人格"，也就是思想意识能够独立于小团体的近代人类。补充一句，电影电视等视觉媒体提供的图像交流方式对应于"他人指向型人格"。

根据上述理论，概括来说，可以认为活字媒体促进了近代人类合理的思维方式的产生。但是以往的理论过于强调活字的可保存性和不依赖现时状况等特点，其实默读早在中世纪以前就已经存在了，只是没有普及开来。此外，人类最早的文字——苏美尔文字近似于图画，并不具备可以用声音阅读的条件，只能选择默读。所以，如果认为默读文字创造出了具有合理思维方式的、内省的自我，那么根据这个理论，似乎早在公元前3000年的美索不达米亚就已经诞生了近代人类。

因此我们认为，昂基等人的理论忽略了与活字文化普及相关联的其他种种社会因素，例如教育方式。在现在的学校教育中，除了文字的读写以外，还要学习其他多种科目。如果让不识字的人直接去解方程式确实是比较困难

---

[1] B. Sanders, *A is for Ox*, Pantheon Books, 1994.
[2] Riesman, D., *The Lonely Crowd*, Yale University Press, 1961.

的事情,但是,如果认为通过识得文字就能提高数学的思考能力,这种想法也是不切实际的。欧洲正是在活字的普及期,尤其是在 18、19 世纪,实现了教育体制的改革,开始实行将文字读写与其他知识技能相结合的现代化教育方式。

日本的社会学家佐藤俊树[①]认为,在近代法律制度和经济产业体系形成的过程中产生了内省的、自律的个人,或者更准确地说是人们为了表现内在的自我从而产生了活字这种特殊的近代文化。在传统社会里,文字仅仅用于"记录",换言之是为了帮助"记忆",因此,能否逐字逐句正确地朗读、抄写受到了极大的重视。例如在 17 世纪美国的清教徒社会中就有教文字读写的教育,但是却没有帮助人们用来表达自己想法和感受的"作文"教育。所以,桑德斯将文字读写与内省的个人相结合的这种想法本身,其实也是近代社会的产物。

古腾堡发明的西方活字印刷技术为欧洲 16 世纪的宗教改革、17 世纪的科学技术革命以及随后近代社会的产生提供了巨大的原动力。但是需要指出的是,这种影响力并不仅仅源于其技术的先进性。例如在与欧洲相邻的中东伊斯兰地区,虽然早已获知活字印刷术的存在,但是迟迟未引进这项技术。有人认为这可能是由于伊斯兰教视真主的"声音"如同真理,因此对活字文化充满了敌视[②],也就是说在当时的中东地区,社会没有具备接受活字文化的土壤。媒体技术并不是单独存在的个体,它需要在与各种社会条件和变化的磨合过程中才能逐渐显示出它的影响力。牢记这一点,让我们继续追寻活字媒体发展的脚步。

3.2 近代社会与报纸的崛起

在德国宗教改革期间出版的《圣经》有一个很大的特点,那就是以往的《圣经》都是只有圣职者和贵族等特权阶级才认识的拉丁语版本,而宗教改革的倡导人马丁·路德将其翻译成了普通民众日常会话使用的语言并且大量出版。但是在当时的德国,地区之间使用不同的方言,并不存在统一的"标准

---

① 佐藤俊树,《新人类的梦想与近代的欲望》,讲谈社,1996。
② Man, J., *The Gutenberg Revolution*, Headline Review, 2002.

语"。因此,马丁·路德选出各个方言圈共通的单词,实现了语法和拼写的统一与简约化。因此《圣经》在被印刷成活字以后迅速得到普及,也成为德语标准语的基础。

随后在英国、法国等地也相继出现了使用生活用语出版的书籍。这样的社会变化不仅促进了宗教改革,也关系到了早期资本主义萌芽的产生。资本主义所追求的,首先应数经济利益。能够阅读拉丁语书籍的人数极其有限,而使用生活用语出版书籍也就意味着可以开拓新的读者市场。况且,如果能够在各大方言圈出售同种语言版本的书籍,那将带来巨大的利益收入。从这一点来看,标准语的诞生确实给资本主义的发展带来了好处。

这些被"标准化"的生活用语,在17、18世纪以后近代国家形成的过程中,作为国民的语言——"国语"被确定下来。它已不再单纯是一种共通的语言,实际上具有了将不同方言的人们作为一国"国民"凝聚起来的力量。正如政治学家、人类学家安德森①所指出的,加入到出版资本主义体系中的活字媒体,实质上成为与传统意义上的"国家"相形甚远的想象(image)中的共同体,以及民族主义(nationalism)形成的一项重要因素②。

安德森还指出,报纸实际上推动了某种想象的共同体的诞生。人们在早上读晨报的时候,能够想象有很多其他人同时也在阅读这份报纸。因此读报纸的行为,又可以看做是加入了由互不相识的人群组成的读者共同体。在19世纪初,德国哲学家黑格尔③曾经将读晨报比喻为早晨做礼拜的现代版。这种说法可以理解为,人们从被宗教势力支配的时代,进入到了由被称为"第四种权力"的报纸所束缚的时代。

---

① Anderson, B., *Imagined Communities*, Verso, 1991.
② 参照本书第11章。
③ 译者注:Georg Wilhelm Friedrich Hegel(1770—1831),德国近代哲学家。

3 活字媒体的变迁

"第四种权力"

英语里称为"the fourth estate",原本指继圣职者、贵族、市民这三种身份等级之后,新出现的"第四等身份"——报纸(记者)。在日本通常被翻译为"第四种权力",与司法、立法、行政三种权力相对立。如今不仅是报纸,所有传媒报道机关,都是站在民众角度批判国家权力的这种"第四种权力"。但是近年,因为报道事故以及媒体炒作的频繁发生,引起了一般民众对"第四种权力"的质疑和批评。

世界上最早的日报《新着杂报》(*Einkommende Zeitungen*)于1650年在德国发行,也就是在黑格尔出生一个世纪以前。在这之前,德国已经存在被称为"飞纸片"(Flugblatt)的不定期发行的传单型出版物,流通至英国和法国。上面登载的新闻,从战争、灾害到外交、庆典祭祀、葬礼仪式、杀人事件,甚至魔女和幽灵,五花八门,内容丰富。生活在城市里的商人、手工艺人、军人以及难民等来自各行各业的人们聚集到一起,信息频繁流通,因而产生了对这种报纸媒体的需要。如此将诸多信息汇集到一起出版发行的行为,在17世纪可谓是足以令人耳目一新的大"发明"。

17世纪中叶,在英国的街头出现了可以在店里阅读报纸的咖啡馆,因为没有身份限制,普通民众也可以自由出入(但仅限于男性),因此这种咖啡馆超越了普通咖啡店的意义,实质上成为一个信息文化交流中心。其中比较出名的有1688年开业的"劳埃德"(Lloyd),由于经常聚集大批贸易商人,于是咖啡店老板劳埃德有心将这些流通的有关船舶运输的信息搜集整理,后来发行了《劳埃德新闻》①(*Lloyd's News*)。因此可以说是国际贸易以及商业资本主义的逐步扩张增加了对信息和能够提供信息的媒体——报纸的需求。

在当时的咖啡馆里一般放置着报纸、书籍和各大政党的传单,人们经常在那里围绕着政治和文艺话题展开讨论。因为当时的报纸税率很高所以价格昂贵,但是在这样的咖啡馆里人们只需要支付一杯咖啡的钱就能够阅读报纸,因此咖啡馆同时还扮演着公共图书馆的角色,即使是不识字的人也能通过听别人的口头阅读加入到讨论中去。

---

① 译者注:现更名为《劳合社日报》,至今仍在英国出版。

社会学家哈贝马斯①认为,这种公共空间的出现意味着公共空间结构的一次转型。哈尔马斯指出,在近代以前,公共领域通常指宫廷和教会,其公共性是建立在王室和圣职者所体现的威严和荣誉之上,因此可以称之为"代表型公共空间"。但是17世纪的英国,在经历了清教徒革命与光荣革命之后,王室和教会的权力遭到削弱,同时在资本主义的发展过程中力量不断壮大的市民(Bourgeois)和政党势力得以抬头,以在他们之间展开的讨论(即舆论、公共意见,public opinion)为基础所形成的"市民型公共空间"逐步取而代之。市民们通过面对面的讨论形成舆论、公共意见,而咖啡馆和那里放置的报纸正是孕育这种公共空间的摇篮②。

　创刊于1702年、英国最早的日报《每日新闻》(*Daily Courant*)也将目标锁定了这群咖啡馆里的读者。18世纪初,报纸的种类逐渐增加,甚至出现了面向女性读者的报纸和以娱乐为目的的报纸。1750年伦敦的报纸发行总量达每周10万部,读者人数超过100万。此时家庭订阅报纸的情况也趋于普遍,这也成为咖啡馆文化急速衰退的一大原因,随后一度风靡的咖啡馆逐渐演变为只面向固定成员的封闭式俱乐部。

　始于18世纪末的工业革命的浪潮也推动了印刷技术的进步。蒸汽机取代了原先依靠人力驱动的印刷机,实现了生产力的飞速提高,到1860年左右已经可以达到每小时印刷2万部的速度。另一方面,此时保障报纸出版自由的法律制度也逐步得到完善。英国虽然在1695年废除了审阅制度,但通过征收高额税金,实质上将报纸归置在国家的统治管理之下,这种税金制度一直持续到19世纪中叶。曾经隶属英国殖民地的美国在独立以后,于1791年的宪法修正案第1条明文添加"不得干涉言论与出版自由",法国也在19世纪后期制定了有关倡导出版自由的法律。

　高额税金制度的废除大大降低了报纸的价格,并且在自由出版的风潮下,报纸作为大众媒体的一员表现活跃。于英国报纸税废除当日创刊的《每日电讯报》(*The Daily Telegraph*)以低廉的价格吸引了中下阶层的广大读者

---

① Habermas, J., *Strukturwandel der Öffentlichkeit*, Suhrkamp Verlag, 1962.
② 参照本书第11章。

3 活字媒体的变迁

群,发行量跃居以知识分子和上流阶层为对象的《泰晤士报》(*The Times*)之上。在法国,1836年创刊的《新闻报》(*La Press*)尝试削减政治新闻和评论用于扩大广告页面,此举取得了巨大的成功。从此报纸的运营费用主要依靠广告收入,版面制作也开始有意识地将读者视为广告观众或消费者作了种种改进,报纸渐渐褪去了政治代言人的形象。

在经历了漫长的闭关锁国的年代之后,于19世纪中期,欧洲的报纸开始流入日本社会。1862年,日本幕府将荷兰的报纸翻译过来,发行了《官板巴达维亚新闻》,并且在3年后,日本民间将国外报纸上登载的新闻汇集起来,翻译成日语出版了《海外新闻》。在庆应年间①,曾经出现了批判保皇派的《中外新闻》和《江湖新闻》等,但是在明治新政府的禁令下未能持续长久。

日本最早的日报出现在1870年,是以在日本横滨发行的英文报纸为模板制作的《横滨每日新闻》,这可以看做是日本现代报纸的起源。虽然从江户时代②开始日本就已经出现了独创的类似于报纸的媒体形式——"瓦版",主要用于传达一件事情,通常是单张的印刷品,和能在同一纸面登载多种信息的"报纸"相比,在信息传播形式上还是存在着差异的。

明治政府当初将报纸视为向一般民众传达政府指示的手段,因此在日本各地设置了免费的报纸阅览室并且定期举办报纸解说会,大力推进报纸的普及。但是面向知识阶层的政治评论报《大新闻》在自由民主运动期间加大了对政府的批判,因此日本政府在1875年修改了报纸发行条例,增设"谗谤律"(相当于现在的名誉伤害法),转而加强了对报纸出版的管制。国家设立的报纸阅览室也相继被废止,但是很快取而代之地出现了民营的报纸阅览室,在那里有人为不识字的人们朗读报纸,因此这样的阅览室逐渐演变成为民主运动发展的据点。虽然到自由民主运动衰退为止仅仅维持了相当短暂的一段时间,但是在这些阅览室里我们可以看到与当年英国的咖啡馆相类似的光景。

在明治初期,除了评论政治的《大新闻》以外,同时还出现了《小新闻》,拥

---

① 译者注:日本年号,公元1865年—1868年期间。
② 译者注:公元1603年—1868年期间。

有一群完全不同的读者。《小新闻》主要面向普通民众,因此在汉字上全部标有注音,经常插入图画,并且使用浅显易懂的口语体裁。在内容上,与政治新闻相比,街头巷尾发生的新鲜事、商业信息和娱乐小说等占有更大的比例。日本当今的两大报纸《读卖新闻》和《朝日新闻》都是从《小新闻》起步的。

往后不久,《小新闻》随着发行量的增大,地位也不断得到提升,因此《大新闻》不得不向《小新闻》学习改进版面,开始重视新闻的报道。此外,《小新闻》所体现的政治意识淡薄这一特点虽然曾经迎合了政府的喜好,但是在 1900 年之后,各大报纸都不约而同地将这个特点转变为政治立场中立、提倡"不偏不党"的办报原则。进入 20 世纪以后,"大新闻"和"小新闻"的界限逐渐模糊,合并发展成为"中新闻",并且完成了从言论到报道的媒体角色的转换。

3.3 "远离活字"的真相与书籍报纸的未来

在大正[①]民主运动期间,日本的报纸为拥护民本主义[②]展开了一系列的报道。但是在 1918 年,《大阪朝日新闻》因为在报道"大米暴动[③]"的文章中"使用了不恰当的文字"被政府起诉,对此《大阪朝日新闻》发表公开声明,承认忽视了"不偏不党"的原则,并且向公众道歉。在该事件发生的前一年也就是 1917 年,俄国十月革命引起了日本政府的警惕从而对言论自由的管制加强。到 1930 年后,日本军部势力抬头,进一步加大了管制的力度,1937 年中日战争爆发以后,报纸已经完全落入军部势力的掌控之中。

1945 年第二次世界大战日本战败,驻日盟军总司令部(GHQ)虽然废除了日本政府战时对报纸的管制,但是采取审阅制度防止出现对驻日盟军不利的报道。GHQ 的审阅部门直到 1949 年才被废除,两年后报纸管制制度也被取消,从此报纸业进入到战后全新的发展阶段。

[①] 译者注:日本年号,公元 1912 年—1926 年。
[②] 译者注:在有关国家主权的归属问题上有别于"民主主义",本书此处不做详细说明。
[③] 译者注:1918 年 7、8 月期间,因为大米价格飙升而引发的民众集会等抗议行为。

3　活字媒体的变迁

日本经济在1955年恢复到战前水平，随后进入高度成长期。受经济发展的影响，在此期间报纸的发行量也保持着持续增长，从20世纪50年代的2 300万份、1960年2 444万部，到1965年增加到2 978万部，1970年达到了3 630万份①。同时，书籍的发行量也出现了较大的增长，从1960年的1亿4 601万本到1970年增加到4亿7 159万本②。

另一方面，在1953年问世、1960年以后进入到迅速普及阶段的电视③对活字媒体构成了强大的威胁。根据NHK于1960年实施的"国民生活时间调查"结果显示，家里没有电视的男性上班族平均每天接触报纸、杂志的时间达到68分钟，而拥有电视的人群则减少到40分钟④。但是和报纸相比，广播业受到的打击更为惨重。没有电视的人群平均每天收听广播122分钟，而拥有电视的人群仅剩24分钟。

尽管在1970年以后，日本报纸和书籍的发行量还保持着增长，但是由于电视和漫画的影响造成年轻人"远离活字"的现象也引起了社会的广泛关注。虽然批评声中存在不少凭借主观印象作出的判断，但是调查统计的数据也一定程度地证实了"远离活字"的事实。NHK的"国民生活时间调查"结果显示，20～30岁的日本男性在工作日（节假日除外）阅读报纸的人数比例从1970年的60%、1980年的55%降低到1990年的31%，同样在女性人群中也出现了递减的倾向（46%→43%→27%）。但是因为中老年的报纸阅读率出现增长，两部分相抵消后，人群整体的新闻阅读率没有出现较大的变化。另一方面，书籍的阅读率也呈现出同样的变化。根据日本每日新闻社实施的有关读书的舆论调查结果，15～19岁人群⑤和20～29岁人群⑥的读书率都呈现出不同程度的下降，但是也同样由于中老年人群的读书率的增长，日本国民的整体读书率几乎没有出现变化。

---

① 参照《日本新闻年鉴》，日报晚报按照一份报纸计算。
② 参照日本《出版指标年报》。
③ 参照本书第2章。
④ 桥元良明，《情报行动，战后60年的变迁以及对今后的展望》，出自《情报行动与社会心理》，北树出版社，1999。
⑤ 71%（1970年）→51%（1980年）→50%（1990年）
⑥ 61%（1970年）→59%（1980年）→52%（1990年）

但是进入 20 世纪 90 年代后期，因为报纸、书籍和杂志的销售量出现下滑，日本社会对"远离活字"问题的忧虑又上升到了一个新的高度。书籍销量在 1996 年达到顶峰后开始走向下坡，杂志也紧随其后呈现出减少的趋势，报纸发行量在 1997 年达到 5 376 万份后缓慢递减。于是，从第二次世界大战结束以后市场规模持续扩大的报纸和出版业，在此时跌入了萎缩的现状。

那么，以上的现象是不是意味着古腾堡带来的活字媒体已经结束了它的历史使命，将从此退出历史舞台呢？关于这个问题，在现阶段我们还很难给出明确的答案。但是，为了更好地理解这个问题，我们首先整理几个要点。

第一，在前面已经提到过，目前对"远离活字"的忧虑，主要是基于书籍报刊销售量的下滑，也就是从经济角度来讨论的这个问题。其实，活字媒体销售量的减少并不等同于阅读率的下降。根据日本每日新闻社的读书舆论调查结果，进入 20 世纪 90 年代以后，年轻人书籍阅读率下降的现象得到缓解，15~29 岁人群基本维持在 50% 左右，人群总体的阅读率也保持在稳定的水平。此外，根据日本文部科学省的社会教育调查结果显示，日本国民的个人年均图书馆借书册数从 1989 年的 2.2 本上升到 2004 年的 4.5 本，增加了一倍。也就是说，虽然书籍的销售量出现下滑，但是这并不意味着人们读书少了，而是选择了其他的读书方式，比如从图书馆借书，或者从"bookoff"这样的中古店购买便宜的二手书。

第二，"远离活字"现象在书籍和报纸上各自体现了不同的特点。与书籍不同的是，报纸不仅销售量出现下滑，实际的读报率也持续降低。图 3.3.1 是根据日本 NHK"国民生活时间调查"的调查结果整理出来的日本国民读报率的变化。在 1995 年到 2005 年期间，与 20~30 岁的年轻人相比，30~50 岁的中年人（尤其是男性）的下降趋势更为明显。此外值得注意的是，1985 年 20 岁的男性在 10 年后，也就是 1995 年 30 岁的时候，这一部分人群的读报率出现回升，但是到 2005 年 40 岁时又开始下降。同样的特点在男性以及女性的各个年龄段都能够看到。总体来说，在 1985 年—1995 年期间，随着年龄的增长人们的读报率也随之增加，但是到了 1995 年—2005 年期间，年龄的增长反而带来了读报率的负增长。

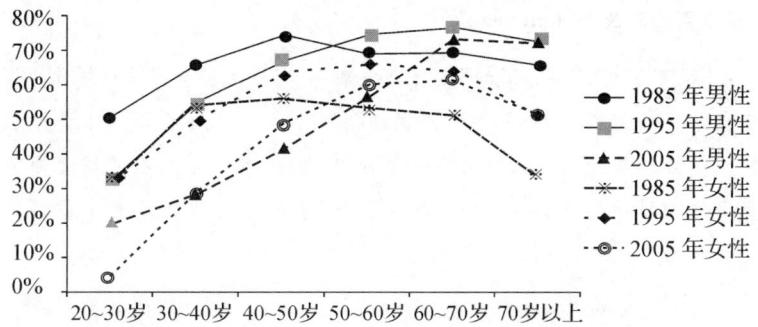

图 3.3.1　日本国民平日读报率的变化曲线图

很多人认为造成这一现象的主要原因是因特网。如今即使不购买纸张印刷的报纸，也可以通过点击通讯社的主页免费阅读新闻，并且网络新闻的信息更新往往比报纸更加迅速。此外网络卓越的搜索功能也为工作学习提供了很大的方便。日本东京大学施行的"情报行动调查"的结果表明，作为"在工作研究活动中为获得有用信息"使用最频繁的媒体，因特网的当选率从 2000 年的 6％ 跃增为 2005 年的 20％，相反报纸则从 20％ 下降到 15％，杂志也从 12％ 降为 6％。但是也有研究结果表明因特网的使用代替了阅读报纸这一说法并不完全准确，因此在这个问题上今后还需要更多的研究来证明①。

第三，也是最为重要的一点，"远离活字"究竟会招致怎样的后果？从前文叙述的活字媒体的发展史来看，书籍代表着知识和文化，而报纸则肩负了公共舆论的使命，因此"远离活字"必然会导致相关方面的功能衰退。但是，如果仅仅是将文字从纸张转移到电子媒体上的话，也不能就此断定其失去了传播知识和维护公共舆论的机能。实际上，在因特网上也出现了如"维基百科"和"OhmyNews"等"网络公民"可以参与编辑的新型电子出版、电子新闻的形式。但是目前，这些还都仅仅属于小范围的尝试，尚未达到可以取代书籍和报纸地位的普及程度。

---

① 桥元良明，《日本人的情报行动 2005》，东京大学出版社，2006。

"维基百科" & "OhmyNews"

"维基百科(Wikipedia)"是任何人都可以自由参与编写、编辑的网络电子百科辞典。2001年1月英语版问世以后,同年5月日语版面世。尽管其信息的准确性时而受到质疑,但是有关专家在将维基百科英语版的科学类词条与《大英百科全书》中的记述进行比较后发现维基百科的准确性毫不逊色于后者。

"OhmyNews"是由登录会员(即市民记者)投稿的网络新闻。2000年在韩国成立,在2002年的韩国大选中为卢武铉政权的诞生起到了至关重要的作用。2006年推出日语版,只是影响力远远不及在韩国本土①。另外据消息称"OhmyNews"近年在韩国也逐渐显现出了衰退的迹象。

活字媒体在人类近代社会发展的历史洪流中一路相伴走来。如今,我们的社会已经迎来了后现代时代(Postmodern)。社会变革的浪潮是不是催促着活字媒体该将其背负至今的历史使命完全移交给电子媒体呢?又或者说,活字媒体曾经扮演的角色在当今社会是否已经失去了舞台呢?在媒体环境剧烈变化的今天,活字媒体将何去何从,我们还需要站在历史学和社会学的角度冷静地加以分析。

Extension Study　　　　**人气书籍和杂志的时代变迁**

"远离活字"现象引起了社会的普遍关心,但与此同时,还有一个问题同样也值得我们关注,那就是近年来人们经常阅读的书籍种类在不知不觉中也发生着变化。诸如哲学、思想以及文学名著这类内容相对枯燥的书籍已经不再受到人们的欢迎,市场上经典之作匮乏。而相比之下,满足大众娱乐需求、宣传流行文化的书籍却大有销路。杂志也出现了同样的情况,讨论思想和时政问题的综合性杂志的市场份额日渐萎缩,取而代之的是代表流行文化的漫画和时尚杂志。因此,即使人群总体的读书率和书籍报刊的销售量没有发生

---

① 译者注:"OhmyNews"日语版网站已于2009年4月关闭服务。

变化，但是从内容来看，与过去相比，活字文化实际已经踏上了衰退之路。

那么，在这样的趋势和背景之下，"大学生"们的读书状况又如何呢？从第二次世界大战开始前到战争结束后的这一段短暂的时间里，大学生文化曾经散发出耀眼的"教养主义"光芒，即如上文所述的重视知识、文化艺术和精神等各方面的素质培养（竹内洋，《教养主义的没落》，中公新书，2003）。但是不得不说明的是，当时日本的大学升学率相对较低，20世纪50年代只有10％左右，之后到70年代上升至30％，如今维持在50％。因此50年代的极少数"精英"大学生所表现出的读书特点是不具有一般代表性的。由于人群构成比率也不断发生着变化，因此想要比较各个年代人群的读书特点还是有一定难度的。

所以在这里我们建议选择通过比较每年的畅销书（bestseller）来探寻有关"读书"的变化趋向。日本的《出版指标年报》不仅登载着丰富的有关出版的信息（甚至包括手机小说、电子出版等出版界的最新动向），并且归纳总结每个年度的畅销书。另外，日本每日新闻社每年发行的《读书舆论调查报告》书里也收录了日本小学至高中学生的学校读书调查结果，包括各个学年的学生经常阅读的书籍杂志的排行榜。除此之外，和出版业、图书馆相关的业界杂志里也经常登载有关读书调查的调查结果，可以作为参考。

对于过去的畅销书籍，可能仅从书名或者作者名无法判断书籍的内容，可以尝试询问那个年代出生的亲朋好友，以此为线索，或许可以发现一些有关当年读书的趣事，也不失为有意义的收获。

4 声音媒体
——广播与"青年文化"

☑ 当广播刚刚出现在人们的视野里时,媒体评论家对于它的影响力给出了怎样的评估?
☑ 广播和流行音乐在各个时代有着怎样千丝万缕的关联?
☑ 在当今网络时代,广播又将发挥怎样的作用呢?

4.1 广播媒体的全新体验

(1) 广播带来的声音效果

"大家请注意!这里是纽约市广播公司的顶层,现在播送警报,因为火星人接近地球,请全体市民迅速撤离本市!……我们的陆军已经全部阵亡了!炮兵部队、空军也所剩无几!这也许将是我们最后一次为您播音了!"

这其实是好莱坞著名导演奥逊·威尔斯①执导的广播剧《星球大战》(The War of the Worlds)里精彩的一幕。尽管这只是一个虚构的火星人袭击地球的故事,但是在 1938 年 10 月 30 日哥伦比亚广播公司播送这集广播剧的时候,很多市民信以为真纷纷逃难,一时间造成交通瘫痪,并且导致多人受伤,在当时的美国上演了一场百万人规模的恐慌闹剧。

---

① 译者注:George Orson Welles(1915—1985),美国好莱坞著名导演、剧作家、演员。

4　声音媒体

但是这场由广播这个发展还不足 20 年的"年轻"媒体引发的事件,却大大引起了研究者们的兴趣。巧合的是于一年前设立的美国普林斯顿大学广播研究所正在开展测评广播影响力的有关研究,这次事件带给研究人员这样一个提示——大众媒体可以对民众的行动造成直接的影响,也就是媒体的"强力效果论"。

社会心理学家康特利对事件发生当时听到广播后产生恐慌的人们进行了跟踪调查,他在其著作《来自火星的进攻》①里指出,人们在没有能力判断信息真伪的情况下,对于单向信息传播媒体——广播所播放的内容更倾向于选择相信。另有社会学家默顿在《大众见解》②一书中证明了广播宣传的效果。例如在 1943 年,为呼吁市民购买战争债券举办的长达 18 个小时的广播特别节目里,广播明星史密斯反复高调使用诸如"购买债券是每个公民的义务""美国公民现在都应该团结起来"等具有煽动效应的语句,最终成功筹得高额资金。从这样的事例里看到的媒体的强力效果,又被形象地定义为"皮下注射模式"或者"弹丸模式"。

但是,普通大众真的愚昧到对媒体所说的内容百分之百深信不疑吗?普林斯顿大学广播研究所的主要研究员拉扎斯菲尔德等人,通过调查研究 1940 年美国总统选举中人们的投票行为,在著书《人民的选择》③中对媒体强力效果论提出了质疑。

他们认为,人们的投票意向,与其说是对报纸、广播宣传囫囵吞枣式的理解,实际上受到身边家人、朋友的影响更为明显。因为在人群中存在着这样一小部分人群,他们会将从媒体获得的信息加上自身的理解和自己的想法一起积极地传递给身边其他的人,这一类人群可以称之为"意见领袖(Opinion Leader)"。也就是说媒体的报道并非直接作用于全体大众,而是分作两个阶

---

① Cantril, H., *The Invasion from Mars: a Study in the Psychology of Panic*, Princeton University Press, 1940.
② Merton, R. K., *Mass Persuasion: the social psychology of a war bond drive*, Harper, 1946.
③ Lazarsfeld, P. F. and Berelson, B. and Gaudet, H., *The People's Choice: how the voter makes up his mind in a Presidential Campaign*, Columbia University Press, 1944.

段进行传播①。从此媒体效果研究的中心理论开始从"强力效果论"逐渐演变为"有限效果论"。

以上介绍的是早期的媒体研究成果,向我们展示了1920年起步的广播给社会大众带来的巨大影响力。虽然在第二次世界大战开始以后,电视逐渐成为主流媒体,但是关于媒体的"强力效果论"和"有限效果论"的争执一直延续到今日,特别是在测量政治宣传与商品广告效果的时候,又或者是在讨论暴力影像的影响力的时候。之后在这两大理论基础上又产生了诸如"议题设置效果"模式等研究成果,媒体"效果论"也从此成为大众传媒研究的一大基本理论。

"效果论"

20世纪70年代以后有关媒体的效果研究再次掀起热潮,根据"新媒体论",大众媒体虽然不能直接改变人们赞成或是否定的态度,但是在吸引人们对问题的关注上是有着巨大影响力的。也就是说,媒体给观众/听众设置了"议题"——"现在这件事情才是大家议论的中心"。因此,虽然世间每时每刻都在发生着大大小小的事情,但是我们往往会不自觉地认为媒体报道的事情就是此刻最为重要的问题。麦库姆斯与肖(M. E. McCombs and D. L. Shaw)在1972年发表的杂志论文中将这一现象定义为"议题设置效果(The Agenda-Setting Function of Mass Media)"模型。

此外较为著名的还有由诺埃勒-诺依曼(Noelle-Neumann)提出的"沉默的螺旋(The Spiral of Silence)"理论,是指媒体有扩大多数派声音、淹没少数派意见的作用。例如我们在收看电视的时候,经常在不同的频道看到大致相似的报道,这是因为大众媒体更倾向于多数人的意见,而这种"多数人的意见"正是媒体自己营造的。

(2) 广播带来的音乐效果

广播除了播放广播剧、新闻报道,传达政治家的"声音"以外,播放音乐也

---

① 媒体的"两级传播理论",参照本书第11章。

4 声音媒体

是广播承担至今的工作。其实早在20世纪二三十年代，音乐节目占整个广播内容的60%~70%①。因此在本节里，我们来关注一下作为播放古典音乐和流行音乐的装置——广播。

德国著名社会哲学家狄奥多·阿多诺②在1938年流亡到美国的时候，被眼前在广播文化领导下充斥着大量复制品的大众社会所震惊。后来置身于拉扎斯菲尔德领导的广播研究所的阿多诺，运用哲学的思想表达了自己对当前这种文化现象的费解。

例如在题为《广播的交响乐》③的论文里，阿多诺就广播播放交响乐产生的问题提出了批判性意见。在文中，他首先描述了贝多芬交响乐的诸多特点（例如利用音量大小和声音强弱塑造作品的质感），然后感叹单声道的广播音质恶劣，根本无法将其再现。当时的广播不具备立体声效果，声音的强弱和节奏表现不分明，因此无法体现多种声音组合的美妙，从而影响了整体旋律的流畅性。阿多诺认为理想的听众应该"构造性地收听"，也就是具备能够从整体到细节、毫无遗漏地欣赏音乐的能力④，但是在广播音质如此恶劣的环境下是不可能实现的。

阿多诺同时还指出，用广播听音乐其实是一种"偷工减料"的音乐体验方式。人们在室内收听广播的时候，可以自由控制开关，因此原本属于时间艺术的音乐在按下开关的瞬间被分节了。另外广播在制作节目的时候，并不会播放整首作品，而是选取一个章节或者一段前奏，从而导致音乐作品原本要表达的主题变得模糊不清。而且，在听到广播播放的一段旋律以后，人们即使能判断出"这是贝多芬的第五交响曲"，也失去了和完整的音乐相对峙时严谨认真的态度，只沦落到最简单层面的理解。所以广播介绍的音乐作品，与其说是"文化"，更如同是"商品"。这不仅仅使音乐作品本身发生了变质，收

---

① 水越伸,《媒体的产生：美国广播动态史》,同文馆,1993。
② 译者注：Theodor Ludwig Wiesengrund Adorno(1903—1969),德国哲学家、社会学家、音乐评论家、作曲家。
③ Adorno, Theodor W. The Radio Symphony: An Experiment in Theory, *Radio Research*, New York: Duell, Sloane, and Pearce, pp:110-39, 1941.
④ Adorno, Theodor W., *Einleitung in die Musiksoziologie*, Suhrkamp Verlag, Frankfurt am Main, 1962.

听音乐的人们也因为这样的"偷工减料"而享受不到纯正的交响乐,对于如此收听音乐的方式,阿多诺称之为"引用型摄取"。

阿多诺甚至还指责广播有自导自演"浪漫主义"的嫌疑。因受篇幅所限,广播往往不能播放一部完整的音乐作品,而是选择其中最能吸引人的一部分作为宣传。广播节目的主持人经常会使用一堆华丽的辞藻,例如"这是音乐史上最伟大的杰作",其实这是用一种"恶俗的浪漫主义"形式将音乐作品包装,夺人耳目以混淆视听,直接扼杀了听众培养自身音乐品味的机会。古典音乐尚且如此,更不用说前奏诱人且旋律简单的流行音乐了,在阿多诺看来,流行音乐充其量只配看做是音乐的"赝品"。媒体大肆渲染音乐作品的魅力和神秘性,一般大众趋之若鹜,阿多诺对这样的文化产业构造嗤之以鼻。

在现在看来,阿多诺对广播乃至流行文化产业的批判已经是属于上个世纪的产物了。但是其对文化产业中暴露出来的"经济利益至上"的讽刺在今天还是值得我们思考的。经过媒体的中间传导过程,人们收听音乐的方式发生了变化,反过来又影响到音乐的创作过程,形成一种循环作用。由此看来,早在麦克卢汉(M. McLuhan)提出"媒体是一种讯息"以前,阿多诺已经对大众媒体的影响作了一番探讨,他的研究值得我们更多的关注。

(3)声音和音乐传达的世界

早期的广播研究如此归纳其研究成果,即通过一种名为"广播"的机器装置,无论是直接的还是间接的,又无论是肯定的还是批判的,民众广泛地体验了"生动地""被动地"收听声音和音乐。

提倡媒体"限定效果论"的拉扎斯菲尔德等人也承认,在对人们的投票意向产生的影响力上,虽然与大众媒体相比个人的人际关系发挥了相对较强的作用,但是在媒体之间,广播比活字媒体具有更加直接的作用力。因为"通过广播收听政治宣传,和与人的对面交谈非常相似,也就是说更加接近于个人人际关系式的接触,因此成效显著"[①]。可见,广播传递的声音是具有一定渲

[①] Lazarsfeld, P. F. and Berelson, B. and Gaudet, H. , *The People's Choice: how the voter makes up his mind in a Presidential Campaign*, Columbia University Press, 1944.

染力的,也应该引起我们更多的重视。

但是另一方面,广播能调动的仅仅是人们的听觉系统,也就意味着人们不需要集中所有神经来收听广播节目。因此人们在收听广播的时候还可以同时洗衣、写字、开车,将视觉和触觉神经分作他用。这与在音乐大厅全神贯注欣赏演奏会有着本质的区别,所以广播媒体实质上促进了一种更为轻松的与音乐接触的方式。关于这一点,阿多诺视之为对艺术的亵渎,并且提醒人们,通过在不经意之间播放的轻快音乐,广播可能会成为一种控制人类的装置。但是阿多诺不曾体会到的是,和广播一起发展起来的流行音乐,在其轻松愉快的旋律里,有着不同于管弦乐和交响乐的别样风情的美感。

之后,在具有强大影响力的大众媒体——电视登场以后,广播带着声音和音乐,秉承"动人述说"和"轻松省力地并行收听"两大特点,承付起独特的使命,正如拉扎斯菲尔德所形容的,介于大众与个人之间的特殊地位。就像DJ①们经常挂在嘴边的一句"这是为您特别点播的",广播仿佛如同个人媒体一般,给疲于工作和学习的人们带来了片刻的休闲。

在下一节,我们主要讨论20世纪60年代以后,广播在日本社会所发挥的作用。

4.2 广播与日本的"青年文化"

(1) AM 深夜广播——年轻人的音乐文化圣地

首先我们来回顾一下19世纪末广播诞生伊始的光景。日本媒体研究者水越伸②和吉见俊哉③试图通过研究媒体发明当初的使用状况,发掘出非产业诱导产生的原始用户最真实的面孔。根据他们的研究成果,广播最初是在有线电的基础上发展起来的无线电通信④,人们惊讶于能够将声音传递给他人,同时也为可以通过电波与远方的朋友交谈而充满欣喜。其实直到1920

---

① 译者注:Disk Jockey,这里主要指广播音乐节目主持人。
② 水越伸,《媒体的产生:美国广播动态史》,同文馆,1993。
③ 吉见俊哉,《"声音"的资本主义:电话・广播・留声机的社会史》,讲谈社,1995。
④ 参照本书第0章。

年确立广播定时制播送体系为止(美国于 1920 年成立 KDKA,日本于 1925 年成立 JOAK),广播这种技术并非大众媒体而是作为个人媒体发展起来的,并且在世界各地涌现出许多业余无线电爱好者。

随着电视的横空出世,广播不得不将大众媒体的主角地位拱手相让,但是凭借具备对话功能的特点,广播作为"疑似"个人媒体又整装重发,走上一条独特的发展道路,这或许也是媒体发展历程中的一条必经之路。

根据日本社会学家、媒体研究者津金泽聪广①的总结,在 20 世纪 60 年代,随着电视的迅速普及而深感危机的广播业,曾经提出"广播的文艺复兴"的口号,并且尝试改变节目构成,例如,以从事家务劳动的主妇和开车的人们,以及深夜劳动者和应考学生为目标人群,提供可以满足"并行收听"(一边收听广播节目,一边做其他事情)需要的节目内容。这种改革措施一经推出,意外地受到应考学生等年轻人的追捧,从此一边收听"深夜广播"一边学习成为了一种流行的生活方式。

"广播在电视的光环下黯然失色,只能默默地播放着音乐,无怨无悔地陪伴着'不能入睡的你'。但正是这样一种非主流的媒体,对年轻人来说却充满了新鲜感。或者说,随着升学体制的强化,学生的学习时间增加,在充满竞争的社会里许多人苦苦挣扎,由此产生的孤独无助感正是促使他们成为深夜广播拥护者的原因。"(津金泽,pp.17,1982)

"深夜广播"

如今的深夜广播时间段,主角不再是年轻人,而是渐渐向老年人转变了。最有代表性的节目是在 1990 年开播、NHK 第一放送的《广播深夜便》。该节目用温婉柔和的播音和古典名曲轮播给容易感到孤独的老年人带来心灵上的慰藉,因此受到听众的欢迎,在日本甚至有"远亲不如身边的广播"的说法。例如,该节目的播音员从来不会说"请千万不要错过",而是站在听众的角度,使用"如果您感到睡意,那么请不要勉强支撑"这样温暖贴心的语言拉近了与听众的距离(真锅昌贤,《广播和老年人:"深夜"究竟属于谁》,小川

---

① 津金泽聪广,《大众媒体的社会学:情报与娱乐》,世界思想社,1982。

伸彦、山泰幸编《现代文化的社会学入门：遭遇问题，深化问题》，Minerva 书房，pp. 233—249，2007）。

当时在日本出现了 Say! Young（1969年—1981年）、Young Town（1967年—）、All Night-NIPPON（1967年）等一批极具人气的广播节目，土井胜、御法川法男、落合惠子等广播DJ也因此走红。他们在主持节目的时候，仿佛在和每一个年轻人对话，在节目的"听众来信"栏目里，他们会将信件内容连同来信人的姓名一起播读。这样的节目制作方式给倍感孤独的应考学生创造了自我表现的机会，年轻人们也愈发深信广播是年轻人自己的媒体。于是年轻人将放在书桌上的老式晶体管收音机视为自己的专属品，当夜深人静其他家庭成员入睡后，这里也就成为了他们的"乐园"。

但是需要说明的是，广播并没有将年轻人锁在室内。因为通过广播的播放，在当时创造了数首热门歌曲的销售神话，例如1967年，The Folk Crusaders 乐队的《归来的醉汉》曾经轰动一时。这是该乐队为纪念第一批成员解散而制作的一首诙谐幽默的民谣，在关西广播一档名为《青春的挑战》的节目中一经播送立即引起了巨大的反响，在未做任何宣传的情况下创下累积销售180万张的光辉记录。

当时的民歌作品中以反战、反对歧视为主题的作品居多，经常用于劳动者集会或者街头的演唱。但是在继 The Folk Crusaders 乐队之后，高石友也的《考生蓝调》（1968年）和冈林信康的《山谷蓝调》（1968年）都以广播为起点一跃成为热门单曲，时值日本"全学共斗会议"[①]大力宣扬年轻人的反叛，于是前卫低调的民谣成为"青年文化"的代表逐渐走进大众的视野。与电视相比，广播不受赞助商和收视率的约束，这也是它能够得到好奇心旺盛的年轻人支持的一大原因，他们也因此能够通过广播结识一批具有先进思想意识的民谣歌手。

进入20世纪70年代以后，虽然"全共斗"学生运动已经告一段落，但是广播作为年轻人接受最新信息的装置仍然坚守着岗位。民谣歌手开始晋升

---

① 译者注：简称"全共斗"，由无党派学生在1968年—1969年之间组织建立的学生运动团体。

为新音乐人,其中吉田拓郎、泉谷茂和中岛美雪等一批不愿意出演电视节目的歌手,纷纷担任深夜广播节目的主持人,在节目里和听众分享日常生活的同时反复播放自己的新歌,维护着年轻人的音乐圣地。

(2) FM 录音文化——对西洋音乐的憧憬

如果将 20 世纪 60 年代后期到 70 年代称为"AM 深夜广播的时代",那么 70 年代后期到 80 年代的这一段时间则可称之为"FM 录音(air—check)的时代"。

FM 广播历史悠久,可以追溯到 1938 年创始人阿姆斯特朗(E. H. Armstrong)在美国新泽西州成立广播电台。与 AM 广播相比,FM 广播不仅音质优良而且运营费用低廉,因此一度受到广播业界热捧,但是时值电视的开发浪潮风头正劲,在这种充满竞争的背景下,广播为创建理想的使用环境实际上花费了较长的一段时间。日本的 NHK 技术研究所于 1957 年开始实行试播,在经历了相当长的一个阶段后终于在 1970 年进入正常播音。

继 NHK 之后,东京、大阪、名古屋和福冈等地的民营电台也纷纷开始了 FM 广播。作为后起之秀,他们力图采取一种战略性的节目制作方式,具体说来就是"用声音来装饰生活、融入生活,不拘泥于播放教育、教养性质的音乐,开设以流行音乐为素材的、有品位的'生活音乐台',力求满足都市最新流行以及听众对知识的渴望,提高节目的文化性"[1]。

与以一些轻松怪诞的谈话或搞笑类节目为主打的 AM 广播不同,FM 广播则用能够媲美录音室音质的音乐全面出击,在发展当初,预定的教育型策划也暂被搁浅。在这背后有一个重要原因是来源于试播期间听众们的反应——被 FM 的高音质吸引而来的最初一批听众,不满广播电台在播放音乐时"因为 DJ 的喋喋不休而听不到前奏,或者在播放途中突然将歌曲切断"等等行为[2]。因此为了满足这一部分广播爱好者的需求,广播电台在收听和录影方式上着实下了一番苦功,专门推出了从头至尾播放整张管弦乐或者摇滚乐专辑的节目。

---

① 松前纪男,《声音的文化与 FM 广播:从诞生到多媒体》,东海大学出版社,1996。
② 溝尻真也,《日本社会接受音乐录影带的过程:广播录音爱好者的实践》,出自《流行音乐研究》Vol. 10,2007。

于是，在日本社会迅速掀起一阵 FM 录音热。适用于录音的广播录音一体机和组合机也成为市场上的畅销商品，同时录音磁带的高保真效果也得到了提高。对于原本每月需要支出一大笔开销用于购买唱片的听众来说，广播录音委实是一大福音。此外，随着 FM 广播逐渐成为一大重要的音乐资源，与 FM 相关的杂志种类也不断增加。如 *FM fan*（1966 年创刊）、《周刊 fm》（1971 年创刊）、*FM recopal*（1974 年创刊）和 *FM station*（1981 年创刊）里都登载着各大广播电台的节目时间表，广播听众们可以依靠查对这些节目表有计划地将自己喜欢的节目录音。

如此看来，FM 广播和相关杂志的携手合作为当时的社会增加了不少西洋摇滚以及流行音乐的爱好者。在上面介绍过 FM 广播开设当初的理念"用于装饰生活的声音"，其实更准确地说是来自大洋彼岸历经推敲已经走向成熟的"声音"。人们时刻关注 *FM fan* 上刊登的美国公告牌（Billboard）排行榜和 *FM station* 刊登的美国钱柜（CashBox）排行榜，追逐着美国每周最新的流行动态。

广播的录音文化，夸张一点说，约等于用一种"通俗的形式"（将广播节目录音的磁带）来接收"神的旨意"（西洋音乐唱片）。但是从这样的社会现象里，我们已经能够充分感受到在那个年代日本社会对美国文化的憧憬[①]。

我们在后面会介绍到，之后随着 FM 广播的多元化发展，形成了以 DJ 为中心的直播式节目制作制度，将整张唱片从头至尾完整播送的时代一去不复返，而 FM 广播的相关杂志现在也已全部停刊。但是不能否认的是，当初西洋摇滚和流行音乐给广播听众带来的震撼，对当今日本音乐的发展走向成熟起到了不可小视的作用。

(3) FM 多元化发展，流行理念走向成熟

在 20 世纪 80 年代后期到 90 年代之间，第二代 FM 广播的诞生对流行音乐的发展起到了一定作用。随着多媒体时代的到来，曾经是年轻人深夜密友的 AM 广播失去了昔日的重要性，CD 的飞速普及也让 FM 广播录音变得毫

---

① 南田胜也,《作为增值装置的音乐杂志》,青土社,*Eureka*, 第 37 卷第 8 号, 2005。

无意义。取而代之占据了人们视野的,是打着"感受音乐气流(music air current)"的理念旗帜,以 J-WAVE 为领头军的第二代 FM 广播。

1988 年,日本第二家在东京成立的 FM 广播电台——J-WAVE,为了区别于现有的 FM 广播,打破了以小时为单位安排节目的惯例,在节目编排上完全采用美国格式,尝试一天 24 时连续直播。DJ 时而夹杂着英语无间断地向听众介绍音乐作品,选择播放的音乐也不拘泥于类型,大多是体现都市格调的曲子。所以选曲成为新一代 FM 广播表达自身理念的环节,而 J-WAVE 抱着成为都市人的"气流"这一宗旨,在成立当初选播的几乎都是西洋音乐。

继 J-WAVE 之后,大阪的 FM802(1988 年)、京都的 α-STATION(1991 年)、名古屋的 ZIP-FM(1993 年)和福冈的 CROSS FM(1993 年)等 FM 广播电台也陆续在各地开台。虽然在细节处理上彼此间仍存在些许差异,但是大家怀揣同样的信条,并且不约而同地将目标锁定在了追赶潮流的年轻人身上。同时,现有的 FM 电台也渐渐向新一代 FM 广播靠拢,对节目编排进行了一番改造。

现代的日本流行音乐被称为"J-POP",其实这个名称最初也是由 J-WAVE 提出的[①]。该电台在开设日本音乐栏目时,制定了"可以与西洋音乐媲美、有格调的本国音乐"、"受西洋音乐熏陶的本国音乐"的选曲标准,并且于 1989 年秋正式将栏目命名为 J-POP CLASSICS。

1993 年,日本职业足球联赛(J. LEAGUE)开赛,名称中的"J"引起了大众的广泛关注,由此"J-POP"的影响力才慢慢渗透到一般人群中去,当然 FM 广播电台当初"与西洋音乐不分伯仲的本国音乐"的宣传也起到了至关重要的作用。其实日本音乐在国外并没有广阔的市场,但是这样的说法,即使只是一种错觉,也可以让日本国民产生自己已然与世界同列的感觉。一直难脱窘境的日本流行音乐,在吸取了西洋音乐的精华之后,终于博得了历来推崇西洋音乐的 FM 广播的认同。

但是在 1995 年之后,日本音乐界又呈现出一幅崭新的局面,国产音乐逐

---

① 乌贺屋弘道,《何为 J-POP》,岩波书店,2005。

渐占据了主角的位置①，外国音乐不再受到追捧，年轻的音乐人也舍弃西洋音乐，纷纷向国内的音乐家取经。人们甚至开始重新整理一直未受重视的日本摇滚音乐史，从中探索日本音乐发展的轨迹。除了一部分忠实的西洋音乐爱好者以外，在大多数人眼中西洋音乐已经失去了原有的榜样地位。这样的变化可以说是日本人生活方式的不断西化造成的结果，另一方面，在全球化发展的同时，地域化同步发展的力量也不容小觑。

而 FM 广播，在这样的时代背景里扮演着至关重要的角色。选曲已经没有了之前的洋、土之分，"高品质"成为唯一的限制标准，广播电台着重推荐的作品往往成为炙手可热的流行曲。例如日本歌手宇多田光出道后的第一张专辑 *First Love*（1998 年），创下累积销售达 700 万张的空前纪录。有人认为宇多田光在没有广告宣传的情况下能够创造出如此惊人的销售记录，其中一个重要原因是由于 FM 广播的循环播放②。

广播一直在努力改变自己以适应时代发展的需要，但是作为青年文化的信息发源地，广播一如既往地坚守着它的本职工作。在电视狂轰滥炸的间隙里，"跟你说话为你放歌"的广播，或许正迎合了热衷追求新鲜刺激的年轻人的口味。

4.3 今日广播

（1）广播的地域化发展战略

在本节里我们来关注一下广播的发展现状。

如今日本的广播电台有一个很大的特点，那就是时常自主举办一些活动。以大阪的 FM802 为例，该电台在 2002 年组织了诸如 "MEET THE WORLD BEAT"（听众可以免费参加的夏季音乐节）、"LIVE FLASH!"（在京都车站和 USJ 日本环球影城等著名景点举办的演唱会）、"MOVING! KYOBASHI"（在京桥车站前举办的流行文化展示特别直播）、"MINAMI GO!

---

① 南田勝也，《摇滚音乐的社会学》，青弓社，2001。
② 小川博司，《音乐》，出自藤竹晓编《图解日本的大众媒体》，日本放送出版协会，2005。

ROUND!"（在大阪职业摔跤会场举行的秋季音乐艺术盛典）等一系列与地域文化密切相关的大型活动。通过举办这些活动，广播电台发挥的作用在某种意义上就超越了普通媒体运营商的范畴，而是直接参与到了城市规划建设当中。

说到广播的地域化发展，不得不提到 Community FM 的蓬勃壮大。覆盖范围小于都道府县等一般日本行政单位的 Community FM，1992 年在得到政策上的支持后开始起步。在第一家函馆 FM 诞生后的短短十年间，日本全国的 Community FM 已经达到 150 家，现在仍在不断增加中。Community FM 广播的内容大多以本地信息为主，例如在灾害发生时迅速提供与生活相关的信息，因此非常注重与当地社会之间的合作互动。另外，Community FM 广播还有一个特点，就是不以营利为目的，因此在日本出现了由当地居民集资成立的电台，或者由 NPO 运营的电台，甚至不少电台起用当地居民作为电台的工作人员。当然，Community FM 广播的成长也并非一帆风顺，但是在地域发展越来越受到重视的今天，它所发挥的作用亦承载了不少居民的期待。

其实，广播的长处在于不一定要面向大众全体，而是擅长在小范围内的传播。因此广播这种媒体可以制造全新的音乐潮流，也可以用作向特定年龄层或者居住在特定地区的人们提供信息。

（2）播客（Podcast）——"个人广播"的诞生

虽然广播的传播能力强大，但是除了一些未经许可的非法电台之外，所有广播电台对于播放的内容都必须是经过认真选择的。放送媒体必须遵循广播法的规定，遵守公共秩序、维护政治的公平性，并且肩负提供真实、多角度报道的义务。

贝尔托·布莱希特①和皮埃尔·瓜特瑞②曾经将实现"真正代表民主的媒体"这一梦想寄托在广播技术上。但是，倘若一旦出现全国总动员的局面，只恐怕大众媒体也无法率先挺身而出批判国家体制，即使想要发表一些激进

---

① 译者注：Bertolt Brecht(1898—1956)，德国剧作家、诗人、表演家。
② 译者注：Pierre-Félix Guattari(1930—1992)，法国思想家、精神分析学家。

言论,在广播法的面前却被迫选择沉默。因此,布莱希特等人认为,民主社会需要有超越普通民众水平、进行"地下游击战"式报道的媒体——"自由广播"[①]。

如今,这种理想中的"自由广播",正在以一种意想不到的形式逐渐发展起来。那就是个人可以将声音信息以 mp3 文件格式上传到网络,名为"播客(Podcast)"。

"播客(Podcast)"的名称,实际是由美国苹果公司旗下的音乐播放产品 iPod 的"Pod"和广播的英文单词 Broadcast 的"cast"相组合而成的。由于其名称的新鲜与时尚感,如今在全世界的网络上大为流行。只要有连接到因特网的电脑,谁都能够成为广播的主角,并且可以选择收听任何你喜欢的"节目"。另外用户还可以通过博客的 RSS 订阅功能定期查看节目单,或者将节目下载到 iPod 等便携式音乐播放器随身携带、随时随地收听。

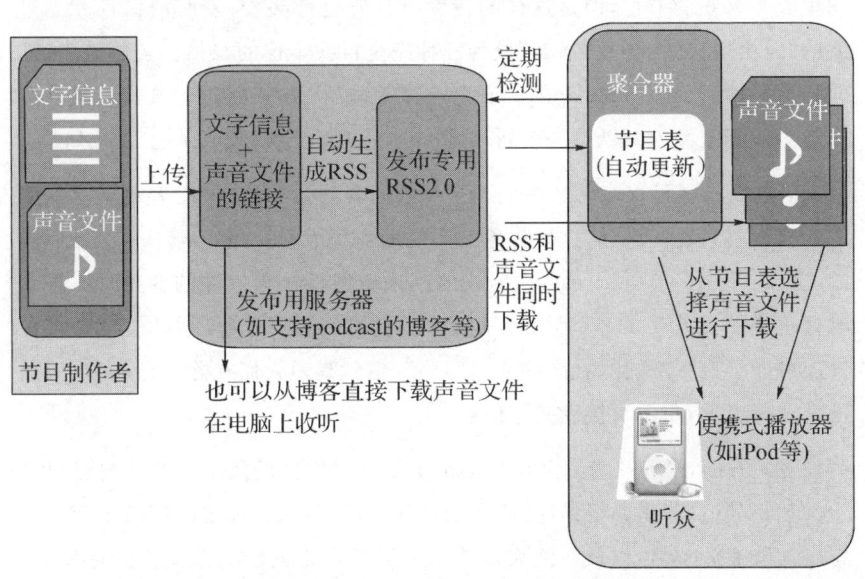

图 4.3.1 "播客"的结构流程

对于"播客"的先进性,美国《新闻周刊》(*Newsweek*)的记者莱维作出了如

---

① 粉川哲夫,《这就是"自由广播"》,晶文社,1983。

下的评价:"不用得到美国联邦委员会的认可,无需支付高额的费用并且不需要申请无线电资格证,少了这些束缚,我们终于实现了可以自由向全世界发送声音文件的梦想。"①

至于"播客"提供的"节目"内容,从政治意见到娱乐信息,甚至是用户个人的自言自语,可谓五花八门无奇不有。因为完全是个人制作的作品,所以用户可以毫无顾忌地表达自己的意见或者传达自己的音乐喜好,也不用担心会受到别人的指责,只要能够得到志趣相投者的认同就足够了。另一方面,有关音乐使用权限的手续也在逐步简化当中。这种介于大众媒体与个人媒体之间的传播形式,或许正是网络时代特有的风景吧。

(3) "广播"与"自播"

"播客"是一种充分自由的媒体形式,因为用户可以在任何自己喜欢的时间里收听喜欢的节目,但是这样的特性里其实也蕴藏着一种危机,那就是过度的"自由"可能会导致"播客"成为一种完全自我本位的媒体。美国杂志《新亚特兰蒂斯》(*The New Atlantis*)的编辑罗森(C. Rosen)将这种现代信息社会中产生的潮流倾向归纳为一个新名词——"自播"(Egocasting)②。

信息发送者可以毫无顾虑地表达自己的喜好,而信息接受者也能够从中选取自己感兴趣的内容,这种现象其实就宣告了大众广播(Broadcasting)时代的结束与个人广播(Egocasting)时代的到来。罗森认为这样的变化具有推动时代进步的积极意义,但是同时他也发出了如下的警告:广播的过度个人化发展可能会产生"文化、社会的非包容性",也就是说人们在除自己的喜好、自己的选择以外,将不再接受其他信息。

另一方面,尽管一直以来广播都试图用个人媒体的风格来装饰自己以显示其独特品位,但是归根结底,广播的种种特性,例如在固定时间段里面向不特定人群播放节目,以及在绝大多数情况下听众都处于信息受众的地位等,都时刻提醒广播毫无疑问是一种大众媒体。关于信息受众,往往负面的评论

---

① Levy, S. , *The Perfect Thing*: *How the iPod Shuffles Commerce*, *Culture and Coolness*, Simon & Schuster, 2006.
② 参考 http://www.thenewatlantis.com/archive/7/rosen.htm.

比较常见，但是正是这样一种被动的状态，才会制造"偶然的相遇"。有过如下体会的人一定不在少数，例如开车时不经意被广播里播放的音乐深深吸引；又如学习时，因为着迷于广播 DJ 的讲述而停下疾书的笔头。通过这样与"他人"的"偶然相遇"，才使得人们的文化阅历得以积累且愈加丰富。

今后，在"声音传达的世界"里，我们期待看到广播这种半强制性的信息发布媒体和以"播客"为代表的选择性信息发布媒体能够以一种更加和谐的状态共存，也希望每一位听众，在充分理解了两种媒体传播方式的利弊之后，有选择地加以使用。

Extension Study   **音乐研究中的录音/播放媒体**

  在本章中，我们对于广播与青年音乐的关系这一话题进行了探讨。在研究媒体与音乐的学术界，关于录音媒体的研究不在少数，但是有关播放媒体的讨论却不多见。这是因为，音乐作为一门艺术，或者说是一种娱乐方式，具有其独特的背景。具体说来，音乐原本存在于当下，是一种时间的艺术，但是通过录音技术强行将它灌注于物质形体里，从美学角度来看不免大打折扣，也自然引发出来自审美学角度的争议。此外，作为物质商品，生产、流通、消费等过程也受到了来自商业领域以及近代社会论研究的关注，成为经济学和社会学热衷讨论的对象。

  关于录音媒体，日本研究者积累了丰富的研究资料。例如，细川周平的《唱片的美学》（劲草书房，1990）叙述了唱片给体验音乐的美感所带来的震撼，小川博司的《音乐社会》（劲草书房，1988）比较了演唱会和唱片带来的不同的音乐体验，大崎滋生的《音乐史的形成和媒体》（平凡社，2002）从印刷乐谱以及音乐录音史的角度重新分析了古典音乐的历史，岸本裕一、生明俊雄的《日本流行音乐（J-POP）市场》（中央经济社，2001）用浅显易懂的语言介绍了唱片产业和联合宣传体系，增田聪、谷口文和的《音乐未来式：数码时代音乐文化的走向》（洋泉社，2005）论述了由音乐 DJ 取代乐器演奏家这种新时代的音乐理念，等等。在阅读了本章内容后，如果对媒体与音乐的关系产生了兴趣，不妨从中选择一读以助思考。

此外，通过接触本章中引用的参考文献，希望能够引发读者对播放媒体的历史与未来的关注。虽然在音乐研究领域，相较于录音媒体，播放媒体历来属于次要的地位，但是从文化传播学的观点来看，广播和播客通过音乐将分布在世界各个角落的人们联系到一起，发挥着非常重要的作用。随着技术的进步，播放的方式也在不断地发生着变化，期待今后在音乐研究领域里能够出现更多的有关播放媒体的研究成果。

5 网络革命

- ☑ 当今的"网络社会"是在怎样的背景下产生，又历经了怎样的过程发展至今？
- ☑ 从网络发展的黎明期到现在，日本以及全世界的网络社会里曾经发生过怎样的事情？
- ☑ 对当今网络社会产生过巨大影响的"革命性"事件，究竟所指为何？
- ☑ 人们究竟如何使用网络？他们曾经试图改变过网络的使用方式吗？

5.1 回顾网络发展史

当今社会又被称作为网络社会，无需旁人提醒，人们自身也能时刻感受到网络力量的无所不在吧！如今悄然在我们的日常生活里"安营扎寨"的"因特网"，其历史并不能用悠久来形容，但是普及速度之快却足以令世人称奇。现在，网络已经成为社会生活里不可或缺的事物，我们将难以想象缺少了网络的生活。

在本章里，围绕网络社会的诞生历程，我们先追溯到 20 世纪中叶因特网发展的黎明期，再按照时间顺序逐件细数到今天为止在日本以及世界上发生的有关因特网的大事件。在本章前半部分，主要介绍在因特网出现之前应用于信息流通的互联网媒体，后半部分将详细说明随着"WWW（World Wide Web）"的出现和急速发展，因特网在个人信息交流和与人交往等活动中的应用形态以及它带来的巨大影响。

5.2　因特网发展的黎明期:基本构想与技术的确立

因特网究竟始于何时？因特网，对其简单地定义，可以称为是"互联的互联网"。互联网，顾名思义，就是多台计算机为了相互之间可以收发信息而互相连接在一起。因此，因特网的诞生，准确地说，并非是因为在世界的某处有人呼吁"让我们来创作一个'因特网'吧!"，而是在世界各地已经形成的实验型互联网结构相互连接、统合，从而产生了"因特网"。

在这里，首先介绍一下对因特网的诞生起到了最为关键作用的历史事件，那就是 1957 年美国国防部设立了"高级研究计划署"（以下简称 ARPA[①]）。说到 ARPA 设立的原因，要归结于那一年前苏联成功发射了世界首颗人造地球卫星"Sputnik"，这对于正处在"冷战"白炽期的美国来说无疑是巨大的打击，因此美国试图在科技领域取得与"敌国"前苏联相抗衡的力量。

随后在 1969 年，ARPA 用于研究、调查的计算机互联网系统——ARPANET 问世，这可以看做是因特网的前身。ARPANET 成立伊始，是由全美的四台计算机联网形成的，这四台计算机分别位于加利福尼亚大学洛杉矶分校（UCLA）、圣巴巴拉分校（UCSB），斯坦福研究所（SRI）和犹他大学（USU）[②]。

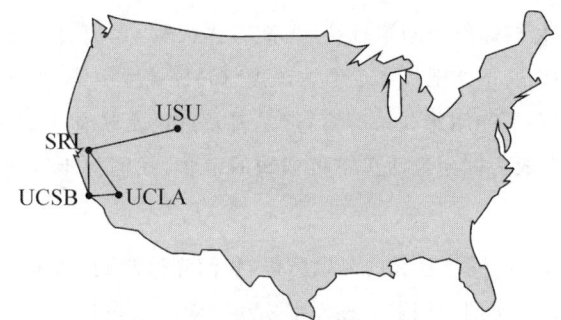

图 5.2.1　ARPANET 连接的四处计算机互联网（1969 年）

该互联网系统为了追求更好的耐久性，采用分散型的网络系统结构取代

---

① Advanced Research Project Agency.
② 译者注：University of Utah，所在州为犹他州（UTAH），原书中记作"UTAH"，本书采用大学名称缩写"USU"，特此说明。

5 网络革命

了当时主流的中央集中型系统。中央集中型防御系统的通信网络,例如电话,一旦当其中某个防御系统遭到破坏,连接在该通信网络上的所有末端都将面临被迫与系统切断联系的危险。而因特网与电话不同(但是与电报相似),不存在特定的责任主体,至少按照协议规定是由每个连接到互联网的组织管理各自的网络系统。因此,对于这样的通信网络系统来说,即使某个部分受到军事袭击遭到破坏,其他没有遭到破坏的部分依旧能够顶替工作,保障连接畅通。

ARPANET 将美国各地的计算机连接在一起,形成互联网系统,为了让这个网络系统能够发挥更有效的作用,各种信息交换技术也相继被开发投入使用。其中最具代表性的有 1971 年问世的电子邮件系统、1972 年发布的通过操作本地计算机控制远程服务器的 telnet 协议、1973 年发布的应用于文件传输的 FTP 协议等。如今电子邮箱地址里不可缺少的"@"字符,是在 1972 年被选中作为间隔个人 ID(邮箱用户名)和 ID 所在服务器(域名)的符号。此外,世界首次网络聊天也发生在这个时期,是在开发网络聊天技术公司里的一名医生与斯坦福大学的一名名为帕利(Parry)的患者之间进行的对话。甚至在 1973 年,ARPANET 首次完成了国际间的互联,通过网络将美国和英国、挪威连接到了一起。

随着全新信息交换技术的广泛应用,在因特网上不断涌现出由网络用户组成的群体。在当时,因特网的使用人群还仅仅局限于一小部分专业人士,他们开始思考如何在网络的世界里构建一个类似于"社区",也就是既能够确保自己的位置,同时又能维持与其他用户连接的空间。1975 年史蒂夫·沃克率先开始使用了电子邮件的群发功能(即 Mailing List:同时向多人发送电子邮件的系统)。最早应用于非军事目的的邮件用户群名为"SF-Lovers"[1],自 1979 年创立以来一直吸引了大批的爱好者。此外,互联网交流的盛行也促使了网络特有语言形态的产生,1975 年《术语档案》[2]第一版出版发行。

1979 年 Usenet 问世,这是以提供"网络新闻"发布模式而闻名的大型协

---

[1] 译者注:SF:Science Fiction,科幻。参考 http://www.sflovers.org。
[2] 译者注:即 Jargon File,"jargon"意指黑客所喜好的语言。

调网络。真正的网络新闻始于1984年,当用户向某新闻发布服务器投稿后,这条新闻稿被保存在服务器的同时也被发送给使用该服务器的其他用户,更为理想的是能够发送至互联网上所有的新闻服务器,那么所有点击新闻服务器的用户都能够共享这条信息。同时,投稿的新闻稿件因为使用语言或者话题内容的不同被划分到不同的新闻组,例如日语的新闻被编排到"fj"(for Japanese 的简写)、和爵士乐有关的新闻被编排到"music.jazz",如此形成的构造分类可以看做是日后WWW上出现的大规模"论坛"服务的雏形。但是,有一点需要指出的是,网络新闻的投稿原则上要求实名制,这与后来大多数论坛所允许的匿名制投稿有着本质的区别。

如上所述,虽然与今天相比,当初的互联网规模显得局限而且狭小,但是通过它一步一步脚踏实地地努力,为人们创建出一片可以自由交流的因特网空间。

5.3　因特网的诞生:新媒体掀起的旋风

进入20世纪80年代以后,因特网开始在世界范围内迅速普及,日渐展现出它的活跃能量,在日本社会也不例外。其实,在1981年当时除ARPANET以外,还存在着连接美国各大学、研究所和企业(IBM)的BITNET,以及连接美国各大学与民间研究机构的CSNET等其他互联网系统。每个互联网系统在创建当初,都会设定各自的通信规则,这就给各大互联网之间的连接带来了困难。因此,于1982年,统一的通信协议——TCP/IP[1]正式出台。Protocol意为基本的规则,因此TCP/IP可以理解为是"控制因特网数据传输的基本规则"。至今仍被使用的TCP/IP为日后因特网爆炸式的发展取得了巨大的原动力。

1984年在日本也诞生了由三所大学连接而成的互联网JUNET(Japan University NETWORK),这三所大学分别是东京大学、庆应义塾大学和东京工业大学。同年在全世界范围内加入到互联网系统的计算机突破一千台大关。威廉·吉布森[2]在其科幻小说《神经漫游者》(*Neuromancer*)(1984年)里

---

[1] Transmission Control Protocol/Internet Protocol 的简称。
[2] 译者注:William Ford Gibson(1948—　),美国科幻小说家。

首次使用了"cyberspace（网络空间）"这个词，预示了来自因特网的旋风即将席卷整个社会。

在此之后，因特网继续扩大它的势力范围，连接到因特网的计算机总数也在 1987 年超过了一万台，并且两年之后的 1989 年达到 10 万台。在这个时期，网络虚拟社区也开始在因特网上安营扎寨，其中较具代表性的有 1985 年在美国旧金山设立总部的 WELL①。另一方面，1988 年 11 月 2 日出现了全球首例计算机蠕虫病毒，致使当时连接到因特网的大约 6 万台计算机中有 10% 遭受感染。

在日本，1985 年随着通信自由化政策的实施②，使用电话线连接到网络的计算机通信网开始走向民间，并且陆续出现了由大型企业提供的收费制互联网服务③。与此同时，只要满足拥有电话回线和计算机这两个条件，无论是个人还是非营利团体都可以提供互联网服务，这就为不依赖于大型资本的所谓"草根 BBS"的蓬勃发展带来了生机，虚拟社区的发展也由此日趋走向成熟，成为广大用户为满足个人兴趣爱好踊跃进行信息交流的场所。因特网是面向全世界所有网络用户的"开放型"网络，而与因特网相比，计算机通信原则上是由特定的用户参与形成的互联网，实质上属于"封闭型"网络。但是从规模的巨大和内容的多样性，以及能够轻松超越时间、空间限制进行信息交流这几点来看，虚拟社区都有着足够的魅力。从计算机通信到互联网，更多的人体验到信息交流活动范围的拓展所带来的种种神奇，这就为即将到来的因特网革命奠定了基础。

5.4 因特网革命：走向个人信息的时代

进入 20 世纪 90 年代，也就迎来了因特网发展的全盛时期，网络给我们的生活带来了革命性的变化。在这场"革命"里，WWW（World Wide Web）的登场无疑书写了浓墨重彩的一笔。1991 年，作为因特网标准文件系统，

---

① 参照第 10 章，以及 Rheingold, H. *The Virtual Community：Homesteading on the Electric Frontier*, Perseus Books, 1993.

② 在此之前，日本的国内通信事业均归属于国有企业日本电信电话公社，该公社于 1985 年更名为 NTT 并且实现民营化以后，该行业开始允许民间企业的参与。

③ 例如 ASCII-NET（1985）、PC-VAN（1986）、NIFTY-Serve（1987）等。

WWW被开发出来并且提供给一般用户,从此用户可以将文字以外的声音、图像等信息以网络链接的形式插入到文本资料当中去。换言之,只要将记录了网络资源的地址链接URL①发布到信息里,用户之间便能够共享资源,WWW的开发极大地丰富了信息交换媒体的功能。此外,还有一点不能忽视的是,网页浏览软件的免费提供也为人们开始接触因特网创造了条件。WWW,顾名思义,像一张"撒向世界的蜘蛛网"一样将人们聚集在一起,由此引发了因特网用户爆炸式的增长。

WWW也可以看做是数字化信息的集散中心。聚集到这里的信息与图书馆的藏书以及其他活字印刷物不同,因为它不具备物理性形态。因此,通过WWW进行的信息流通活动也不受到物理流通量的制约。除此之外,作为数字信息的优点还有:信息的复制操作简单,并且能够进行更为方便、更高效率的搜索,这与之前的通信方式和实地考察相比极大地节省了时间。作为有史以来流通范围最为广泛的个人信息交换媒体,WWW使得全世界人们之间的信息交换不再是天方夜谭。

1992年9月30日,时值大型企业提供的通信服务和草根BBS的鼎盛发展时期,日本首家导入WWW系统的因特网主页(图5.4.1)正式发布。但是在1993年商用网络运营商(network provider)开始提供网络服务以后,互联网用户纷纷选择离开计算机通信和草根BBS的封闭世界,争先恐后地加入了向全世界敞开大门的因特网阵营。随着浏览器软件的普及,拥有个人主页的用户也在不断增长。网络运营商为了吸引更多的个人用户使尽浑身解数,在激烈的价格竞争战中甚至出现了号称免费的地方,不能否认这些动向从客观上推动了因特网用户的增加。当然,在数量上,当时存在的因特网主页数远远不及今日,并且因为搜索引擎技术尚未开发,因此由日本NTT提供的"日本最新情报"等类似于网络黄页(yellow pages)的主页便担当起了"交通指挥台"的角色,告诉人们WWW上的信息分布状况。

---

① URL:Universal Resource Locator,又称"统一资源标识符"。

"主页"（homepage）

主页存储于因特网的WWW服务器上，因特网用户通过连接到网络可以进行浏览。像这样的内容群体原本统称为"网页"（website或webpage），其中处于最先位置的则被称为"主页"，现在这两种名称之间已经没有严格的使用区分界限。几乎所有的主页都是使用HTML语言，用户通过WWW浏览器连接到网络服务器，就能查看网页的内容。其内容除文字以外，还可以包含图像、动画和声音等，具有多媒体的性质。

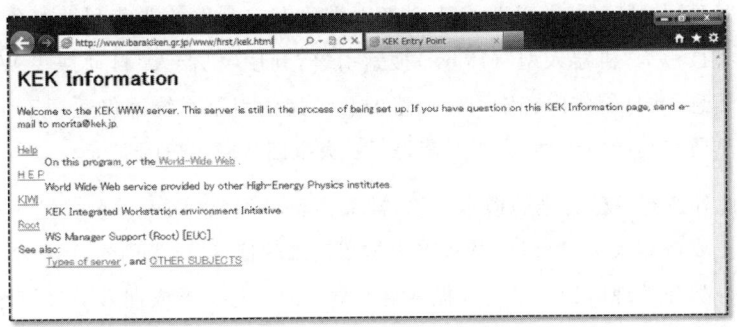

图5.4.1 日本最早的主页（http://www.ibarakiken.gr.jp/www/first/kek.html）

随着人们上网时间的增加，如何节约上网成本也成为大家关心的问题，网络用户迫切希望能够以低廉的价格长时间享受高速的因特网服务。日本NTT为了满足用户的这一系列要求，出台了"包月制"的收费标准，即每晚11点至第二天早上8点的深夜/早晨时间段里，用户向事先指定的电话号码拨打电话，与一个月内合计的通信时间长短无关，统一只收取固定费用。这一收费标准的推出，使日本家庭的上网方式，从只在需要时连接到网络（即不定时连接）开始逐渐转变为日常长时间连接。随后在1995年1月17日发生的阪神大地震，由于混乱造成的网络通信中断，也让日本国民充分体会到了因特网连接的重要性。

1996年，全世界连接到因特网的计算机台数总计超过了一千万台。上网人群的急剧增加也让网络非法内容猖獗等问题随之浮出水面。网络非法以及低俗内容的传播所带来的负面影响日益受到社会的关注并引发担忧，在这样的背景下,同年,美国通过了《通信规范法》①,旨在用政府的力量取缔网络非法内容。但是这个问题至今没有得到妥善的解决,并且有日益严重的倾向。

另一方面,因特网上的信息内容与日俱增,为了能让这些信息得到更加高效率的整理,在这个时期,"搜索引擎"开始崭露头角。搜索引擎,是指因特网上提供信息搜索功能的服务器与系统的总称。其实早在商用搜索引擎问世之前,日本在1995年已经出现一批最早的搜索引擎,例如东京大学学生制作的"ODIN"、早稻田大学学生制作的"千里眼"以及京都大学的某研究室开发的"Mondou"等,均是学生个人或者大学研究室制作的非营利性服务。这些系统被称为"机器人型"(Robot)搜索引擎,利用"机器人"自动搜集WWW上的信息,并且制作内容索引。上述的几个搜索引擎系统不仅适用于研究,同时具备很高的实用性,在当时获得了一大批因特网用户的支持。

此外还有一种类型的搜索引擎,被称为目录检索(Directory)。这种检索方式主要依靠人工,根据从WWW上搜集而来的信息,首先创建目录,然后将经过分类和整理后的目录列表提供给检索用户。与机器人搜索引擎相比,目录检索能够提供更高质量的信息,因此Yahoo!等服务一时间博得无数用户的青睐。但是,目录检索的方式需要依赖人工,而WWW上积累的信息量很快就超过了目录检索方式能够承受的范围。因此目录检索型搜索引擎所提供的信息日显陈旧,1998年Google的登场让机器人型搜索引擎又重新成为市场的主流,直至今日,Google为了"更重要的,更丰富的"搜索,仍在继续不懈地进行技术开发。

因特网上信息内容的充实也极大地促进了网络接续环境的改善,1998年出现了使用有线电视(CATV)回线的因特网连接方式,第二年开始了商用ADSL连接方式,也就是"宽带"(broadband)模式,从此网络用户真正迎来了高速、长时间的因特网时代。到这个时期,20世纪80年代后期曾经一时间占据互联网文化中心位置的计算机通信,已经不得不将宝座拱手相让给因

---

① Communication Decency Act,简称CDA。该法案之后被法院判决为违宪,因此受到争议。

5 网络革命

特网。

"宽带"

宽带是指因特网上发送信息时所使用的相对更宽的互联网频带。使用电话回线拨号上网的方式,连接速度大约可以达到150kbit/s,属于频带较窄的(narrowband)网络连接服务,与之相比,ADSL、CATV以及无线等连接方式可以达到数百千甚至数兆 bit/s 的连接速度。宽带的普及实现了大容量数据的高速传送,也因此因特网提供的信息内容从文本和静止图像扩大到了音乐和高画质的动画。

此时在日本社会还发生了一件影响重大的事情,那就是 NTT docomo 发布了对应"i-mode"移动网络服务[①]的移动电话,紧接着日本其他移动电话服务提供商也相继推出了类似的服务。从此,除电脑以外,使用移动电话也能够享受因特网服务。轻巧便携的手机能够上网,这对于广大个人用户来说无疑更增添了因特网的魅力。因此,使用网络购物、网络银行的用户日渐增多,因特网开始在日常生活的方方面面积极地发挥着作用。

人们纷纷加入到因特网上的虚拟社区,在那里进行着五花八门的信息交流,因此内容涉及现实社会,甚至对现实社会产生反馈作用的事件也时有发生。其中社会影响较大的有 1999 年发生的"东芝投诉门事件",这次事件不仅在因特网用户中间产生极大反响,而且更大范围地吸引了媒体与普通民众的关注。

"东芝投诉门事件"

一位顾客因为所购买的东芝录像机发生故障,所以打电话给东芝维修部门询问有关修理的情况,却被当时东芝的员工当做投诉电话,因此没有得到妥善处理。该顾客是一名因特网用户,于是他将通话的录音上传到个人主页,并且把拨打电话的全部过程公布于众,在当时的日本社会引起了轩然大波。该名顾客的个人主页在信息公布后的 2 个月内点击次数超过 200 万次,日本各大媒体也纷纷卷入到这场纷

---

① 参照本书第 1 章 1.3 节。

争,甚至有周刊将该顾客形容为"恶劣的投诉者"。事件最后以东芝方面的"全面道歉"收尾。东芝公司发表的关于整个事件的声明现在仍然可以在网络上查看到。

(http://www.toshiba.co.jp/about/press/1999-07/pr-j1901.htm；2008年当时)。

个人可以轻易地将自己的意见或者个人信息发布到个人主页,然后通过网络的力量传达给不确定的人群,这种前所未有的个人信息发送方式无可避免地引起了广泛的议论。在这样的时代背景下,1999年开创的大型网络论坛——"2ch"①一跃成为日本因特网上最大规模的信息交流社区,允许用户匿名发言的"2ch"一直保持着其独有的风格。

其实,无论是个人主页还是匿名论坛,这些因为WWW的问世以及网络社区的迅速发展而产生的崭新的信息交流模式,其最大的特点就是在于用户可以向未知的人群发送信息。电子邮件往往用于向事先选定的对象发送信息,电报和电话虽然同样不受距离远近的限制,但是要求使用双方在同一时间参与进来,相比之下,个人主页和论坛却不受到发送对象与"同时性"的限制,其方便性在广大用户中间建立了良好的口碑,也因此能够迅速普及开来。

另一方面,个人主页和匿名论坛上发布的信息,原则上是向任何人公开的,因此这样的电子信息交流社区又像是一个舞台,聚集了无数观众,台上轮番上演着个人表演(个人主页)和集体舞表演(匿名论坛),可是演员却无法识别每一位观众的身份,仿佛在进行着一种自我表现式的行为。在此之前,想在未知人群面前进行自我表现,只有通过电视、广播等大众媒体才能实现,并非人人都能体验。但是,随着WWW的登场,只要身处能够连接到因特网的环境,任何人都能够实现自我表现的梦想。其实无论是通过电视台、报社等大型媒体,还是通过个人,其信息发送方式都是通过因特网"主页",因此从这个意义上来讲,两者具有同等的信息发送能力。这对于长期适应了单向接受大型媒体"发送"信息的个人来说,无疑是一个革命性的变化。为了让人们

---

① www.2ch.net

能够更加自由地实现自我表现,从此,因特网尤其是 WWW,向着更加成熟的形态继续发展。

5.5 因特网的普及:急速普及与内容多样化的进程

2000 年怀揣对"千禧危机"①的重重疑虑拉开了序幕。何为"千禧危机"? 在 20 世纪 60 年代计算机程序开发当初,计算机的内存十分宝贵,因此编程人员在编写计算机时间系统时选择只读取西历纪年 4 位数中的后两位,例如 1999 年记为 99,前两位数默认为 19。但是随着 2000 千禧年的到来,计算机系统可能将(20)00 自动识别为 1900 年。计算机时间识别系统的混乱将会给新世纪带来程序紊乱、网络中断等一系列灾难性的后果,因此被称为"千禧危机"。这场危机造成了全世界的恐慌,当然这从另一个侧面也说明了人类社会与计算机、网络日渐紧密地融合。

同年,日本政府在"IT 立国"的宗旨下,在内阁成立"IT 战略本部",并且通过了《高度情报通信网络社会形成基本法》②。在这个时期,日本各大企业的因特网普及率高达 95%,一般家庭的普及率也超过了 30%,宽带网的普及进一步推进了网络使用的高度化和多样化,网络发展也从而一跃成为日本国家战略的中心。2001 年,在日本政府主导下召开了"Inpaku(网络博览会)",揭开了 21 世纪"IT 新时代"的帷幕。但是这次活动主要面向各大企业,而作为信息发送源的"个人"并没有得到相应的重视。因此活动虽然引起了因特网现有用户的关注,却未能吸引新用户的加入,"Inpaku"也在不温不火的情况下惨淡收场。当然这并不意味着因特网用户对于网络使用已经兴趣大减,相反,在对人交流以及信息交换等很多方面,人们对网络的依赖与日俱增。但是"Inpaku"的失败,正是提醒我们影响并且能够引导因特网发展方向的,并非国家和企业,而是成千上万因特网的个人用户。

至 2003 年,日本社会的因特网人均普及率超过 60%,一般家庭普及率达到了 88.1%,可以说因特网已经完全渗透到了日本国民的日常生活当中。继 WWW 登场引起的"个人主页"风潮之后,在这个时期突然兴起"博客(Blog)"

---

① 译者注:Year 2000 Problem= Y2K 问题。
② 简称《IT 基本法》。

热,作为个人信息交流的新工具迅速吸引了大批用户。博客(Blog),由"web"和"log"两个单词组合而成,意为"将在网络上发现的信息记录下来"。对于WWW提供的无穷无尽的资源,用户可以根据自己的观点和认识加以分类和整理,在这个初衷下诞生了最早的博客。在博客系统里,用户可以将所有内容根据记录的时间排列顺序,也可以根据记录的内容来归类整理。前一种分类方式比较接近于个人主页里"网络日志"的功能,而后一种分类方式则增添了数据库的要素,除有关个人发生的事情或者心情的记录以外,还可以应用到很多其他方面以方便信息交流。

在博客的世界里,主角仍然是用户个人的自我表现,由此衍生出与他人的信息交流,甚至还可以促进一个电子交流群的产生,这也是网络世界信息交流活动的一般构造。这种构造在社会性网络服务[1]里体现得更加清晰,而用户自我表现的形式也通过"YouTube"、"nikoniko动画"等视频分享服务向着更加多样化的模式发展。而博客和SNS这两种服务一经问世便迅速征服了大量网络用户也是意料当中的事情。

当然,像这种形式的自我表现在我们的日常交流活动中并非总是保持着正面的形象,有时难免也会表现出个人欲望里黑暗的部分,这在现实世界里就造成了种种负面的影响。例如2007年7月日本兵库县发生的男子高中生自杀事件,就是由于同年级学生合伙对该学生实施校园暴力的一组照片和视频被公布在个人主页上,从而引起暴力事件的升级最终导致了悲剧的发生。此外,犯罪、自杀、成人交友网站等虽然在因特网上所占的比率微乎甚微,但是由于个人不恰当的自我表现而引发的事故/案件,对社会所造成的危害是在因特网诞生之初是完全没有意料到的[2]。

但是无论如何,从因特网诞生到现在不足半个世纪的时间里,我们所在的现实世界和因特网上进行的信息交流活动之间构建的密不可分、相辅相成的关系是世人有目共睹的。

---

[1] 即 SNS＝Social Networking Services。
[2] 参照本书第10章。

5.6 因特网的昨天、今天与明天

将我们在以上回顾的因特网发展史用年表的形式归纳如表5.6.1,如此我们可以一目了然地看到,因特网从当初构思开始仅仅用了数十年的时间便完成了技术的进步与发展,并且在一个瞬间席卷了整个世界。回想起在因特网出现以前人们使用的信息交流方式,现在的这一切无疑可以用一场革命性的变化来形容。而这场革命的主角,正如本章一直强调的一样,并不是国家和企业,而是连接到因特网扮演着网络信息交流活动主角的网络个人用户,正是他们对自我表现以及交流互动的不断渴求指引了革命进行的方向。从这个意义上来说,因特网用户最基本的使用目的从未发生过变化。虽然网络技术的进步为用户提供了更加丰富的网络使用形式,但是归根结底,这些努力都是为了让用户能够更加容易地实现最初的使用目的,而这种倾向在今后的一段时间里应该也不会发生根本性变化。因特网用户对信息交流活动的强烈需求推动了网络革命的历史进程,这正是群众力量(People's Power)的最好体现。

表 5.6.1　因特网发展历史年表

年份	世界	日本	日本因特网人均普及率(%)
1969	ARPANET 问世		
1971	电子邮件系统开发		
1975	电子邮件群发功能(ML)启用		
1982	TCP/IP 协议出台		
1984	网络新闻诞生	JUNET 问世	
1985		通信自由化	
1987	因特网连接计算机总数超一万台		
1989	因特网连接计算机总数超十万台		
1991	WWW 开发		
1992	因特网连接计算机总数超一百万台	发布最早的主页	
1993		开始提供商用网络服务	
1996	因特网连接计算机总数超一千万台		
1997			9.2
1998		开始宽带服务	13.4
1999		"东芝投诉门事件",创立"2ch"	21.4
2000	千禧危机		37.1
2001	因特网连接计算机总数超一亿台		44.0
2002			54.5
2003		"博客"热潮	60.6
2004			62.3
2005		"SNS"热潮	66.8
2006			68.5

5　网络革命

Extension Study　　　　　　**因特网普及率的国际比较**

　　在本章中,我们用具体的数字展示了日本因特网的普及速度。在这里我们尝试通过比较世界各国的因特网普及率,关注一下世界范围内的因特网发展趋势。

　　根据国际电信联盟(ITU＝International Telecommunications Union)2005年最新的调查数据显示,目前在世界各国的因特网普及率排行中位居首位的是瑞典,平均1000人中有764位因特网用户,紧随其后的是韩国(684人)、日本(668人),与因特网发祥地美国的普及率不相上下。在北欧各国,当车辆被困在暴风雪里的时候,作为紧急通信救援方式,因特网从较早阶段就开始普及。此外,因特网在英语圈国家的普及率普遍较高,这一方面是由于英语是国际通用语,另一方面开发因特网的美国属于英语圈国家也是一个非常重要的原因。在亚洲其他地区,新加坡和香港的因特网普及率超过了50％,而在中国大陆1 000人中仅有85人在使用因特网(根据2005年的数据),与日本和韩国相比还处于比较初级的普及阶段,但是在国家政策的支持下,我们可以预计今后在中国大陆因特网将会得到更加迅速的普及。

　　此外,宽带实现了信息传输的高速化,那么,我们再来看一看宽带的普及率。目前宽带导入率最高的国家是冰岛(26.3％),其次为韩国(25.2％)、荷兰(25.1％)。与较高的因特网人均普及率相比,日本的宽带导入率显得不尽如人意,仅为17.5％。出现这样的情况,可能是由于近年在日本通过手机使用网络服务的人群不断增加,而相比之下通过电脑连接到因特网的人数却增长相对缓慢。

第二部

现代信息社会的传播交流活动

6 电视图像对大脑发育的影响

- ☑ 信息化发展对儿童所造成的影响当中究竟隐藏着怎样的问题?
- ☑ 婴儿时期长时间接触电视会导致儿童语言能力发育迟缓、性格躁动吗?
- ☑ 婴儿能够区分现实世界与电视图像吗?
- ☑ 今后,随着IT技术的进一步发展,在有关"大脑与图像接触"的研究领域里有哪些值得我们去关注的问题?

6.1 信息化发展对儿童的影响

在最近十年时间里,日本社会的信息环境发生了翻天覆地一般的变化,对于同样身处这个环境当中的日本儿童来说,需要时时刻刻去适应媒体的进化。例如,家用电视机的大画面、高画质化,DVD取代了录像带,电子游戏的画面愈加逼真,甚至出现了可以多人一起参与的网络游戏。此外,手机、电脑和因特网等媒体的使用人群日趋低龄化,仅仅是小学中高年级学生所体验的媒体环境的变化速度,都是以往日本人从未想象过的。

在这样的时代背景下,信息社会的发展给儿童所带来的影响也日渐成为人们关注的问题。我们首先列举出几种比较具有代表性的"媒体负面影响论"。

(1) 图像内容的影响

过度接触电视、录像带、DVD和电子游戏,以及网络上有关色情和暴力的图像,会给儿童的精神发育和行动造成不良影响,可能使儿童形成攻击性的性格,最终导致走上犯罪的道路。

(2) 媒体接触时间对其他生活时间、社会生活的影响

长时间沉浸于电子游戏和网络聊天,会剥夺学习以及其他日常生活所必需的时间,从而影响学业和正常的社会生活。这其中包括因为长久不出家门导致人际关系不和谐的情况。此外,有人指出,忽视与家人的交流、只与身边极少一部分朋友频繁发送手机信息,会造成儿童社会能力的低下[1]。

(3) 媒体接触对身体健康的影响

儿童过度使用媒体设施,会因为运动量的减少而导致肥胖以及视力下降等一系列无益于身体健康的后果。

(4) 媒体图像对儿童大脑发育的影响

出生不久后的婴儿,如果过度接触图像信息,会影响语言以及空间认知能力的正常发育,可能导致语言能力发育缓慢并且出现多动症倾向。

以上所列举的负面影响,并非每一种情况都曾经实际发生过,而是学术界就其发生的可能性正在进行的相关讨论。假设这些负面影响确实存在,根据个人实际的媒体使用频率和使用方法、使用者自身的特点等因素的不同,影响的程度也会有所差别,因此不能单纯地定论为有或是没有负面影响。此外,即使媒体的使用看似与某些问题的发生有所关联,也不能够排除家庭环境以及社会环境等诸多复杂的周边因素的影响。所以媒体的使用与"负面影响"之间实际上并非简单的"因果关系",很多时候只是一种表面的"虚假关系"。

---

[1] 参照本书第 8 章。

6 电视图像对大脑发育的影响

"虚假因果关系"（Spurious Relationship）

假设在20岁至60岁男性人群中调查"年收入额"与"头发数量"的关系，我们会得到"头发越少年收入越高"的结果。如果仅仅根据这个结果，我们或许可以认为在"年收入"与"头发"之间存在着因果关系，但是这其实只是一种表面的假象，因为在两者之间实际存在着"年龄越高普遍头发越少"和"年龄越高平均年收入越高"这两种现象。像这个例子一样，在两个变量之间实际存在其他变量，在表面却看似存在因果关系的情况称为"虚假因果关系"。

经常有舆论调查的结果显示"学历"和"支持的政党"之间存在着关联，但是这其实是因为两者之间存在着"年龄"这个中间变量而产生的"虚假因果关系"。具体说是因为时代的进步加快了高学历化的进程，因此在年轻人中拥有高学历的人群比率较高。此外在美国，一份有关媒体影响力的调查结果称"看电视时间越长的儿童，性格表现愈加暴力"，其实，看电视的时间受到家庭环境和社会阶层的影响，而性格是否具有暴力倾向同样与家庭环境和社会阶层有着不可分割的关联，所以这个调查的结论显示出的极有可能只是一种虚假的因果关系。

在本章中，我们主要讨论上述"媒体负面影响论"中的第（4）点，也就是过度的图像接触对儿童大脑发育所造成的影响。

6.2 有关电视与儿童大脑发育的最新讨论

2004年4月，日本少儿科学会儿童生活环境改善委员会发出了通告，提出"儿童长时间收看电视、录像是非常危险的"。通告的主要内容为"无论任何收看内容或者收看方式，长时间的收看行为都会增加婴幼儿语言能力发育迟缓的危险系数。因此，请不要让2岁以下儿童长时间收看电视和录像，也不要将电视一直打开，在授乳和吃饭时请关闭电视"。作为事实依据，该委员会引用了对1900名1岁半儿童进行检查诊断的结果。结果显示，与每天看电视不足4小时的儿童群相比，每天看电视达4小时以上的长时间收视儿童群，其单词认知迟缓度是前者的1.3倍；同时每天在儿童活动范围内将家中电视打开8小时以上的家庭的儿童，其单词认知迟缓度也显示出了相对较高的数值;如果将两者相加,符合条件的儿童的单词认知迟缓度将达到一般儿童的2倍。其实在日本少儿科学会发出通告之前,2004年1月社团法人日本儿科医会也已率先发表了《关于"儿童与媒体"问题的相关建议》。

这些学术性团体的意见,实际上是受到了1999年美国少儿科学会发表的题为《电视与家庭》的报告中观点的影响。该报告指出,幼儿期收看电视,虽然有教育的效果,但是暴力、色情以及饮酒等内容也会造成负面的影响,因此从大脑发育的观点考虑,不赞成尤其是2岁以下的儿童收看电视。

此外,日本小儿科专家片冈直树①也根据自身多年的临床经验指出,长时间收看电视会导致儿童与母亲等现实世界人群之间的感情交流匮乏。因此在习惯长时间收看电视的婴幼儿当中,语言能力发育迟缓和无法完成正常交流的人数正在不断增加(片冈称之为"自闭症类似症状"),甚至这些儿童还会出现类似于ADHD②的倾向。

那么,长时间收看电视对儿童的大脑发育究竟是否会产生不良的影响呢?

6.3 《芝麻街》引发的争论

> 《芝麻街》(*Sesame Street*)
>
> 美国非营利性儿童节目制作中心[Children's Television Workshop=CTW,现"芝麻工作室"(Sesame Workshop)]为了让低收入层的非白人系儿童在进入小学之前学会必要的英文字母和数字而开发制作的教育节目。为了达成上述的目的,CTW结合多位教育学家和心理学家的力量,甚至参考了广告策划人的意见,在节目中加入大量的娱乐元素,在图像处理上采取场景的频繁切换,并且使用木偶(the Muppets)作为节目的主人公来吸引儿童的兴趣。该节目获得了收视率的巨大成功,并且在全世界180多个国家(包括日本)播出,对日本的儿童节

---

① 片冈直树,《新型语言能力发育迟缓的儿童——长时间收看电视、录像的影响》,出自《日本儿童科学会杂志》106卷10号,2002。

② 译者注:attention-deficit hyperactivity disorder"注意力缺陷多动障碍"。

6 电视图像对大脑发育的影响

目《Ponkiki 开门》、《和妈妈一起》等都产生了巨大的影响,但是各界对该节目实际的教育效果褒贬不一。

其实在很久以前,美国医疗前沿的医生就对红透半边天的《芝麻街》提出过质疑。例如,美国罗彻斯特精神疾病研究中心小儿科主任哈朋[1]曾经指出,很多未满3岁的儿童多动症[2]患者都是因为收看了《芝麻街》。这类儿童电视节目的图像处理方法,例如频繁的近距离处理以及画面的激烈变化等会给儿童尚未成熟的神经系统带来过度的刺激,所以造成儿童需要通过焦躁不安的行为来发散这种精神上的压力。

之后在美国的学术界有诸多研究成果问世,例如,曼德[3]和穆迪[4]从媒体论的角度论述了电视对儿童大脑发育的不良影响,他们的研究被翻译成日语在日本社会也引起了不小的反响。随后,哈莉[5]直接以早前推出的《芝麻街》为批判对象阐述了电视的负面影响,她的观点可以归纳为如下9大方面:

(1)学习语言之前需要给大脑做充足的准备活动从而为即将发生的认知行为做好铺垫,同时大脑必须达到与运动技能相协调的发育水平,但是《芝麻街》完全无视这些前提,只是一味强行地让儿童记住字母和发音。

(2)正常的语言学习应该以现实经验为基础,在自然的语言环境中结合语言文字的意思来完成,而《芝麻街》只强调英文字母的学习。

(3)《芝麻街》所使用的文字显示方法会阻碍"高等(meta)语言意识"(这里主要是指单词由文字组成,并且有固定的组成规律等)的发育。但是《芝麻街》中的文字经常使用跳跃的方式出现在电视屏幕上,而现实生活中文字是不会活动的,这样会造成儿童对书本上印刷的文字产生费解。并且在入学以后,一旦发现课本上的文字不能活动,很多儿童会因此失去学习兴趣。

---

[1] Halpern, W., Turned-on Toddlers, *Journal of Communication*, 25, 1975.
[2] Hyperactive Behavior.
[3] Mander, G., *Four Arguments for the Elimination of Television*, William Morrow, 1978.
[4] Moody, K., *Growing up on Television: The TV Effect*, Times Books, 1980.
[5] Hearly, J., *Endangered Minds: Why Our Children Don't Think*, Simon & Schuster, 1990.

(4)《芝麻街》情节展开过快,对细微环节的说明不够充分,没有给儿童足够的时间去理解故事前后的因果关系。

(5)《芝麻街》中的人物说话太快并且口齿不清,不能形成良好的语言环境,也无益于听力的发育,最终可能致使儿童将注意力过于集中在来自视觉方面的刺激。

(6)嘈杂的音乐和眼花缭乱的场景变换会给儿童的知觉神经造成超重负荷,从而阻碍知觉神经系统的发育成熟。如果儿童对电视播出的内容不能充分理解,这实际上会导致儿童发育成为一种"被动型大脑"。

(7)极短时间内高频率使用镜头的拉近和移动、过快的镜头切换以及音量的变化,这些视觉和听觉的过频转换已经超过了儿童大脑的承受能力,直接导致儿童注意力下降并且影响交流沟通的能力。

(8)《芝麻街》没有对"主动型大脑"发育所需的"阅读"能力加以指导。

(9)《芝麻街》中片段式的画面展示会影响儿童对故事整体情节的把握和想象力。

由此可见,哈莉认为,《芝麻街》无论对儿童的语言发育还是其他方面的认知能力的发育,不仅毫无益处,甚至还会造成很多负面的影响。

当然,哈莉的意见也招致了不少其他学者的反对。首先,早已有报告结果显示,《芝麻街》能够提高儿童的单词量,帮助学习。在《芝麻街》开播不久后,保尔等人为验证节目的实际效果开展了调查。他们在调查结果中强调,《芝麻街》播出 6 个月以后,长时间收看该节目的儿童所掌握的单词量较节目播出之前有很大幅度的提高[1]。休斯顿等人的研究也证实了这一点,他们对具有同等水平语言能力和家庭环境的 2 至 4 岁儿童进行长期跟踪调查,在儿童 5 岁时进行的单词量测验的结果显示,经常收看《芝麻街》的儿童比不收看

---

[1] Ball, S. and Bogatz, G. A., *The first year of Sesame Street*, Educational Testing Service, 1970.

该节目的儿童能够取得更好的成绩①。

其次,关于图像处理造成的负面影响,有人认为,儿童通过收看节目,不仅能够理解诸如特写、镜头拉近与拉远等基础的图像表现技法,还能够认识到尽管摄影机从各个角度进行拍摄,拍摄对象都是同一个事物。也就是说能够让儿童理解,通过所谓的"视角转换"可以存在与自己不同的视线角度。实际上有实验报告表明,经常收看《芝麻街》的7至9岁儿童在视角变换测验中取得的成绩更为出色②。

此外,对于《芝麻街》中过快的场景变换导致儿童注意力分散的说法也有不少研究人员提出反驳。例如,安德森等人的研究发现,将4岁儿童分成两组收看《芝麻街》,其中收看经过特别编辑的缓慢版本的儿童与收看正常版本的儿童相比,在注意力和忍耐力的测试中并未显示出任何优势③。

6.4 有关收看电视阻碍儿童语言能力发育的理论

在关于长时间收看电视节目是否给儿童大脑发育造成不良影响的相关讨论中,研究学者们曾经提出过不少假设。在本章里,我们选取了"收看电视阻碍儿童语言能力的发育"和"电视图面处理手法影响儿童对空间的认识并且容易导致儿童多动症"这两种理论进行介绍。本节里我们先看关于前者的研究成果。

婴儿在出生时就已经能够区分出简单的机械音和人类说话的声音。墨菲斯等人通过观察出生后一个星期至10个月的婴儿对机械音和说话声音作出反应时大脑左右半球的差异,发现婴儿与成人一样,他们的右脑对机械音、左脑对说话声音会作出相对强烈的反应,并且其左右脑的反应强度差丝毫不

---

① Huston, A. C., et al., The Development of Television Viewing Patterns in Early Childhood: A Longitudinal Investigation, *Developmental Psychology*, 26, 1990.
Wright, J. C. and Huston, A. C., Effects of Educational TV Viewing of Lower Income Preschoolers on Academic Skills, School Readiness, and School Adjustment One to Three Years Later, Report to Children's Television Workshop, Center for Research on the Influences of Television on Children, University of Kansas, 1995.
② Salomon, G., *Interaction of Media, Cognition, and Learning*, Jossey-Bass, 1979.
③ Anderson, D. R., Levin, S. R. and Lorch, E. P., The effects of TV program pacing on the behavior of preschool children, *AV Communication Review*, 25, 1977.

逊色于儿童与成人①。所以我们可以这样理解,人类在出生的时候,其实已经具备了能够区分人类说话声音与其他声音的构造,因此可以在短时间内学会某种语言。甚至有研究结果指出,婴儿不仅能够区分出说话声音,尤其对女性的声音,特别是母亲的声音会优先作出反应②。

但是同时也有研究结果显示,当声音和视觉的刺激不是来源于人类而是发自机械装置的时候,婴儿会优先接收来自视觉方面的刺激③。即使同样是母亲的声音,如果是由人体直接发出,婴儿会作出反应,但是如果是录像里发出的声音,婴儿的反应将立刻消失。1999年12月本章作者参与制作的一期电视节目④里介绍了这样一个实验,将母亲呼唤的情景事先录像,播放给出生6个月的婴儿看,结果婴儿一瞬间将头转向了母亲声音发出的地方,也就是电视画面,但是随后立刻便失去了兴趣。同样是母亲的声音,婴儿对于来自录像的声音却不作反应,这其中的一个原因可能是因为母亲实际发出呼唤后,如果婴儿作出反应,母亲会报以微笑,或者继续说话与婴儿交流,但是录像却不能完成这些行为。除此之外,要保持住婴儿对说话声音的兴趣,气味和身体接触等其他感觉要素可能也在发挥着作用。根据斯诺的研究报告,仅仅通过电视接触语言的儿童,在这种特殊条件下长大,往往语言能力发育不够健全⑤。

在现实生活中,除了特殊的家庭环境、被隔离或者被父母遗弃之类的情况,一般儿童不会只从电视里接受语言信息。但是,如果抚养者过于忙碌而将陪伴儿童的任务交给电视的话,来自电视/录像的过度刺激可能会破坏人类生来具有的、用于处理人类声音的基础神经组织,从而阻碍儿童语言神经

---

① Molfese, D. L., Freeman, R. B. and Palermo, D. S., The ontogeny of brain lateralization for speech and nonspeech stimuli, *Brain and Language*, 2, 1975.

② DeCasper, A. J., and Fiffer, W. P., Of human bonding: Newborn prefer their mother's voices, *Science*, 208, 1980.

③ Hayes, D. and Birnbaum, D. W., Preschool's retention of televised events: Is a picture worth a thousand words?, *Developmental Psychology*, 16, 1980.

西村辨作,《儿童的思考力与新媒体》,出自《言语》Vol. 21, No. 4, 1992。

④ 译者注:日本TBS电视台《星期天早晨》(*Sunday Morning*)的一期有关电视影响的特别节目。

⑤ Snow, C. E., Arlman-Rupp, A., Hssing, Y., Jobse, J., Jooksen, J. & Vorster, J., Mothers' speech in three social classes, *Journal of Psychology Research*, 5, 1976.

系统的发育。

6.5 有关信息处理过程差异的理论

关于电视影响儿童语言能力发育的假设,在其背后隐含着这样的解释:"大脑在处理包括语言信息在内的图像信息时,和仅仅处理语言信息的情况相比,认知系统的处理方式存在着很大的差异。因此,过度依赖以图像信息为主的媒体会阻碍儿童语言信息处理能力的发育,最终影响儿童将来读写能力的提高。"

研究者梅林高夫曾经有一个很著名的实验,将参加实验的儿童分成几组用不同的方式学习来自非洲的民间故事。其中一组儿童在电视上收看制作好的动画片,让其他几组儿童大声朗读故事书,最后让全体儿童口头汇报学习到的故事内容以比较他们对故事内容的理解程度[1]。从实验的结果看,收看电视小组的儿童在描述故事内容的时候愿意强调出场人物的动作等视觉元素,而读书小组的很多儿童在描述时加入了许多原本故事里没有出现的情节。在追加的实验里,除收看电视小组和读书小组以外,实验人员又增加了收听广播小组,结果证明收听广播小组的儿童在描述故事时也与读书小组的儿童呈现出相类似的倾向。这个实验说明了两个问题,第一,给读书小组和广播小组儿童提供的是语言信息,而给电视小组的儿童提供的是包括语言信息在内的图像信息,这几组实验结果的比较说明的并不仅仅是儿童对语言和对图像的记忆能力的差异。第二,"语义记忆"(指对包括语言的标志、意义及其指示对象在内的知识有组织的记忆)和"情境记忆"(指对特定时间里发生的有关自身经历的记忆)是相互区别的。

人们在接收文字或者声音所提供的语言信号时,与该信号相关联的知识网也随即被启动。当然,这些信号以一定的单位相结合,也就是形成所谓"命令"被储存在大脑的记忆里(形成"命令编码"的过程)。但是同时,这些信号也会与过去已经被储存的信号相结合,不停产生新的知识网,并且其中的一部分经过整理后再次被大脑储存。另一方面,当语言信息与图像信息同时出

---

[1] Meringoff, L. K., Influence of the medium on children's story apprehension, *Journal of Advertising Research*, 3-9, 1980.

现的时候，图像信号群即刻以变化多端的形式在空间和时间同时传播出去。空间方向属于一种横向性质的结合方式，而各个信号与过去记忆的结合是属于纵向性质的，在这个过程里，与纵向相比，横向的结合将处于绝对的优势。因此，和图像信号同时出现的语言信号，也会忽略先前被整理储存的知识，而是选择与当前的图像信号相结合然后被大脑重新记忆。此外，当保存的记忆内容被提取出来的时候，如果是语言信息，与该语言信号相关联的，或者与当事人过去经历相关的所有知识网都将被激活，甚至包括非当事人主动接受的信息也会作为附带品一并被想起。但是如果是图像信息就不会发生这样的情况，上文提到的梅林高夫的实验结果也证明了这一点。因此可以说，大脑的认知系统对语言信息和对图像信息（即使是包含语言信息的图像信息）的处理过程存在着很大的差异。

当然，无论是以语言信息为主的媒体还是以图像信息为主的媒体，现在的儿童都可以频繁地接触到，但是孰多孰少将决定儿童大脑中信息处理系统的优先权。过多接触图像媒体的儿童，当接触到语言媒体的时候，可能会因为无法激活相关知识网而在信息处理的过程中感到力不从心。如今学校的教育基本建立在对课本的读解之上，所以对于习惯优先处理图像信息的儿童来说也是不利的。

基于上述的信息处理过程中存在的差异，"图像媒体的负面影响论"的又一理论被确立，即儿童过多地收看电视会影响学习成绩。萨洛蒙提出过"心理劳动投资量（Amount of Invested Mental Effort = AIME)"的概念[1]，根据这个定义，看电视时人们投资的劳动要远少于阅读文字，这也就意味着看电视时对信息的处理仅仅停留在一个比较表面的水平。有这样一个实验，给小学6年级学生布置读书和看电视两项作业，结果儿童在读书时需要付出更多的劳动，但是往往能得到更为正确的答案。因此作为上述信息处理过程理论的补充，可以认为愈是习惯优先处理图像信息的儿童，在完成这两项作业时付出的劳动量将显示出越大的差距。

---

[1] Salomon, G., The differential investment of mental effort in learning from different sources, *Educational Psychologist*, 18, 1983.

6.6 日本学术界有关电视收视与儿童语言能力发育的最新研究

有必要再次提醒的是,上述的理论并没有实际经过大脑实验得到验证,因此只能视之为假设。但是这些理论都是建立在"婴幼儿过多收看电视会对语言能力发育造成负面影响"这一理论前提之下的。那么,收看电视实际上对儿童语言能力的发育究竟有何影响呢?

在本节中,我们将介绍日本学术界在这个领域近期所取得的实验研究成果。

铃木裕久的研究小组对 3 至 5 岁的儿童进行了跟踪性调查,调查的内容涉及"语言问题"(例如在单词问题中让儿童选择与"扭曲"一词意思相对应的图片,在词义解释的问题里让儿童回答"桌子"所指代的事物)、"空间认识"(例如,让儿童看图后回答这是从什么方位看到的图片)以及"时间顺序"和"因果关系"(例如,按照植物的生长过程排列图片的顺序)等许多本章中也多次提及的项目,并且考察这些项目与收看电视的关联性。在 1990 年的研究结果报告中,研究小组指出根据所收看的电视节目种类的不同出现了迥异的调查结果,例如有一部分电视节目(名著/历史小说等)可以提高儿童的单词量并且促进儿童对时间先后顺序的理解,并且在电视收视与儿童的读书量之间呈现出了反比的关系(即看电视越多的儿童读书越少)。但是因为没有能够排除父母的学历以及儿童的性别等其他因素的干扰,虽然通过统计学的相关分析法(Correlation Analysis)在数据上显示出了有意义的关联性,但是这样的结果可能只是一种虚假的因果关系[1]。因此当研究人员运用多元变量分析法[2]中的多元回归分析法[3]对数据再次进行分析的时候,上述的许多结果都被推翻。在历经前后三次的调查中,研究小组没有发现可以明确用来证实电视收视效果的变量。并且,在有关儿童认知能力的发育与电视收视之间的关系里,虽然出现了一部分有意义的结果,但是这其中都不能排除诸如前者对

---

[1] 参照本书第 6 章 6.1。
[2] 译者注:当分析对象超过 2 个以上,即对多个变量之间的相关关系同时进行分析时使用的社会统计学方法。
[3] 译者注:用两个以上的自变量来确定与因变量之间的相关关系时使用的统计分析法,该方法可以在一定程度上对出现虚假因果关系的结果进行修正。

后者的反向因果作用以及家庭教育环境的影响等其他因素的存在。在本章作者参与的该研究小组第三次调查分析中,曾经出现了"电视收视时间越长儿童语言能力发育愈加受到阻碍(例如词语的使用、和文字相关的知识)"这样发人深省的结果,但是最终没有能够通过统计分析的验证①。

当然,通过问卷调查进行的实证性研究虽然没有能够清楚地证明出电视收视的负面影响,但是这并不意味着负面影响丝毫不存在。根据铃木研究小组的调查结果可以说明,想要直接证明电视收视的效果实非一件容易的事情,因为其中掺杂着太多其他因素的作用,例如收看电视节目的种类、父母的学历、书籍和其他媒体的使用情况以及幼儿园的教育现状,等等。

另一方面,由日本 NHK 放送文化研究所自 2003 年起实施的年度调查结果显示,1 岁儿童所掌握的单词量与其收看电视的时间长短之间存在着负性相关关系,具体情况是这两个变量之间的相关系数为 -0.07,并且其显著性系数在 5% 以下,从统计学观点来讲属于有效系数,这就意味着收看电视越多的儿童,其语言能力发育愈加迟缓。但是在增加了"外出玩耍的时间"和"家长读绘本的频率"等变量、使用多元回归法重新加以分析后,研究人员发现原本存在于电视收视时间和儿童掌握的单词量之间的负性相关关系失效了。同时"外出玩耍的时间"和"家长读绘本的频率"这两个变量与儿童所掌握的单词量之间被证明存在着有效的正性相关关系。对于这样的结果,该研究所在报告中给出了如下的解释,那就是儿童在外玩耍的时间越长,或者家长给儿童读绘本的频率越高,对儿童语言能力的发育产生的影响越积极,但是收看电视时间越长的儿童,也可能因为家庭环境等的其他原因,其外出玩耍和家长读绘本的频率都会降低,因此在表面上呈现出了"儿童收看电视时间越长语言能力的发育愈加迟缓"这样的结果②。

该研究所在这之后继续对参加调查的儿童进行了跟踪性追访。一年后,

---

① 铃木裕久等,《关于电视对幼儿影响的多元跟踪调查——第一次中间报告》,出自《东京大学新闻研究所纪要》41 号,1990。
铃木裕久等,《关于电视对幼儿影响的多元跟踪调查——第二次中间报告》,东京大学新闻研究所,1991。
② NHK 放送文化研究所,《"给儿童创造更好的电视"活动第二次调查报告书》,2005。

也就是当这一批儿童成长至 2 岁的时候,研究人员通过"时差分析法"①分析了儿童 1 岁时的电视收视量与 2 岁时掌握的单词量之间的关联性。根据该研究所公布的第二次调查的结果,儿童 1 岁时收看电视的时间长短和其当时掌握的单词量之间出现了有效的负性关联。但是这种相关关系的方向性并不明确,因为仅仅根据这个结果我们无法判断究竟是由于过多地收看电视造成儿童语言能力发育迟缓,还是语言能力发育较慢的儿童更加喜欢收看电视。可是考虑到收看电视的影响是需要时间积累的,如果收看电视果真能够造成儿童语言能力发育迟缓的话,那么随着时间的推移,这种负面效果一定会逐渐有所体现,也就是说儿童 1 岁时收看电视的时间与该儿童 2 岁时掌握的单词量之间应该出现有效的负性相关关系。但是出乎意料的是,该研究所的研究人员并未能像所设想的那样在两者之间发现有效的关联性。因此,虽然不能够完全肯定,但根据该研究所的本次调查结果可以认为,电视的收视量与儿童的语言能力发育这两者之间不存在直接的关联性。同时需要指出的是,在分析结果中两者之间显示出存在着负性相关关系的倾向,其相关系数为 -0.05,因此我们也不能够断言"即使收看电视时间再长也不会对儿童的语言能力发育造成不良影响"②。

此外,NHK 放送文化研究所的该调查还发现收看电视时父母的解说行为③和儿童掌握的单词量两者间存在有效的正性相关关系,其中"父亲的解说行为"相关系数为 0.17,"母亲的解说行为"相关系数为 0.24,两者的显著性系数均低于 1%,皆为有效统计结果。根据这个结果我们认为,父母和儿童一起收看电视并且给儿童讲解电视的内容有益于儿童语言能力的发育。

综合上述铃木研究小组和 NHK 放送文化研究所这两组研究的结果来看,在现实生活中,因为不能排除家长的教育方式以及其他媒体的使用状况等多种变量的影响,单纯分析"电视收视量与儿童语言能力发育的关系"是一件相当困难的事情。因此,在目前阶段,我们还未能够明确判断收看电视究

---

① 译者注:在分析调查时间 T_1 时的变量 X,与之后的调查时间 T_2 时的变量 Y 之间的关系时使用的分析方法。
② NHK 放送文化研究所,《"给儿童创造更好的电视"活动第三次调查报告书》,2006。
③ 调查问卷中的原文为"与儿童交谈正在收看的电视内容"。

竟会阻碍还是会促进儿童语言能力的发育。

6.7 电视图像处理技术对儿童空间认识的影响以及导致多动症的可能性

在有关对电视的批评里除上述的几种理论以外,还存在着这样一种说法,那就是有人认为,电视里播放的利用特殊技术制作而成的虚构图像一旦被婴幼儿大脑所记忆,可能会混淆婴幼儿对现实世界的认识,从而给大脑的发育造成不良影响,甚至成为导致儿童多动症的原因。

人类在进化的过程当中,逐渐形成了能够迅速适应环境变化的身体构造。例如,当对方在视觉上表现为突然增大的时候,也就是意味着对方与自己的距离正在缩短,因此大脑会立刻发出信号通知身体进入戒备状态以应付面前的运动物体。此外,视觉对象快速地左右移动、突发的噪音以及音量变化、发光、背景颜色的变化等,对人类大脑来说都意味着环境的剧烈变化甚至危险的到来,所以每当发生这些变化时,大脑的神经系统会条件反射自动作出反应。而电视图像正是上述视觉环境变化出现最为频繁的地方,如拉近焦距特写、摄像机移动、音响效果和闪光灯,等等。这些技术运用最为广泛的正是广告和面向儿童的节目。为了能够吸引观众,电视节目制作人员不惜使用大量的图像处理技术。面对电视图像中发生的这些变化,如果是正常的大脑,在瞬间应当与在现实生活里预测到即将发生危险时一样迅速作出反应,但是很快大脑就会认识到此时即使发出反应信号也是毫无意义的。

但是对于大脑发育尚未成熟的婴幼儿来说,如果一直频繁遭遇上述状况,最终可能导致大脑和身体与生俱来的反应功能相分离。电视图像唤醒了人体的生理反应机能,即神经系统发出指令让身体做好准备,但是同时又通过其他指令让身体停止行动。这种情况在心理学上被称为"双重束缚(double bind)",前文提到的哈朋和哈莉这两位研究者指出,"双重束缚"可能造成儿童多动、抑郁或者有突然兴奋的倾向。

6　电视图像对大脑发育的影响

"双重束缚（double bind）"

　　这是美国人类学、精神科学学家贝特森（G. Bateson）于20世纪50年代提出的概念，指当通过语言表达的主要信息和通过表情或语气表达的次要信息相互矛盾时，人被置身于这种矛盾状况中的状态。具体说来，例如被家长禁止玩电子游戏的儿童在偷玩的时候被家长发现，家长满脸怒色说到"你再继续玩！"这时儿童会难以作出判断，究竟是应该继续玩还是应该立刻停止？因为无论做出哪种选择都难以逃脱家长的责罚。"不要按照我说的去做"这句话本身在很多时候都不可避免地包含着矛盾。贝特森指出，在家庭环境里如果经常发生类似上述的"双重束缚"这种情况的话，极有可能导致儿童患上精神分裂症。因为经常处于"双重束缚"环境下的儿童，逐渐习惯于理解语言中所包含的深层含义，而无视文字本身体现的意义，长期下去可能造成儿童出现不愿与他人交流等等症状。

　　那么，这样的假设究竟是否成立呢？换句话说，儿童是不是真的难以区分电视里的虚幻世界和现实生活呢？

　　遗憾的是，尽管脑科学研究近年迅速发展，许多用于测量大脑细微活动的机器也相继被开发出来，但是还没有研究结果能够对上述疑问给出明了的答案。另一方面，根据最新发表的研究结果，婴幼儿并非如人们所想象的那样将现实世界与虚构的世界混为一谈[1]。日本学者旦直子和开一夫的实验是将玩具车从斜坡的一端滑下消失在另一端的电视画面播放给参加实验的婴幼儿看，并观察他们的反应。结果显示，出生6个月以后的婴儿会较长时间注视放置在电视一侧的挡板，可以推测他们认为玩具车滑到了挡板的后面。而出生10个月的婴儿看到同样的电视画面后却不会做出类似的反应，但是当使用真实的玩具车演示相同的场景时，他们就会注意观察放置在斜坡一端

---

　　[1]　开一夫、旦直子、松田刚，《儿童的发育与媒体》，出自《图像信息媒体学会志》60(11)，2006。
　　Dan, N., and Hiraki, K., Infants' understanding of televised images: discontinuity between the TV and real worlds, Poster presented at 19th Biennial Meeting of International Society for the Study of Behavioral Development. Melbourne, Australia, 2006 July.

的挡板背后,有意识地去寻找滑下的道具车。因此研究人员认为出生10个月的婴儿已经能够区分出电视与现实世界的不同。

此外,岛田和开一夫运用近红外线分光法(NIRS)测量了人类在观察动态活动时大脑感觉运动区的活动。结果显示,出生6至7个月的婴儿就已经能够明确分辨出物体运动与人类活动,并且和成年人一样,在观察现实生活中发生的和电视里表现的人类活动时,大脑会表现出不同的反应,如血红蛋白浓度发生变化,由此可以判断婴儿确实已经具备能够准确区分现实生活与虚构的图像的能力[1]。

根据上述的研究成果,我们可以看到,出生6个月以后的儿童已经能够明确区分开电视上和现实生活里的人、物体的运动,并且与观察电视图像时相比,在面对现实世界时他们的大脑会作出不同的反应。因此,在本章前几节介绍的哈朋和哈莉的观点,也就是收看电视会导致儿童患上多动症的假设,其成立的可能性很小。如果在临床案例里发现婴幼儿过长时间收看电视与多动症倾向之间存在一定关联性的话,那与其归咎于电视图像的处理技术,或许解释为儿童因为运动不足或者由于得不到家长关心造成的心理创伤等其他原因更为合理。但是需要指出的是,尽管根据现阶段的研究结果来看,婴幼儿的大脑能够对电视图像和现实生活作出区别反应,有一种可能是因为目前大多数电视提供的是二维图像画质,与人们对实际生活的感知相比还是存在着较大差异。而随着三维立体图像技术的进步,画质和表现度的逐步提高不是完全没有可能将哈朋等人的担心变成现实。

6.8 今后的问题

前文中介绍过的由日本NHK自2003年开始组织发起的研究项目,在通过对一组婴幼儿的跟踪性调查后发现,0岁、1岁和2岁的日本儿童平均收看电视的时间分别为1小时零5分钟、1小时44分钟和1小时31分钟("专注收视"和"并行收视"两个项目的时间总和),平均收看录像带的时间分别为20分钟、37分钟和43分钟。2岁儿童中有90%表示"喜欢看录像带"(其中

---

[1] Shimada, S. and Hiraki, K., Infant's brain responses to live and televised action, *Neuroimage*, 32(2), 2006.

6 电视图像对大脑发育的影响

61%的儿童回答"非常喜欢看",29%的儿童"比较喜欢看"),并且1岁和2岁儿童收看电视与录像带的时间合计已经超过2个小时。在调查电视收视时间的有关项目里,如果计算上"只是将电视开着"这一选项的时间的话,那么儿童接触电视的时间将达到3个小时以上。

本章到目前为止让我们确认了两个问题,(1)是没有发现有确凿的实验数据能够证明长时间收看电视会阻碍儿童语言能力的发育,(2)是儿童在出生6个月以后大脑就已经能够明确区分电视图像和现实生活,不会因为将两者混淆而导致产生行为异常。但是关于这两个结论仍然存在疑点,例如(1)的实验对象是通过随机抽样(random sampling)产生的,实验结果是出自全体参加实验人员的平均值,而对于有一部分儿童一天里有大部分时间都不得不在电视机前度过这样的特殊案例没有加以特别分析,此外(2)的成立也只是建立在现有的电视图像技术水平这个前提下的。

婴幼儿感兴趣的电视节目其实是很有限的,大多为少儿节目或者动画片等。而在实际生活中,一天里电视台用于播放这些节目的时间段屈指可数,所以即使将婴幼儿一直放置于电视机前任其不管,他们自己主动收看电视的时间也应该是有限的。但是,随着录像技术的发达和电脑的普及,无论抚养者的教育方式如何,多媒体化发展将给儿童提供一个更加自由地、可以长时间收看少儿节目的媒体环境。与现在相比,更长时间地接触由屏幕提供的图像将会给儿童带来怎样的影响?我们仍然不得而知。能够通过大屏幕提供更加真实的数字图像和立体图像的媒体一旦普及,婴幼儿是否还能够明确区分出现实世界和图像里的虚幻世界呢?现在也无法定论。

但是通过很多研究能够证明的是,幼儿时期读书毋庸置疑可以促进儿童语言能力的发育。读书本身固然是一种语言学习,还有一点不能否认的是,如今小学以上的教育大多是建立在对文章的读解能力之上的,因此读书和学习成绩密切相关。先不论大脑对语言信息和图像信息的处理模式是否存在差异,单纯从时间的角度来讲,长时间接触电视等图像媒体也就意味着能够用于读书的时间相对减少了。正如萨洛蒙所指出的一样,对儿童来说,和读书相比,看电视需要付出的劳动较少,是一件轻松的事情。从这个意义上来讲，过多地收看电视确实不利于儿童语言能力的发育。此外还有学者指出，儿童读书能力的下降，其中一个原因可以归结为电视造成儿童不习惯转动眼球[1]。通常看电视的时候，电视屏幕两端与眼球形成的角度很小，因此眼睛不需要做大幅度的运动，而且视线的焦点往往集中在屏幕中心的位置，实际视野的范围只在5°到10°之间。与此相比，看书时眼球需要做较大幅度的转动（当然在读取文字时眼球是静止的）。这种对眼球运动要求的截然不同，也会让习惯了收看电视的儿童在读书时感到身体上的不适应吧。

以上我们概括了图像媒体与儿童大脑发育有关的一系列研究成果。本章主要是从负面影响的角度进行了论述，而其中提到的某些观点极有可能只是一些耸人听闻的假设。昂基在《声音的文化与文字的文化》一书中，介绍了公元前350年前后柏拉图在《斐德罗篇》(*Phaedrus*)里曾经就"文字文化"进行批判一事[2]。柏拉图给出了4点理由：首先，书写是一种有悖人类常规的行为，因为想要将原本只存在于人类精神世界里的东西强行搬到精神以外的世界，这是不现实的；第二，书写将减弱人类的精神力量，例如记忆能力；第三，用文字记录的内容不能自我引申，亦不能作出任何回应；第四，现实社会的语言和思考，是在人类的交流活动中产生的，而用文字记录下来的东西脱离了这种关系，仅仅是一种存在于非现实、非自然世界里的产物。可见，在任何时代，新文化或者新媒体的诞生总是伴随着来自各个方面的批评，即使是柏拉图，对当时新兴的"文字读写"也毫不留情地表现出了否定的态度。因此，对于信息化发展带来的图像媒体的发达，如今人们怀有的种种忧虑或许在将来的某一天烟消云散。

| Extension Study | "游戏型大脑" |

日本大学教授森昭雄于2002年在其著书《游戏型大脑的恐怖》中向人们发出了这样的警告——"电子游戏会对儿童大脑发育造成恶劣影响"。该书指出，人类的脑前额叶外皮与人的感情控制、推测他人心理等社会性功能密

---

[1] Moddy, K., *Growing up on Television: The TV Effect*, Times Books, 1980.
[2] W. J. Ong, *Orality and Literacy*, Methuen & Co. Ltd, 1982.

切相关。在正常状况下,脑前额叶外皮处于活跃状态时会发出β波,而当儿童进行电子游戏时能测量到的β波数量减少,因此习惯长时间玩电子游戏的儿童,其脑前额叶外皮就会长期处于低活动状态,变成"游戏型大脑"。此外,日本东北大学的川岛隆太教授在2001年通过以大学生为对象的实验证实,与持续进行加法计算的实验小组相比,长时间玩电子游戏的实验小组人员其脑前额叶外皮明显处于较低的活动水平。

但是众所周知,不单是电子游戏,一般在完成视觉型任务时人的脑前额叶外皮的活动水平都会下降。也有研究认为这是大脑在集中处理视觉任务时,为了提高效率而采取的手段。另一方面,森昭雄所使用的脑波测量仪的精度也受到了质疑。因为当人体处于放松状态、例如安静地听音乐的时候,β波也会出现减少的现象(此时α波处于优势地位),所以在进行某项活动的过程中,即使β波一时减少也不意味着大脑立刻出现了问题。在大众传媒研究的领域里,有学者早在1971年就已经提出过"人们在收看电视广告时脑波里的α波处于优势"(Krugman, H. E., Brain wave measures of media involvement, *Journal of Advertising Research*, 1971;桥元良明,《图像媒体与大脑——从大脑生理学角度分析电视图像》,出自《大众传播研究》No. 46,日本大众传播学会,1995),之后也有研究显示"在看电视时,人们几乎停止一切建立在认识、记忆、分析等思考行为基础上的学习,而只是进行一种'睡眠式教育'"。但是,并没有研究结果证明长时间收看电视会形成"游戏型大脑"。

另一方面,无论是森昭雄还是川岛隆太的研究,都没有能够证明电子游戏的长期性影响。也就是说,经常玩电子游戏的儿童其脑前额叶外皮在之后是否仍然长期处于低活跃状态这个疑问没有得到解答,并且也没有将测量的结果与儿童玩电子游戏之前的状态进行比较。因此,"游戏型大脑一旦形成,会给儿童的认知以及行动方面造成长期的,诸如思考、创造能力、情绪控制能力低下等负面影响"这一理论尚未得到科学的证实。

与此同时,最近有关电子游戏和儿童攻击性性格的形成这一方面的脑科学研究也吸引了人们的注意。例如有研究结果显示,进行射击型游戏时大脑的活动与进行攻击性思考或者行动时大脑的活动表现极为相似(Weber, R.,

Ritterfeld, U. and Mathiaki, K. , Does Playing Violent Video Games Induce Aggression? Empirical Evidence of a Functional Magnetic Resonance Imaging Study, *Media Psychology*, 1, 2006)。还有研究表示,和普通人相比,喜欢暴力型游戏的人在看到含有暴力内容的照片时测量到其脑波的波动较小,这可能说明这一类型人群因为长期习惯于暴力游戏因而对暴力镜头反应迟钝(Bartholow, B. D. , Bushman, B. J. and Sestir, M. A. , Chronic Violent Video Game Exposure and Desensitization to Violence: Behavioral and Event-related Brain Potential Data, *Journal of Experimental Social Psychology*, 42, 2006)。有关这方面研究的最新动向还值得我们继续关注。

7 电视与电子游戏

☑ 观众表现出来的攻击性或者暴力行为与其收看的电视节目有关吗？
☑ 电子游戏是否会加剧玩家的攻击性？
☑ 电视和电子游戏产生的影响究竟是截然不同、还是大同小异？

7.1 电视暴力图像与暴力型电子游戏

关于电视和电子游戏（以下如无特殊说明，"游戏"均指电子游戏）产生的影响，可以从许多不同的角度进行分析，但是根据其影响的性质基本可以分为两类，即危害社会或者有益于社会。本章主要着眼于含有破坏行为、暴力行为、杀人等暴力镜头的图像（以下简称为"暴力图像"）给电视观众以及游戏玩家的攻击性性格、行为带来的影响。

尽管现在年轻人用在因特网和手机上的时间日渐增多，但是在媒体研究的领域里，电视的王者地位还是无可动摇。在数字化发展的潮流中，如今电视已经逐步实现了多频道、高画质和多功能化，与此同时，电子游戏也随着3D技术的应用能够提供更加逼真的现场感，据预测随着操作部件的进化，在不久的将来肢体运动也将成为游戏的一环①。此外，网络游戏的普及也吸引了不少研究者的目光，有人认为网络游戏玩家极有可能将游戏世界中虚构的暴力行为以及打斗对象与现实生活里的人和事物相对应。这些具有高度真实感的画面、实现了与人对战的游戏，将对玩家们的性格产生怎样的影响，不

---

① MediaCreate综合研究所，《2007电子游戏产业白皮书》，MediaCreate株式会社，2007。

免让人担忧。

这里需要注意的是,收看电视属于被动型行为,而玩电子游戏则属于主动型行为。换句话说,这两种媒体的使用形态原本存在差异。此外玩电子游戏时需要高度的精神集中力和必要的身体运动。当然以娱乐为目的这一前提两者是相通的,只是游戏时在对战中获得高分或者完成游戏的目的相对更为明确。另一方面,看电视或是玩游戏,对观众和玩家的能力要求也有所不同,看电视的时候需要观众具有能够理解电视节目内容的背景知识①,玩游戏时毫无疑问要求玩家的技术。技术越高的玩家可能因此接触暴力图像的时间越长,但是相反也有可能因为技术高超,迅速完成了游戏中的任务,实际上缩短了接触暴力图像的时间。所以在媒体效果研究的相关领域里,将"接触时间"设置为自变量②进行考量,也可以看做是游戏研究的一大特点。

话虽如此,目前有关电子游戏影响的研究,基本仍是沿用电视暴力图像研究的相关理论以及实验/调查体系。这是因为在媒体不断发展的过程中,测量其效果的研究也同样在不断进化、不断更新历史。在游戏中的暴力图像与玩家攻击性的相关研究中,图像表现的真实感(例如血肉横飞的场面等)和动作性(例如拳打脚踢、射击)往往成为研究的中心内容。在确认过电视研究和电子游戏研究的诸多异同之后,下面我们将分别介绍有关这两种研究的研究成果。

7.2 电视暴力图像的影响

在本节里,我们主要介绍有关电视方面的研究方法以及其理论结构。首先,可以将研究方法大致分为两类,一种是用实验/调查的方法来验证电视中的暴力图像与观众的攻击性或者暴力行为之间存在的关系,另一种是对电视节目中包含暴力内容的部分进行"质"与"量"的分析。在有关媒体的实证性研究中,这两种研究方法一直保持着并驾齐驱的趋势。

其中第一种研究方法,也就是讨论暴力图像与观众的攻击性、暴力行为两者之间关系的研究方法还可以细分为以下 5 种:

---

① 参照本书第 12 章。
② 译者注:在因果关系里作为原因、影响结果的变量。

7　电视与电子游戏 | 115

①实验室实验研究 (laboratory experiments)	·在实验室里给实验参加者观看准备好的图像资料，事后通过观察其行动得出实验结果
②反馈型实验研究 (field experiments)	·在观众正常收看电视的情况下，观察其在收看到预先准备好的图像资料后的反应
③相关研究 (correlational survey)	·使用问卷形式首先掌握观众日常收看电视的实际情况，然后再通过数据分析验证问卷回答人的态度行动与电视收视之间的关联
④跟踪调查(panel survey)，即长期研究 (longitudinal study)	·即在完成首次调查后间隔一段时间，再次对同一对象进行调查，多用于验证中长期影响的研究
⑤自然实验 (natural experiments)	·验证电视媒体进入人类的社会生活之前和之后人们的态度行动所发生的变化

图 7.2.1　有关暴力图像与攻击行为的研究方法

　　这种被称为"效果研究"的领域，已经历经近半个世纪的悠长历史，遗留下来的研究资料的数量也非常可观。为了能够更好地理解上述各种研究方法，在这里我们选取具有代表性的研究事例予以介绍。

　　在这个领域里，早期的研究代表当属美国著名教育学家、心理学家罗伯特·班杜拉等人参与的实验。在实验中，研究人员先给参加实验的儿童观看事先准备好的录像，录像内容为成人对人形玩具(和普通成人具有大致相同的体格)施加暴力，然后将儿童带到放有这个人形玩具的游乐室任其自由玩耍，通过观察并且比较收看录像儿童和未收看录像儿童的行动得出了新的发现[1]。研究人员证实，收看了包含暴力内容的录像的这一部分儿童，表现出更多的来源于模仿的暴力行为。

　　在实验室里进行的"实验研究"，由于身处人为设定的环境因此不可避免存在着"非自然发生"的问题，但是"反馈型实验"可以弥补这一不足。费什巴赫和辛格的实验小组对数名宿舍群体生活的青少年进行了调查[2]。他们将参

---

[1] Bandura, A., Ross, D., & Ross, S. A., Imitation of film-mediated aggressive models, *Journal of Abnormal and Social Psychology*, 63, 1963.
[2] Feshbach, S. & Singer, R. D., *Television and Aggression: An Experimental Field Study*, Jossey-Bass, 1971.

加实验的青少年分为两组,一组人收看含有暴力内容的节目,如《蝙蝠侠》(BatMan)、《义胆雄心》(The Untouchables),另一组则收看不含任何暴力内容的节目,如《灵犬莱西》(Lassie),事后观察并记录他们的日常行为。但是这次的实验结果却大大出乎研究人员预料,因为连续收看包含暴力内容节目的这组青少年,表现出的攻击性倾向明显低于另一组人群。对于这样的结果,研究人员尝试给出了如下解释,即通过收看包含暴力内容的电视节目,调查对象原本具有的攻击欲望得到了发泄(即"宣泄效果",详见后述),而相比之下,收看不含任何暴力内容节目的青少年们,因为不能收看自己想看的电视节目、情绪郁积却无从发泄,这种"欲求不满"的状态反而招致了更具攻击性的表现。以上这种"反馈型实验"虽然具有能够将调查控制在自然的收视环境下进行这一优势,但是在实际策划实验时会面临很多困难。

"相关研究"主要依赖于调查对象回答事先设计好的问卷,因此可以获得大量的实际数据,并且能够详细掌握调查对象日常收看电视的实际情况,这些都可以看做是这种研究方法的长处。但是,与实验研究不同的是,在这种研究方法下,研究人员无法控制有关调查对象的一些条件(即"自变量"),这就给确认因果关系制造了一定难度。使用该研究方法的代表案例,如罗宾逊等人以高中毕业的男青年为调查对象,分析了他们收看含有暴力内容电视节目的频率与其吵架、盗窃等行为之间的关联,结果显示在这两者之间存在着正性相关关系![1]

相比之下,"跟踪调查"不仅可以像"实验研究"一样验证短期的媒体效果,而且还适用于对中长期效果的研究。安然等研究者在调查对象8、9岁时进行了第一次调查,分析了他们收看电视中的暴力内容与其暴力行为之间的关系,并且于10年后、当调查对象18、19岁时进行了第二次同样的调查[2]。此次调查结果证实,调查对象8、9岁时收看包含暴力内容的电视节目的经历与其18、19岁时表现出来的攻击性倾向之间显示存在正性相关关系。可见,在考察儿童发育时,儿童幼时的行为将对其成人后的人生产生怎样的影响,

---

[1] Robinson, J. P. & Bachman, J. G., Television Viewing Habit and Aggression, In G. A. Comstock & E. A. Rubinstein (eds.), *Television and Social Behavior* (Vol. 3), U. S. Government Printing Office, 1972.

[2] Eron, L. D., Gentry, J. H. & Schlegel, P. (eds.), *Reason to Hope: A Psychological Perspective on Violence and Youth*, American Psychological Association, 1994.

这是一个非常重要的观点,而"跟踪调查"的意义也正在于此。

"自然调查"是指针对某一调查人群,观察在电视出现前后人们行为上出现的变化。尽管这种类型的实验大都是人为设计的,但是在一种新媒体问世之初,如果能够在事前建立完善的调查计划,那么实现"自然实验"也并非毫无可能。乔伊等人的实验是在加拿大的某个村落进行的,该村截止到1973年尚未出现过电视。研究人员在电视导入之前首先对小学1、2年级学生的行为进行观察记录,当该村出现电视以后,也就是小学生们升至3、4年级时,研究人员又进行了第二次调查。结果发现,小学生们在身体、语言方面表现出来的攻击倾向较之前都出现了明显的增加①。

如上所述,无论是实验还是调查,不同的研究方法导致了在研究结果等诸多方面产生了差异,例如能够证明因果关系还是仅仅停留在验证相关关系的层面,又如能否证明短期的效果还是对长期效果的验证也同样有效等等疑问,尚待解决。

下面我们将介绍这个研究领域中著名的理论结构。将其分类,大致可以分为4种:

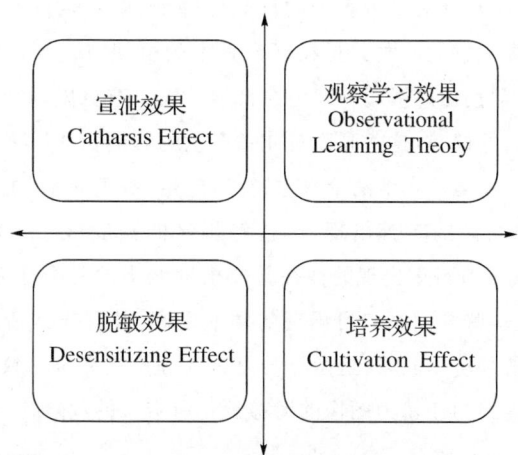

图 7.2.2 有关暴力图像研究的著名理论结构

---

① Joy, L. A., Kimball, M. M., & Zabrack, M. L., Television and Children's Aggressive Behavior, In T. M. Williams(ed.), *The Impact of Television : A Natural Experiment in Three Communities*, American Press, 1986.

"宣泄效果"是指,电视观众和游戏玩家因为接触包含暴力内容的图像,间接地参与攻击行为,从而化解或者减轻自身蓄积的敌对/攻击情绪,消除因"欲求不满"产生的急躁情绪,达到"宣泄"的目的。但是实际研究中,能够证明这种理论的实验案例为数不多,甚至还遭到不少批评。"宣泄效果"强调的是"间接地缓和攻击性情绪",与电视相比,在分外强调玩家能动性的游戏领域,这一点其实是非常重要的。也就是说,该理论虽然未能在电视研究领域得到验证,但是往后通过游戏研究可以加以证实。

"观察学习效果"指电视观众或者游戏玩家通过收看包含暴力内容的图像,学习图像里所展示的暴力行为,从而在特定的情况下进行模仿并且向他人实施暴力。这种情况与儿童在观察了家人、朋友的言行后进行的模仿行为比较相似,包含暴力内容的图像也极有可能成为被模仿的对象。在考察这个问题的时候,模仿者与被模仿者之间的相似程度以及观众和玩家的感情投入程度均是值得注意的关键。

"脱敏效果"则指如果过多地接触(exposure)包含暴力内容的图像,久而久之习以为常后,观众对暴力行为的敏感度降低,即对来自暴力图像的刺激反应迟钝甚至毫无感觉。尤其是在研究日本的电视节目与校园暴力问题的时候,这种理论常被加以引用。因为在日本的娱乐节目里,经常出现以取笑、捉弄艺人为笑点的情节,这些画面对儿童产生的影响长久以来受到了日本社会的广泛关注。渡边功在他的论文里指出,产生"脱敏效果"主要有两个重要因素,一是暴力图像的频繁出现(即接触刺激的频度),二是轻松的收视环境[①]。虽然在娱乐节目里出现的往往并非极度恶劣的暴力行为,而是轻微地拳打脚踢,但是这些画面在节目出现的频率之高,并且通常情况下观众是在一种非常放松的环境里收看,这两点与渡边的理论是完全一致的。这也就是在提醒人们要警惕由于暴力图像的潜移默化所带来的危险。

"培养效果"指观众将电视里描述的世界与人们实际生活中的现实世界相混淆,因而对犯罪等暴力行为产生过度的危机和恐惧感。美国著名传播学

---

① 渡边功,《电视暴力节目对危害社会行为的影响》,出自《教育研究 国际基督教大学学报 I-A》38,1996。

家格伯纳将数名电视观众按照收视时间长短分组,然后测试他们对现实世界危险程度的认识(如被卷入暴力事件的可能性,司法人员、警察的人数,对他人的信任度等)。结果显示,长时间收看电视的这一部分人群对现实世界怀有更多的恐惧感。平均一天收看3个小时以上电视的观众,对电视里发生的事情更容易产生身临其境的感觉,甚至不免产生错觉,认为自己也同样生活在那样一个充满危险的世界里①。

以上是有关电视暴力图像影响的相关理论结构。这些理论是否也能够应用到电子游戏的研究领域呢?有关电子游戏的研究又会有哪些不同?我们将在下一节予以介绍。

7.3 暴力型电子游戏的影响

收看电视和玩电子游戏有着诸多异同,同样在有关攻击性和暴力行为的研究领域里,两者也不可避免存在差异。电视出现在人们的生活里已经超过半个世纪,而有关电视暴力图像的研究也在这半个世纪里积累了一定数量的成果。另一方面,电子游戏从问世至今虽然也有近30年的历史,表现力和内容质量的不断提高着实促进了互动性和暴力表现的真实性,但是在学术界将这些变化视为问题、进行研究却是近几年的事。在本节里我们将介绍有关电子游戏研究领域的最新研究动向。

尽管之前曾出现过各种内容五花八门的研究报告,但是根据雪利进行的"元分析"②的结果,基本可以肯定暴力型电子游戏与玩家的攻击性之间的确存在着微弱的相关关系③。这里强调的"微弱的"相关关系,是相对于电视暴力图像与观众的攻击性之间存在的相关关系而言。每个实验的结果可能因为游戏的种类、游戏时间以及参加实验的人员不同多少存在差异。其中游戏

---

① Gerbner, G., & Gross, L., Living with Television: The Violence Profile, *Journal of Communication*, 26, 1976.
② 译者注:meta-analysis,又称"整合分析",指对具有相同研究目的的现有研究成果,利用统计的方法再次进行分析,以验证结果的真实性。
③ Sherry, J. L., "Violent Video Games and Aggression: Why Can't We Find Effects?", In R. W. Preiss, et al., (eds.), *Mass Media Effects Research*, Lawrence Erlbaum Associates, 2007.

种类和游戏时间是非常关键的变量。根据游戏种类的不同,例如在游戏中如果出现对人物实施暴力行为的情节,那么这一类游戏对玩家的攻击性产生的影响将远远超过科幻类或者运动类的游戏,也极有可能产生与电视暴力图像同等的效果(后文中将会提到的安德森等人的研究证明,即使是动画片的形式也可能与实物拍摄的图像达到同样的效果)。并且,雪利在分析结果里还提到,通过这次"元分析",可以发现与通过实验的方法测量"行动"相比,用调查的方法考察"态度"能够获得更加明显的效果参数。

接下来我们将进入有关电子游戏研究的理论介绍。电子游戏中暴力内容所产生的影响,其相关理论可以分为以下 5 种,其中不乏与电视研究相类似的理论:

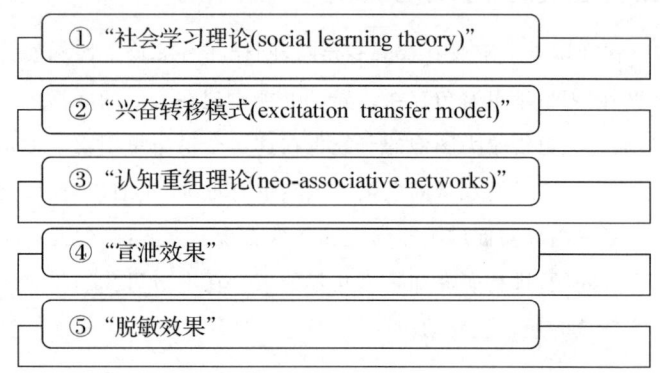

图 7.3.1　有关暴力型电子游戏研究的理论结构

(1)"社会学习理论"(又称为"观察学习效果")

人通过观察他人的种种行为,从而在社会的大环境里掌握生存之道,"社会学习理论"也正是基于这个原理。通过媒体的宣传或者直接以身边的他人为榜样,人们会逐渐形成这样一种理解,那就是很多情况下的行动和反应都有可能是出自对其他行为的奖赏。如前文所述,在对电视暴力图像的研究里,暴力行为的实施者将受到处罚、还是被当做英雄人物来描写,无疑对电视机前的观众对暴力行为的认识所产生的影响是截然不同的,而这种认识也自然会反应在观众的攻击性表现上。

班杜拉将这些理论系统化整理后,提出"观察学习"的过程可以进一步细分为以下 4 个阶段①:

①目标发现过程(attention),即学习者注意到学习对象的过程;

②印象保留过程(retention),即学习者将学习对象的行为作为印象植入记忆的过程;

③行动产生过程(production),即学习者将记忆的印象转变为行动的过程;

④动机赋予过程(motivation),即学习者决定是否实施习得内容的过程。

用上述的"社会学习理论"可以这样来解释电子游戏。首先,电子游戏要求玩家具有一定高度的"目标发现过程",如果是格斗或者射击游戏还需要玩家选择自己想要扮演角色以及对战的另一方。在游戏进行过程中,通过突破障碍积累经验和知识的过程就相当于"印象保持过程"。因为电子游戏并非像国际象棋等棋类游戏那样,所有参加比赛的人事先已经掌握了游戏规则。相反在电子游戏的世界里,需要玩家一边参考游戏攻略一边在实际的操作中摸索规律②。"行动产生过程"则指玩家运用已经掌握的知识在游戏里再现"打"、"踢"和"射击"等动作。最终,玩家将刷新得分或者打破游戏时间记录当做报酬,这也成为促使玩家决定再次实施所学内容的关键所在。

根据"社会学习理论",玩家进行游戏的时间越长,"学习"的时间就越长,所能收获的报酬随之增加,那么游戏给玩家带来的影响也将得更加明显。因此,可以认为,游戏中对暴力行为的制裁必将影响游戏中暴力内容产生的效果,这一点与电视是相似的。

(2)"兴奋转移模式"

"兴奋转移模式"的基本想法为,因为接触包含暴力内容的图像,容易造

---

① Bandura, A., The social cognitive theory of mass communication, In J. Bryant & D. Zillmann (eds.), *Media Effects*: *Advances in Theory and Research*, Lawrence Erlbaum Associates, 1994.

② 美国社会学家约翰逊将这种学习的过程称为"验证(proving)"。参考 Johnson, S., *Everything Bad Is Good for You*: *How Today's Popular Culture Is Actually Making Us Smarter*, Riverhead Books, 2005.

成人体心跳加快、血压上升等生理反应,并且这样的兴奋状态促使人产生攻击性的行为。

验证这个理论的难处在于,研究人员首先需要让实验参加者产生如上所述的兴奋状态,然后在这种状态消失之前完成整个验证过程。但是在这种情况下的生理兴奋往往是发生在极短时间内的。因此,到目前为止,能够证明该理论的实验案例可谓凤毛麟角。

(3)"认知重组理论"("启动效应")

"认知重组理论"认为,与暴力图像的接触可以唤起人们有关攻击、憎恶等思维或者情绪的记忆。一般而言,人脑对先发刺激(prime)的处理过程会影响到大脑对后续刺激(target)的处理方式,这就是所谓的"启动效应","认知重组理论"也是基于这个原理。但是,这些理论的建立都离不开一个前提,那就是首先必须认为人脑可以将记忆根据含义组建成一定的结构模式。前文中提到的"兴奋转移模式"是从人体生理反应的角度创建的概念,而"认知重组理论"则是以人脑的记忆、思维体系为研究对象,重新定义了人类的认知过程。

玩游戏的过程中,玩家大脑中认知体系里事先储存的与"暴力"、"攻击"相关联的结点(node)会不断受到刺激,而这些刺激将促使玩家将思维层面上的攻击性转变为实质上的暴力行动。关于这一点,安德森等人提出的"一般攻击性模式(GAM)"作出了详细的解释。还有研究指出,在人脑的认知体系中各个结点之间的关联越紧密,"启动效应"持续的时间就会越久。从这个意义上来理解,与儿童相比,成长经历让成年人积累了更为丰富的认知资源,也因此可以推测"启动效应"作用于成年人的效果将更加明显。

"**一般攻击性模式(GAM:General Aggression Model)**"

至今为止,关于电视暴力图像的影响与电子游戏中暴力内容的影响,有多位研究者提出了相关的理论结构,如上述的"社会学习理论"("观察学习效果")、"认知重组理论"("启动效应")、"兴奋转移模式"和"脱敏效果"等等。但是安德森认为,这些理论未能将玩家原本持有的与攻击性、攻击行为相关的实际经验纳入考量范围,并且没有能够和发展心理学的相关理论充分结合。在实现了以上这两点并且将以往的研究理论归纳总结的基础上,安德森等人提出了"一般攻击性模式"。这个理论被认为是结合了认知科学与发展心理学两大研究领域的知识精髓,系统地解剖了人类"攻击性"的构造。

(4)"宣泄效果"

"宣泄效果"是指,通过宣泄愤怒、憎恶以及不满等情绪,间接起到抑制攻击性发作的效果。克斯坦堡和温斯坦在他们的研究报告中指出,青少年通过玩电子游戏可以抑制其攻击性,避免发生争端①。但是,这篇报告仅仅是根据调查个人内在情绪得出的结论,并没有能够明确证明这种现象与电子游戏之间是否存在因果关系。

关于"宣泄效果",一般更为普遍的是用"动机遏制理论(drive reduction theory)"进行说明。该理论认为,人类受到外界刺激并作出相应反应,其实就是某种欲望得到满足、与之对应的"动机"也随之得到遏制的过程。根据这个理论,人类一直力求保持物理、情感和心理这三个方面的平衡,一旦这种平衡状态崩溃,便会自然产生强烈的复原需求。前文中提到的研究者雪利认为,对于不少研究报告提出的玩电子游戏可以抑制兴奋这一点,"动机遏制理论"在一定程度上能够说明问题。

但是与之前提到的有关电视的研究一样,这里的"宣泄效果"也面临着难以用实验的方法来证明这个问题,因为进行验证的前提是必须将实验参加者"置身"于一种充满攻击性的情绪当中。然后在实验过程里,使用电子游戏作为任由实验参加者释放攻击情绪的道具。如果理论是成立的,那么随着实验参加者玩游戏时间的增加,其原本带有的攻击情绪也将得到缓解,从理论上来说,游戏时间与"宣泄效果"的强弱应该成负性相关关系。但是无论如何,让实验参加者处于攻击的状态是整个验证过程的开始,也是在验证这种理论时将面临的最大难题。

---

① Kestenbaum, G., & Weinstein, L., Personality, psychopathology and developmental issues in male adolescent video game use, *Journal of the American Academy of Child Psychiatry*, 24, 1985.

(5)"脱敏效果"

这个理论在前文有关电视的研究成果里曾经介绍过。研究人员认为，玩家由于长时间接触充满暴力内容的电子游戏，因此对其中暴力行为所表现出来的残酷和严峻习以为常，久而久之就变得熟视无睹。但是与电视不同的是，玩游戏时不具备像看娱乐节目时那样轻松的收视环境，这一点也是在验证电子游戏的"脱敏效果"时必须要克服的问题。

7.4 有关暴力型电子游戏影响的众多研究

安德森在将有关电子游戏的众家研究成果按照"相关研究"、"实验研究"和"跟踪调查"分类归纳的基础上，通过元分析[1]进一步加以了论证。他在报告中指出，与暴力型电子游戏的过多接触，会导致玩家的攻击行为、攻击性意识以及攻击性情绪的增加，并且促使心理反应剧烈，同时诸如"帮助"等亲社会行为[2]的发生明显减少。

以下按照安德森制订的研究类型分类标准，将有关暴力型电子游戏所产生影响的众多研究进行归类，详细介绍具体内容，并且对于其将来的发展可能性予以关注。

(1) 相关研究

相关研究的成功需要具备以下三个条件：①恰当的调查规模，一般需要200人以上的调查数据；②能够准确测量玩电子游戏的时间；③用科学的方法准确测量攻击行为和攻击性情绪。

安德森和迪尔的研究是以大学生为调查对象的，他们让参加调查的大学生列举出5个以下自己喜欢的电子游戏名称，并且让学生们说明在这些游戏里有何种程度的暴力内容以及自己过去玩这些游戏的频率，最后通过问卷形

---

[1] 参照本章 7.3。Anderson, C. A., Gentile, D. A. & Buckley, K. E., *Violent Video Game Effects on Children and Adolescents: Theory, Research, and Public Policy*, Oxford University Press, 2007.

[2] 译者注：指如帮助、同情、合作、关心、谦让等对社会产生积极作用的行为，与此相对的是"反社会行为"。

式测试该人是否具有攻击性性格(例如,设置问题"遇到不听自己意见的人经常立刻就火冒三丈"等),并且询问是否曾经有过例如"产生想要伤害或者杀人的冲动、并且攻击过他人"这样的经验。结果他们的研究显示,在与暴力型电子游戏的"接触时间"和参加调查的大学生自己申报的"攻击行为"这两者之间,确实证明存在着有意的正性相关关系[1]。并且,通过统计学方法、在控制了"游戏时间"、"攻击性性格"和"性别"这几个变量之后再次进行验算,以上的正性关系仍然存在。这就可以排除所谓"原本具有攻击性性格的人更容易选择玩暴力型电子游戏"这种可能性的干扰,因此安德森的研究不仅证明了"游戏时间"与"攻击行为"这两个变量之间存在着相关关系,而且在解释因果关系的方向性上也取得了一定的突破。

此外,德国学者科拉尔和莫勒的研究也证实,暴力型电子游戏的游戏时间与玩家身体表现的攻击性之间存在着有意的正性相关关系[2]。简泰尔等人通过对初中2、3年级学生进行的调查发现,与暴力型电子游戏接触的时间、学生的反抗性格以及与教师的争执、打架行为之间也存在有意的正性相关关系。甚至通过统计学方法在限制了"性别"、"反抗性格"和"游戏时间"等变量之后,暴力型电子游戏与打架行为之间的正性关系也未曾显示出任何变化[3]。

(2) 实验研究

同样,在实验研究里,①一定的实验规模,一般需要200名以上实验参加人员;②排除游戏种类(即自变量)以外的其他变量(例如"疲劳度"等)存在的干扰;③明确暴力型游戏与非暴力型游戏的划分标准;④测量实验参加人员进行游戏后的攻击性以及相关变量时,采取恰当的、可靠的测量方法,这4点因素至关重要。但是安德森等人指出,目前能够同时满足以上这4点要求的

---

[1] Anderson, C. A., & Dill, K. E., Video games and aggressive thoughts, feelings, and behavior in the laboratory and in life, *Journal of Personality & Social Psychology*, 78, 2000.

[2] Krahé, B., & Möller, I., Playing violent electronic games, hostile attributional style, and aggression-related norms in German adolescents, *Journal of Adolescence*, 27, 2004.

[3] Gentile, D. A., Lynch, P. L., Linder, J. R., & Walsh, D. A., The effects of violent video game habits on adolescent hostility, aggressive behaviors, and school performance, *Journal of Adolescence*, 27, 2004.

实验研究尚属少数,大多数研究存在如实验参加人数过少,或者对暴力型/非暴力型游戏筛选不够准确等问题,甚至不乏采用由实验参加人员自己申报的形式来评判其攻击行为的实验。

上述的安德森和迪尔的在对大学生进行调查中,在选择实验里使用的暴力型和非暴力型游戏时着实花费了一番工夫。首先需要将这两种类型游戏产生的心理反应(以心跳数、血压等为指标)、游戏的难易程度、趣味程度,以及导致的欲求不满程度等都控制在同一水平,然后让实验参加人员进行其中任意一种游戏,之后再测定其对攻击性的认知以及攻击行为的发生。研究结果显示,进行暴力型游戏的实验人群,无论是对攻击性的认知还是表现出来的攻击行为都显现出增加的趋势。

此外,卡耐基和安德森在他们的实验中选择了《死亡赛车 2》(Carmageddon)这款游戏。这是由英国一家名为 Stainless Games 的游戏公司设计发行的一款赛车游戏,玩家可以将自己驾驶的赛车在公路上疾行,但是在游戏的某一些版本中包含碾压路边行人以及撞毁建筑物的情节。实验的结果表明,所进行的游戏版本中含有上述暴力内容的这一部分实验人群,在随后的测试中表现出更为明显的攻击性[1]。

再看一组以儿童为实验对象的研究。欧文和格罗斯将参加实验的小学 2 年级学生分为两组,分别让他们进行暴力型电子游戏和非暴力型电子游戏,然后让实验儿童进入游乐室与其他儿童一起自由活动,研究人员在一旁观察记录该儿童的行为,看其是否会有攻击性的表现。从实验结果可以看到,暴力型游戏组的儿童比非暴力型游戏组的儿童相比,在身体行为方面表现出来的攻击倾向竟然高出一倍[2]。

(3) 跟踪调查

在有关电视暴力图像的研究里,我们曾经介绍过的安然等人组织实施的

---

[1] Carnagey, N. L., & Anderson, C. A., , The effects of reward and punishment in violent video games on aggressive affect, cognition, and behavior, *Psychological Science*, 16, 2005.

[2] Irwin, A. R., & Gross, A. M., Cognitive tempo, violent video games, and aggressive behavior in young boys, *Journal of Family Violence*, 10, 1995.

跟踪调查，这是该领域较为著名的一次研究实例。其实在日本，以 NHK 为中心也有为数不少的研究人员从事着类似的调查研究，但是在暴力型电子游戏这一方面，跟踪调查的成果尚显不够。

美国研究者斯莱特等人对一组由小学 6 年级和初中 1 年级学生组成的调查对象进行了第一次调查以后，又于两年后对同一人群实施了第二次调查①。在测量包含暴力内容的媒体使用情况时，研究人员设置了如动作电影的观看频率、进行暴力型电子游戏（例如游戏中需要使用发射型武器）的时间、浏览推崇暴力的网页等几个项目。测量攻击性的项目则包括被调查人群对攻击的认知特点、价值观和攻击行为等几个方面的内容。在限制了性别、年龄、性格以及网络使用特点等变量以后，调查结果仍然显示出被调查人群在首次调查时与包含暴力内容的媒体的接触，与后继调查时表现出来的攻击性之间存在着有意的关联性。这个结果恰好验证了该研究小组当初的假设，即年幼时接触的媒体内容将关系到儿童成长后表现出来的攻击性。这个结论的重要性还体现在，它可以用来反驳有人提出的"原本具有攻击性性格的儿童更容易被暴力型游戏吸引"这个观点。

如上所述，有关电子游戏与玩家攻击性的关联性，研究人员通过种种方法从各个角度进行了验证。尽管每一个研究都还有不尽如人意的地方，但是根据目前已有的研究成果，我们可以得出这样的结论，那就是电子游戏中的暴力内容和玩家的"攻击行为"、"攻击性情绪"以及"对攻击性的认知"之间确实存在着正性相关关系，另一方面与"帮助"等亲社会行为之间却显示出负性相关关系。

7.5 暴力型电子游戏与攻击性性格的研究现状

基于对有关暴力型电子游戏的众多现有研究成果进行元分析的结果，最近，安德森等人在全新理论体系——"一般攻击性模式"②的基础上，结合多种理论，进一步展开了以下三个方面的验证研究。

---

① Slater, M. D., Henry, K. L., Swaim, R. C., Anderson, L. L., Violent media content and aggressiveness in adolescents: A downward spiral model, *Communication Research*, 30, 2003.

② 参照本章 7.3。

验证一:动画片与实物录像之间存在差异吗?

——关于接触动画片、电子游戏与攻击行为的实验研究

安德森等人为了证明游戏里使用的图像和玩家年龄之间的关系,对161名9~12岁儿童和354名大学生进行了以下实验。他们给参加实验的人群分配游戏人物(分为暴力型游戏和非暴力型游戏两种类型)任其自由玩耍,在游戏结束后分别测定他们的攻击表现,并且询问这组人群平时的暴力行为、经常玩的电子游戏名称以及电视、电影的观看频率等问题[1]。

这次实验的结果显示,游戏结束后,分配到暴力型游戏的这组人群比非暴力型游戏组人群明显表现出较强的攻击性。与此同时,研究人员还发现,实验人群在日常生活中与媒体暴力内容的接触也和攻击行为之间存在着正性相关关系。并且值得强调的是,与电视、电影相比,和使用人群之间存在互动关系的媒体、例如电子游戏,与调查对象的攻击倾向之间显示出更为强烈的关联性。

此外,一般普遍认为实物拍摄的画面应当比动画制作的画面表现出来的暴力情景更为真实,但是上述实验的结果证明,无论是动画制作的电子游戏还是采用实物录像制作的电子游戏,其实具有同等的短期效应。换句话说,表现形式真实与否尚在其次,游戏中是否包含暴力内容才是问题的关键。

这个实验最后还解释了一个问题,那就是儿童与大学生之间究竟是否存在差异。根据一般思维,儿童似乎更容易收到外界影响,但是安德森的实验却得出了令人意想不到的结果。研究人员发现,儿童和大学生之间并不存在显著差异,但是因为家庭教育的不同在实验儿童中间出现了两种截然不同的调查结果。平日在家里家长严格限制玩游戏的儿童不仅在实验中表现出较低的攻击性,在日常生活里也甚少出现攻击行为。与之相对,在家庭生活中经常接触包含暴力内容媒体的儿童,除在实验里表现出较高的攻击性以外,平时也经常表现出攻击性倾向。由此可见,在这个问题上,家长的教育方式

---

[1] Anderson, C. A., Gentile, D. A. & Buckley, K. E., *Violent Video Game Effects on Children and Adolescents: Theory, Research, and Public Policy*, Oxford University Press, 2007.

起到了至关重要的作用。

验证二：男女之间存在差异吗？

——关于高中生接触电子游戏的时间与攻击行为的相关关系研究

安德森等人面向189名高中生询问了以下问题，并且就各个问题之间是否存在相关关系、用统计学的方法进行了验证：①接触包含暴力内容的电视、电影和电子游戏的具体情况；②对待"暴力"的态度；③是否具有反抗的性格；④是否具有宽容的性格；⑤有关"暴力"的信念；⑥使用暴力语言、采取暴力行动的频率。

调查的结果显示，接触暴力型电子游戏时间越长的年轻人，不仅表现出暴力的态度、反抗的性格，而且宽容度相对较低，这一部分人群往往对暴力怀有一种特殊的情感，在平时的日常生活中也容易出现攻击行为。在限制了"性别"、"游戏接触时间"、"有关暴力的信念"和"攻击性性格"等项目后，仍然能够得出与上述一致的结果。这与调查开始之前研究人员提出的假设几乎是完全一致的。

但是令研究人员感到惊奇的是，电子游戏带来的影响在男女不同性别之间并没有表现出差异，甚至"原本是否具有攻击性态度"这一项目在调查结果里也没有发挥任何作用。这个结果说明，人类基本的性别属性和原本具有的思维倾向都不足以动摇媒体中的暴力内容所造成的影响。此外，研究结果还显示，接触电子游戏的时间与学生的学习成绩之间存在负性相关关系，并且电子游戏的接触时间与攻击性语言、行动之间的相关关系要明显强于电视和电影等其他媒体中的暴力内容。当然仅仅根据这次的调查结果下结论还为时尚早，但是电子游戏带来的影响与其他媒体之间的比较也是今后值得继续关注的方面。

验证三：暴力型电子游戏的中长期影响究竟如何？

——关于小学生的游戏时间与攻击行为/亲社会行为的跟踪调查

在此次研究活动里，安德森研究小组对430名小学4、5年级的学生以及他们的同学和老师在一个学年期间先后进行了两次调查。对参加调查的学生本人，询问他们接触电视、电影和电子游戏的时间，以及他们的世界观和在这一年中是否参与过打架斗殴等行为。同时让他们的同学回答有关这些学生的问题,例如是否使用具有攻击性的语言、是否有破坏同学关系的行为,攻击行为和亲社会行为的比例,以及是否受到其他同学的欢迎,等等。然后这一部分参加调查的学生的老师也要就这些学生的攻击行为/亲社会行为、学习成绩做出回答[1]。

调查开始前,研究人员对于调查结果提出了这样的假设:接触暴力型游戏时间越长的儿童,因为对世间事物充满厌恶感,因此表现出愈强的攻击性,并且发生反社会行为的比率较高,从而容易受到其他同学的排斥。

调查的结果与研究人员的预测大致相同。在学年开始时过多接触暴力型电子游戏的儿童,相比之下对世界的认识充满更多的攻击性,到下半学年时在语言、身体方面表现出的攻击行为也逐渐增加。此外,受到其他同学排斥的,往往是日常学习生活里表现出强烈的攻击性并且极少履行亲社会行为的儿童。研究人员对于在一个学年如此短暂的时间里,儿童能够发生如此大的变化表示非常惊讶,同时他们指出这次调查还有另外一个结果也同样令人感到意外,那就是"性别"这个变量对调查结果丝毫没有产生影响,即在以儿童为对象的调查里,电子游戏的影响在男女之间也未曾表现出任何差异。

另一方面,通过这次调查,家长教育的重要性再一次得到了验证,可以说通过家长控制儿童接触媒体的时间以及媒体内容对儿童来说是最好的保护。调查结果显示儿童的图像媒体(包括电视和电子游戏)接触时间与学习成绩之间存在负性相关关系,但是媒体的接触时间和接触内容分别对调查结果有着不同的影响。如上所述,图像媒体的接触时间和学习成绩有所关联,但是与儿童的攻击性却没有关系,相反,与媒体中暴力内容的接触将导致儿童攻击性的增加,却无关其学习成绩。因此,与媒体的接触需要从"量"和"质"这两个方面进行考察。

综上所述,根据众多有关暴力型电子游戏的实证研究结果,我们可以认为,在"媒体接触"和"攻击性"这两个变量之间存在一定的关联性。关于暴力

---

[1] Anderson, C. A., Gentile, D. A. & Buckley, K. E., *Violent Video Game Effects on Children and Adolescents: Theory, Research, and Public Policy*, Oxford University Press, 2007.

型电子游戏的短期影响,特别是通过与媒体的接触,唤醒人体潜藏的攻击性意识等结论,在不久的将来或许可以得到更为明确地肯定。但是,与电视相比,电子游戏这种媒体需要玩家具备更高的能动性以及必要的身体运动,甚至可以看作为一种脑力劳动,为了达到目标玩家往往要付出相应的努力。因此正如约翰逊指出的那样,尽管很多研究结果证实了电子游戏和攻击性之间存在的关联性,但是这不足以成为将电子游戏全盘否定的理由[1]。媒体有着各式各样的面孔,它们将对人类的认知、态度以及行动等各个方面带来不同程度的影响。随着调查、实验等研究的不断深入,我们期待有一天可以用更加科学的眼光来看待世界的全貌,而在这个过程里有关媒体的讨论也将逐渐走向成熟。

Extension Study　　"传播学是一门行为科学"

无论是电视里的暴力图像还是暴力型电子游戏,在作为心理学研究领域中的热门课题的同时,也在报纸和电视的大肆报道中成为了社会广泛关注的问题。作为传播学研究者,我们需要用科学的研究方法和理论来透视这个问题。

科学所具有的魅力通常有着两张面孔,一是我们曾经坚信的"常识"经过试验、调查被推翻,相反则是"常识"通过科学的方法得到了验证。在电子游戏与攻击性的关系这个研究领域的权威当属我们在本章里多次提到的安德森,他在美国心理学会的网页上发表声明,称在这个研究领域里存在很多"想当然"但是未被证明的理论,如果将这些有关电子游戏的"神话"和"事实"对照比较,也可谓是一种科学的传播学研究方法。被一般大众广为熟知的事情不一定是事实,但是却可以成为引发我们思考的材料。

---

[1] Johnson, S., *Everything Bad Is Good for You: How Today's Popular Culture Is Actually Making Us Smarter*, Riverhead Books, 2005.

下面是安德森列举出的有关电子游戏影响的"神话"与"事实"。

☐ 神话：有关暴力型电子游戏的研究结果五花八门，没有定论。

■ 事实：暴力型电子游戏会导致攻击性的情绪、思维和行动，唤起生理反应，同时减少诸如"帮助"等亲社会行为。

☐ 神话：这个领域的研究无法用实验的方法验证。

■ 事实：有关攻击性的实验显示出稳定的、并且信赖度极高的结果。

☐ 神话：这个领域不适用相关研究。

■ 事实：经过严谨设计的相关研究，可以实现实验研究在理论上无法完成的验证。

☐ 神话：目前没有研究显示暴力型电子游戏和严重的攻击行为之间存在关联。

■ 事实：暴力型电子游戏与反社会行为、学校斗殴和暴力犯罪之间存在相关关系。

☐ 神话：暴力型电子游戏仅仅对一部分玩家产生影响。

■ 事实：到目前为止，没有数据显示年轻人和男性更容易受到影响。

☐ 神话：不采用实物拍摄的电子游戏中的暴力内容是无害的。

■ 事实：采用动画制作或者虚构的暴力内容同样能够加剧玩家的攻击性。

（参考：http://www.apa.org/science/psa/sb-anderson.html）

8 手机、网络与人际关系

- ☑ 手机和网络会为我们拓展全新的社交空间吗？
- ☑ 在联络时选择使用手机还是网络？在选择的背后是否意味着截然不同的人际关系？那么，手机通话或者发送短信之后，又隐藏着怎样的秘密呢？
- ☑ 手机和网络的使用是否有助于我们改善人际关系，抑或这些电子交流方式正在无形中拉远我们的距离？

8.1 "信息缘"的出现与普及

居住在同一个屋檐下的家庭成员，一起吃饭一起生活，彼此却没有见过面，你能够想象这是怎样的家庭吗？但是在手机专用"梦宝谷社区（Mobage Town）"里确确实实存在着这样的"梦宝家族"①。在这个虚拟社区里，用户可以通过论坛功能②取得联系，相互之间扮演父母、兄弟姐妹，甚至宠物的角色。当然以上只是有关游戏世界的话题。

像上述这种类似于"过家家"的游戏对大多数人来说并不陌生，但是由互不相识的陌生人来扮演家庭成员、演绎一场家庭关系，这在因特网和手机尚

---

① 译者注："Mobage 梦宝谷"是由日本 DeNA 株式会社运营的、面向手机用户的门户网站兼网络社区。2006 年 2 月"梦宝谷社区"一经推出市场，在短短 6 个月内吸引了超过 100 万的用户，现在该公司的服务涉及 PC 和手机两个领域。参考 http://mbga.jp/（日语），http://www.denachina.com/index.html（中文）。

② 译者注：又称电子公告板，Bulletin Board System，简称 BBS。

未出现的年代,是根本无从想象的吧。原本人们必须通过"血缘"或者"地域缘"①才能建立起来面对面式的人际关系,而现在通过电子媒体可以轻而易举地获得,我们称之为"信息缘"或者"电子缘"。

"信息缘"在日本社会开始崭露头角,可以追溯到20世纪80年代后期到90年代初电脑通信刚刚起步的年代②。当时,来自日本各地、互不相识的人们因为共同的兴趣爱好或者关心的话题,"聚集"到网络上建立的五花八门的"电子会议室"里。没有了地理距离的束缚,人们只需要通过操作电脑就可以轻松地进行讨论或者交换信息。有时这些用户也会在现实生活里举办一些线下见面活动,称为"Off会"。当然,在那个时期,日本家庭的电脑普及率尚不到10%,因此当时的通信网络用户仅仅由一小部分擅长电脑操作的高学历人群组成,与当今的网络用户不可同日而语。

实际上在同一时期,日本社会还存在着另外一种更为大众所熟知的"信息缘",那就是日本NTT于1986年面向电话用户推出的"留言热线"服务。这种"留言热线"原本是熟人之间,通过设置联系号码和密码,用于通知紧急要件的服务,类似于现在的电话留言功能。大概从1988年开始,日本年轻人从这项服务里发掘出了一种新的使用方法,并且迅速传播开来,在当时掀起一阵热潮。他们将联系号码和密码设置为非常简单的、其他人也很容易猜想到的号码,以此向陌生人传达信息,就相当于现在网络论坛里的匿名留言一样。

如果说电脑通信是为有共同爱好的人们提供了一个可以交换信息的场所,那么"留言热线"则完全是另外一番景象了。其中大多数留言都是期待与他人的交流,例如:"不管你是谁,也不管你的年龄、性别,随便什么内容都好,请你给我留言!真的,如果你什么话都没有留下,我会很伤心的!"又或者"晚上好!现在已经是凌晨1点多了,但是我还完全睡不着。如果有同样感到无聊的女生、可爱的女生,请留言到……"之类的留言屡见不鲜③。在电脑通信

---

① 译者注:血缘指有血缘关系的亲族,地域缘指因地理位置相近而结识的朋友。
② 参照本书第5章。
③ 吉见俊哉、若林幹夫、水越伸,《作为媒体的电话》,弘文堂,1992。

8 手机、网络与人际关系

的世界里，人们为了讨论问题或者交换信息而进行交流，但是"留言热线"的使用却是出于对建立人际关系或者寻找交流伙伴等交流行为自身的渴求，这也被称作是一种"自我满足型"交流。

说到通过电子媒体建立新的人际关系，还有一个重要的角色不得不提，那就是我们在第 1 章里曾经介绍过的"Pocket Bell"（传呼机，简称"Pockebell"）。传呼机原本是公司为了方便联络外出中的员工时使用的工具，随着可以显示简短数字和文字这一新功能的开发，传呼机一跃成为日本年轻人中间炙手可热的通讯时尚①。20 世纪 90 年代中期，传呼机的用户范围从大学生扩展到了高中生，同时也出现了由传呼机建立的友情——"Bell 友"。Jamar② 等杂志甚至不惜用大量篇幅刊登征集"Bell 友"的广告，当时日本社会的这股热潮可见一斑。

但是到 20 世纪 90 年代后期，随着手机发送信息服务的普及，"Bell 友"也随之被"Mail 友"所取代。可是值得一提的是，在手机仅仅具有通话功能的这一过渡期间里，传呼机的地位是丝毫没有受到动摇的。日本研究者冈田朋之于 1997 年就年轻人购买手机以后为何仍然愿意继续使用传呼机这一问题，对相关人群进行了采访调查。其中有人回答："如果是打电话的话，就没有办法说出'早上好'这样的话呀。"的确，电话通话与用传呼机或者手机发送信息不同，无法等到自己有时间的时候再给对方回信，因此无形中增加了用户的负担和束缚感。所以在发送诸如"早上好"这样可有可无的信息来完成一种自我满足型的交流时，电话通话实难成为首选。

同样在 20 世纪 90 年代后期，电脑通讯向因特网服务升级，手机也于 1999 年推出了以"i-mode"③为代表的网络服务，实现了手机和因特网的强强联手。但是，通过电脑上网和用手机上网或多或少仍然存在着不通程度的差异。例如，与电脑相比，手机往往受到文字输入方式和文字字数的限制，因此手机发送的信息趋向简短，不太适合像以前的电脑通讯那样、用户可以围绕

---

① 参照本书第 1 章。
② 译者注：日本杂志，主要内容为个人买卖、交友信息和艺人访谈等，发行期间为 1995 年 11 月至 2000 年 6 月。
③ 参照本书第 1 章 1.3 节。

关心的话题进行讨论或者交换信息从而达到扩大"信息缘"的目的。

2004 年 SNS① 服务的出现为用户扩大"信息缘"带来了令人耳目一新的方式。SNS 的特点是,每位用户的朋友信息是公开的,因此可以将"信息缘"拓展到朋友的朋友。以往的网络交流,通常是从互不相识的人之间的对话开始,而如今,可以通过自己的朋友间接与对方取得联系,因此 SNS 上的交流更加增添了一种安全感。在本节开头介绍过的"梦宝谷社区"里也包含 SNS 服务,可见 SNS 服务在手机用户群里同样拥有一定的人气。

那么时至今日,"信息缘"的发展势头是否仍旧不减当年呢？日本总务省于 2007 年针对日本全国 15~64 岁的人群进行了名为"有关社会生活中 ICT 的使用状况"的调查。调查人群中有 15% 的人表示"在最近一两年中,经常和素未谋面且不知真实姓名的朋友联络交流",由此计算,在当今日本社会至少有超过 1 000 万的人群拥有上述的这种"信息缘"。

此外,"信息缘"的影响已经逐步扩大到了初中生的中间。根据日本东京大学于 2007 年对 14 岁初中生展开的调查结果显示,拥有手机的初中生人群中有 14% 曾经"通过发送手机信息,与从未谋面的人成为新朋友",这个人数占参加调查全体人员的 11%。甚至在这一部分人群中还有接近一半的人表示在此之后曾经"直接见面",可见由"信息缘"产生的朋友关系也并非完全依靠网络联系得以维系。2001 年,本书编者东京大学桥元良明教授等人对日本全国 12~69 岁人群实施调查,其结果也显示,通过网络相识的人群多半在之后有"直接见面"的经历②。

随着技术的发展,"信息缘"早已超越了当初电脑通信和"留言热线"时代的规模,广泛渗透进普通人群的生活。但是,联络的手段主要依赖于因特网和手机这一点,难免将"信息缘"局限在现有的朋友圈内。图 8.1.1 为日本通信综合研究所于 2004 年进行的全国调查其结果的一部分,显示了日本国民在与不同人群联系时,选择发送手机信息还是电脑邮件(以下为"PC 邮件")

---

① Social Networking Service,参照本书第 10 章。
② 桥元良明、石井健一、木村忠正、辻大介、金相美,《有关网络悖论的验证》,出自《东京大学社会情报研究所调查研究纪要》18 号,2002。

的人群比例。可以看到,无论是手机信息还是 PC 邮件,与素未谋面的"Mail友"相比,这两种媒体用于现有的朋友圈和家庭成员之间的联系更为普遍。

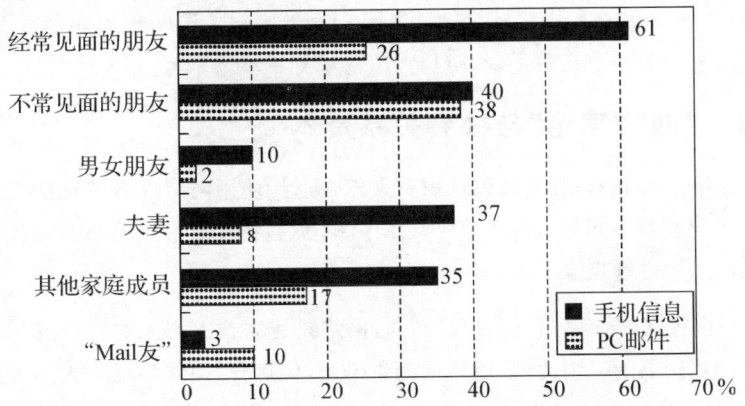

图 8.1.1 手机信息与 PC 邮件的发送对象(多选)

观察上图我们还可以发现,手机信息往往用于经常见面的朋友或者家庭成员等面对面接触频率较高的人群之间,而 PC 邮件则更多地用于不常见面的朋友或者"Mail 友"这样接触频率较低的人群之间的交流联系。借用美国社会学家马克·格兰诺维特的理论,手机信息是身边经常见面的少数人、也就是拥有"强连带(strong ties)"关系的人群之间用于联络的媒体,而 PC 邮件则相反,更多地被使用于见面机会不多、更广范围的大多数人之间,他们之间的这种距离称为"弱连带(weak ties)"关系[①]。

"弱连带"关系

格兰诺维特将人与人之间关系的强弱,从"互动时间量"、"感情强度"、"亲密程度"以及"互惠程度"这四个方面给予了定义。通常,人们往往更加重视"强连带"关系,认为通过"强连带"关系能够更加容易地获得来自心理和社会等各方面的支持。但是格兰诺维特指出,当超越现有社交集团的范围进行信息传递和交流时,"弱连带"关系其实发挥

---

① Granovetter, M. S., The strength of weak ties, *American Journal of Sociology*, 78, 1973.
池田谦一、小林哲郎、志村诚、吴国怡,《网络社会与日常世界》,诚信书房, 2005.

着更为重要的作用。格兰诺维特的这一理论被认为是现代社会学最具影响力的发现之一。但是需要注意的是,"强弱连带"理论建立在面对面的人际关系的基础之上,因此在讨论当今电子时代的人际关系时,有一些部分还需要加以斟酌,不能原封不动地套用。

8.2 "网络悖论"与社会关系资本

通过上一节的叙述,我们认识到人们在选择使用网络或者手机的行动背后其实隐藏着不同的人际关系。在本节里,我们将着重讨论网络给现代社会的人际关系究竟带来了怎样的影响。

与电视向观众单向输送信息不同,网络是建立在人与人之间进行的双向交流的基础上的。因此,在因特网诞生伊始,伴随着"网络将促进人类人际关系的发展"这一乐观的期待迅速普及开来。可是当美国社会心理学家克劳特等人的研究向人们展示了一种完全相反的结果时,世间的震惊程度可想而知[①]。克劳特等人的研究小组于 1995 至 1996 年期间向美国宾夕法尼亚州的匹兹堡市(Pittsburgh)93 户家庭免费提供可以上网的电脑,通过安装在电脑内的软件自动记录调查对象详细的上网信息,并且在这两年期间调查该调查对象的人际关系、社会活动的参加情况,以及心理健康状况等方面出现的变化。调查的结果令所有人大吃一惊,因为研究人员发现上网频率愈高的调查对象,不仅与家庭成员之间交流减少、在本地的社交范围缩小,甚至个人精神上的抑郁感和孤独感出现了增加等诸多完全出乎意料的变化。

克劳特等人将这个结果取名为"网络悖论(Internet Paradox)",并且指出,出现这样的结果,可能是因为人们熟悉的传统型面对面式的"强连带"关系被网络世界中的"弱连带"关系所取代,因此在获得心理和社会的支持时面临前所未有的困难。克劳特强调,在网络世界建立的人际关系与现实世界相比极为脆弱,而且通过邮件联系显然不太适合进行深入的、私密的交谈,这些原因都可能导致了调查人群抑郁和孤独感的增加。

"网络悖论"的横空出世引起了轩然大波,但是随后也招致了为数不少的

---

① Kraut, R., Patterson, M., Lundmark, V., Kiesler, S., Mukopadhyay, T. and Scherlis, W., Internet Paradox, *American Psychologist*, vol. 53-no. 9, 1998.

批评。其中最为讽刺的是,两年后克劳特等人再次组织的追踪调查,得出的结果也推翻了该研究小组当初的结论①。于 1997—1998 年实施的第二次调查结果表明,使用因特网频率愈高的人,不仅抑郁感得到控制,而且网络使用与孤独感的增加之间也没有显示出任何有意的关联性。这与克劳特研究小组在 1995—1996 年实施的第一次调查的结果完全不符。那么这两次调查的结果究竟为何会产生如此大的差异呢?克劳特将原因归结于网络使用环境的变化。因为在这两年期间,随着因特网的快速普及,网络用户大量增加,这其中也包括身边的亲戚朋友,因此现实生活中的"强连带"关系可能延伸到了网络世界,也就是说,与之前相比,现实生活与网络世界更加紧密地联系到了一起,如此网络环境的变化无疑给因特网用户带来了不小的影响②。

由美国皮尤集团③发起的名为"因特网与美国人生活"的大型计划于 2000 年在美国社会开展了一次大规模的调查,结果也同样显示,因特网的使用不仅不会减少用户与家人和朋友的见面次数,甚至对用户的亲社会行为产生了积极的影响作用④。同样在日本社会,东京大学桥元良明研究小组也于 2001—2003 年期间对"网络悖论"进行了验证,确认因特网的使用不会增加用户的孤独、抑郁感,并且也不会缩小身边的朋友圈,更加不会减少与家人之间的对话交流⑤。综合上述的研究结果,我们至少可以肯定,到目前为止,因特网的使用给人们的人际关系发展带来不利影响这一观点并没有得到证实。

在克劳特等人筹备第二次调查的同时,学术界里不乏其他研究成果同样发人深省。这些研究指出根据用户个人特征的不同,因特网的使用也将产生不同的影响。具体说来,性格外向的人通过使用因特网可以促进其更加活跃地参加社会活动,增强信心,同时孤独感等负面情绪也随之降低,但是性格内向的人却表现出恰恰相反的结果。

---

① Kraut, R., Kiesler, S., Boneva, B., Cummings, J., Helgeson, V. and Crawford, A. Internet Paradox Revisited, *Journal of Social Issue*, vol. 58-no. 1, 2002.
② 参照本书第 10 章。
③ 译者注:The Pew Charitable Trusts,即皮尤慈善信托基金会,基金会支持文化、教育、环境、健康、公共政策和宗教等 7 项事业的发展。
④ Howard, P. E. N., Rainie, L. and Jones, S., Days and Nights on the Internet, *American Behavioral Scientist*, vol. 45-no. 3, 2001.
⑤ 桥元良明、石井健一、木村忠正、辻大介、金相美,《有关因特网使用影响的追踪调查》,出自《东京大学社会情报研究所调查研究纪要》21 号,2002。

关于这一发现,上述日本东京大学的桥元研究小组通过2004年的调查研究也予以了证实。从理论上来解释,这个调查结果符合"富者愈富(rich-get-richer)"的原理,即原本在人际关系中表现积极(即性格外向)的人群通过使用网络,进一步拓展人际关系,从而获得更多来自心理以及社会方面的支持。当然,关于这个理论是否完全妥切,还需要进一步的研究来证明。假若网络的使用能够在用户的人际关系发展方面造成差距,这在今后也必将成为研究界重视的一个课题。

> **"富者愈富(rich-get-richer)论"**
>
> 因社会阶层不同造成的因特网普及率方面的差距称为"数字鸿沟(Digital Divide)",由这一观点引发的"富者愈富"理论也同时引起了社会的广泛关注。从理论上讲,因特网是为全人类提供一切信息的平台,因此它的恩泽将惠及至社会中的弱势群体,给在社会生活中处于不利地位的人们提供帮助。但是现实与期待大相径庭,根据美国商务部在1999年公布的报告书,呈现在人们眼前的现实是:在经济阶层、教育程度以及人种等各方面占据优势的人往往更加频繁地使用因特网,不仅其优势地位得到巩固,而且导致了弱势群体与他们之间的差距进一步扩大。

与这个方面紧密相关的另一理论、即因特网的使用对"社会关系资本(social capital)"的影响,其相关研究在近几年也取得了一定突破。关于社会关系资本,概括地说,可以解释为人际关系中能够促使人们自发产生帮助、协调行为的部分,政治学家罗伯特·帕特南将其从信任关系、互惠性和市民参加型网络这三个方面加以了分类[①]。例如,以地震后受灾地区居民在灾后重建工作中需要的"资本"为例,首先需要建立信任关系,确认在混乱的重建过程中不会发生偷盗等行为;其次,倘若自己出手相助,那么作为报酬也能同样获得对方的帮助,即确认一种"互惠性";最后,通过平日自己有所交集的诸如居民自治会等组织的呼吁,人群全体齐心协力,重建效率得以提高。

帕特南根据在意大利各地进行比较分析的结果指出,在国家统治中,除

---

① Putnam, R., *Bowling Alone*, Simon & Schuster, 2000.

民主制度与经济在发挥作用以外,社会关系资本的影响也不容小觑。同时他还通过大量的数据分析发现,美国社会的社会关系资本正在走向下坡,而造成这种局面的原因,很重要的一点就是电视。电视属于个人的娱乐行为,它的出现剥夺了人们参加社会集体活动的时间,因此给人们建立信任关系、互惠性和市民参加型网络造成了一定阻碍[1]。

也有人认为,因特网正是将人们联系在一起、形成网络资源的工具。对此,帕特南也承认在网络世界里建立"社会关系资本"不是完全没有可能,但是存在着以下几个问题:①与面对面的交流相比,网络无法传递诸如表情等非语言信息,因此在建立信任关系、形成亲密氛围方面缺乏优势;②在网络世界里,拥有相同爱好的人更容易聚集到一起,因此建立的人际关系往往局限在狭小封闭的范围之内;③和电视一样,网络也是用于个人娱乐的媒体,例如浏览网页,因此不能排除其会削弱现实生活中现有人际关系的可能性,等等。

当然帕特南的担心也只是建立在假设的基础上,例如有研究结果证明即使是网络空间里的交流,如果能够历经时间的考验,完全有可能建立与面对面交流毫无两样的人际关系,这个研究结论就可以推翻上述帕特南的第一个观点。此外还有调查结果显示,通过网络,用户可以接触到更多与自己不同的意见,尤其是有关政治、社会问题方面的信息,因此帕特南的第二个观点也不能完全成立[2]。至于第三个观点,根据前文中提到的克劳特研究小组和桥元等人的研究结果,也几乎可以给出否定的判断。

目前,关于因特网的使用与社会关系资本之间关联性的实证研究尚不多见,美国政治学家诺里斯与尤斯拉纳在这一方面相对取得了一定的成果。诺里斯通过对美国皮尤集团2001年的调查数据进行分析后发现,用户在网络上通过与不同人群的接触,不仅可以与拥有相同兴趣爱好或者相同信念的人群之间建立紧密的联系,而且还有机会接触不同社会背景的人群,扩大交际范围。但是后者的影响力存在一定的局限性,因为调查结果表明,网络虽然

---

[1] 但是帕特南将电视推为罪魁祸首的理论也遭到了其他研究者的反对,参考辻大介《社会关系资本与情报行动》,出自东京大学大学院情报学环编《日本人的情报行动2005》,东京大学出版社,2006。

[2] Horrigan, J., Garret, K. and Resnick, P., The Internet and Democratic Debate, http://www.pewinternet.org/pdfs/PIP_Political_Info_Report.pdf, 2004.

对不同年龄层人群之间的交流起到了极大的促进作用,但是却没有能够跨越人种和经济阶层在无形中形成的铜墙铁壁①。

尤斯拉纳对皮尤集团1998年和2000年这两年的调查结果进行了分析②。他指出,虽然在网络使用与用户的社交范围大小之间存在若干关联,却无关与他人之间的信任,因此依靠网络建立信任关系的可能性极微乎其微。但是,在日常生活中对他人信任度较高的用户,通过使用因特网,能够缓解因为担心个人隐私被侵犯等而产生的不安情绪,从这一点来讲,"信任"也可以视为网络世界里不可或缺的"资本"。关于这一结论,在日本社会进行的调查也显示出了同样的倾向③。

日本社会心理学家宫田加久子和池田谦一等人也尝试从社会关系资本论的角度出发进一步深入对因特网的研究。宫田根据2002年在日本山梨县实施的调查结果指出,参加网络社区可以丰富用户的交际圈,同时加深对他人的信任感并且能够提高参加市民活动的积极性④。池田等人也对山梨县调查的结果进行了分析,他们发现使用网络的不同形态也会影响到信任关系和互惠性和建立,其中有几种类型不但可以提高信任度和互惠性,并且这种互惠性还关系到用户在现实生活中参加社会、政治活动的行为,但是信任度与社会、政治活动的参加却不存在任何关联,这个结果与尤斯拉纳的观点是一致的⑤。当然与美国相比,目前日本在这一方面的研究积累尚显匮乏,今后还要期待更多的研究来验证上述观点的妥切与否。

8.3 手机创造的联络无间断时代

那么,手机的使用又给人类的社会关系资本带来了怎样的影响呢?遗憾的是,到目前为止、关于这一领域的实证性研究几乎为空白状态。但是正如

---

① Norris, P., Social Capital and ICTs, *presentation paper at the International Forum on Social Capital for Economic Revival*, 2003.
② Uslaner, E. M., Trust, Civic Engagement, and the Internet, *Political Communication*, vol. 21, 2004.
③ 同样参考辻大介(2006)。
④ 宫田加久子,《联系情感的媒体》,NTT出版,2005。
⑤ 池田谦一、小林哲郎、志村诚、吴国怡,《网络社会与日常世界》,诚信书房,2005。

之前我们介绍过,手机多用于好友和家人之间的联系,根据这个实际使用状况,不少研究者认为由手机建立的人际关系网络往往局限在狭小的熟人圈内,而与来自不同交际圈的他人(又称"异质性他人")之间建立信任关系和互惠性则具有相当的难度。

日本京都大学教授正高信男通过以日本女高中生为实验对象进行的研究发现,与互不相识的第三者一起完成游戏任务时,平日使用手机的这一部分女高中生相对于平时不使用手机的女高中生,出现出卖队友行为的人数比率更高①。因此这个实验的结果,经常被当做证据用以说明手机的使用可能造成用户对他人的信任度降低。但是,在这个实验里,不仅存在实验对象的选择不够科学以及参加实验人数过少的问题,而且在因果关系的方向性上尚存疑点。例如单纯从实验结果来看,不能排除原本很难与他人构建信任关系的人群更热衷于使用手机这一可能性,因此不能断言是手机破坏了与他人之间的信任。对此,辻大介针对更加广泛的人群进行了验证研究②。他在2001年调查了对象人群的手机使用频率,并在两年以后测定同一人群对他人的信任度是否出现下降趋势,利用时间差克服了因果关系方向不明的问题,以此验证两者之间的相关关系。最终的调查结果并没有在手机使用和对他人的信任度这两者之间显示出任何关联,因此上述正高的实验结果遭受到一定程度的质疑。

关于手机使用与互惠性之间的相关关系也尚未得到科学的证明,但是有研究结果显示,手机使用对于扩大交友圈只能起到一部分局限性的作用。例如桥元研究小组于2002年实施的全国调查其结果显示,有23%的日本国民在使用手机以后"开始结识到更多的朋友",但是两年后追踪调查的结果却未能证实发送手机信息能够起到增加朋友人数的作用③。宫田等人的调查也证明发送手机信息的次数与朋友圈的范围大小没有关联,但是可以促进朋友圈的多样性④。此外,辻大介对日本东京地区16~17岁人群的调查、也未能用

---

① 正高信男,《使用手机的猴子》,中公新书,2003。
② 辻大介,《手机交流与公·私的变化》,出自《放送媒体研究》3号,2005。
③ 同样参照桥元良明等(2002、2004)。
④ 宫田加久子,J. Boase,B. Wellman,池田谦一,《移动化的日本人》,出自松田美佐、冈部大介、伊藤瑞子编《手机的某些风景》,北大路书房,2006。

统计学的方法证明手机通话和发送信息的频率与朋友人数之间存在有意的关联性,表8.3.1为对该调查数据进行逻辑回归(Logistic regression)分析的详细结果①。

表8.3.1 手机通话和信息发送频率与朋友关系之间的关联性

	手机通话	手机信息
朋友人数	0.10	−0.03
希望改变现有的关系状态	0.31*	0.20*
希望保持亲密关系	0.16	0.50***
希望改变自身印象	0.05	−0.02
尽量避免与他人发生冲突	−0.10	−0.10
尽量与他人保持一致	0.04	0.10
性别(男=0/女=1)	−0.44***	0.11
年龄	0.29*	−0.07
判断准确率	66.0%***	61.5%**

注:表中数值为标准化后的β系数(显著性系数:***p<0.01,**p<0.1,*p<0.5)

从表8.3.1的结果可以看到,选择使用手机的通话功能还是发送手机信息,体现了该手机用户对不同类型朋友关系的期待。其中,从统计学观点来看,与手机通话频率之间存在有意关联性的是"希望改变现有的关系状态"这个项目。由此发现,在必要的时候愿意积极与他人交往的用户,更加频繁地使用手机和朋友通话。也就是说,手机的通话功能其实是充当着"遥控"的角色,来回切换自己与朋友之间的"可选关系"。

另一方面,与手机信息的发送频率紧密相关的是希望表达的亲密度,即希望与朋友之间保持一种亲密的私人关系的用户,往往选择发送手机信息。发送手机信息所要承受的心理负担要远远低于手机通话,因此在传达一些无关紧要的事情或者表达心情的时候,与用手机直接通话相比,更多人愿意选

---

① 辻大介,《有关年轻人的朋友、家人关系与交流活动的调查研究概要报告书》,出自《关西大学社会学部纪要》34卷3号,2003。

择发送手机信息①。在本章第1节中提到的传呼机带来的自我满足型交流，如今由手机信息继续承担起这份任务，在确认双方亲密关系的同时也将这种关系维系下去。

"可选关系"

目前，世间普遍认为当今社会人际关系淡薄，尤其是年轻人之间，但是根据政府以及各大研究机构的调查结果，并没有确凿的数据来证实这一点。对此，日本学者松田美佐认为，与笼统的"人情淡薄论"相比，人们有可能在不同情况下对朋友关系作出选择，从这个角度着手研究更为妥帖。除本章中介绍的调查案例以外，也有其他不少研究证明手机使用与这种具有"选择性"的朋友关系之间确实存在关联性，甚至有调查结果显示这种"可选关系"并不仅仅存在于年轻人的世界里。

有一点需要指出的是，在日本的年轻人当中，即使同为身边最亲近的人际关系与和家人相比、手机在和朋友的交往中发挥着更大的作用。例如上述辻大介的调查中，有48%的人回答通过使用手机加强了与朋友之间的联系，但是当联系对象变成母亲(父亲)时回答率下降到12%(5%)。小林哲生等人的调查也显示出同样的结果，在15~39岁的人群中间，有94%的人认为手机在与朋友的交往中起到重要作用，但只有67%的人选择在与家人的联系中发挥着同样的作用②。

当然，上述结论只适用于日本国内，海外其他国家的情况还需要进行进一步的验证。小林等人在调查报告中介绍，在手机普及率超过日本的手机先进国芬兰，对于同样的问题，即有关手机的使用在人际交往中发挥的作用，选择朋友与选择家人的用户同样高达90%。由此可见，在不同的社会文化背景下，手机的使用状况以及产生的影响也将可能存在差异。这种差异甚至存在于各个家庭之间，中村功根据采访调查的结果发现，手机使用将使家庭成员

---

① 中村功，《手机信息的交流内容与年轻人的孤独恐怖》，出自桥元良明编《讲座社会言语科学2 媒体》，HITUZI书房，2005。
② 小林哲生、天野成昭、正高信男，《移动信息社会的现状与将来》，NTT出版，2007。

的联系更加紧密还是更加疏远,很大程度上受到这个家庭原先家庭关系的左右①。

小林哲生等人通过国际间的比较还发现了有趣的一点,那就是与芬兰国民相比,日本国民的手机通话频率没有显示出太大差距,但是手机信息的发送频率却远远高出对方。这种倾向在日本年轻人中间表现得更为明显,有99%的15～19岁人群和92%的20～24岁人群表示每天发送手机信息。从这里我们可以看出,对日本年轻人来说,通过发送手机信息制造的无间断联络,无疑是维系人际关系、尤其是朋友关系的至关重要的手段。

中村通过对日本东京和爱媛县松山地区的大学生进行调查后发现,经常使用手机发送信息的人群中,感到孤独的人群比例越低。但是在发送手机信息这一行为的背后,其实潜藏着更多容易演变为孤独感的不安情绪,例如发送手机信息频率越高的人,更容易感到"无法一个人吃晚饭"、"想与他人一直保持联络状态"、"希望得到周围人的认可",以及"害怕被他人排斥",等等。桥元研究小组在2004年的全国调查中对年轻人的分析结果也得出了与上述一致的结论,并且证明,手机通话和PC邮件的使用与上述这些不安情绪之间几乎不存在关联。

当接收不到新的手机信息时,用户的这种潜藏的不安情绪就会爆发出来。根据小林等人在日本的调查结果,有大约44%的人表示会在接收不到新信息时感到不安,其中有7%的人群甚至表示总是伴随着这样的不安情绪,并且这种倾向在年轻人身上表现得更为明显。此外,这种不安情绪强烈的人群,即使没有手机铃声提示收到新信息也会自己主动频繁确认,就像尼古丁中毒的人总是不自觉地把手伸向香烟一样,这种行为已经相当接近"手机依存症"所表现出来的症状。

遗憾的是在芬兰进行的比较调查中没有涉及这个方面的数据,但是林和伊特利两人在采访挪威的年轻人时听到下述的想法,或许可以作为参考:"我希望一直和大家保持联络,所以即使是洗澡的时候,如果收到新信息那当然

---

① 中村功,《手机与人际关系网络的变化》,出自川上善郎编《情报行动的社会心理学》,北大路书房,2001。

是要看的。如果我发出信息后不能立刻收到回信,那就太悲惨了。"从这样的发言里可以看到,即使在程度上可能存在差异,但是全世界的年轻人具有这种特点几乎是共通的①。

重视发展更加亲密的人际关系是现代社会的一个重要特征。日本 NHK 放送文化研究所在 2004 年的"日本人的意识调查"里,询问了日本国民有关生活目标的问题,在给出的 4 个选项中,选择"与身边亲近的人安稳度过每一天"这一选项的人数,从 1973 年的 31% 到 2003 年的 41%,出现了最大增长,目前相较其他 3 个选项位居第一。在这样的社会背景下,手机带来的无间断联络为人们保持亲密的人际关系作出了杰出的贡献,但是同时在"间断"的缝隙里也埋藏下了对孤独的恐惧。

如今,无论是手机还是网络,作为信息媒体的同时,更是上升到了"关系媒体"的层面。今后在有关信息社会的研究中,关于信息技术与人际关系,还有与社会之间的相互作用,都是需要提高重视,进一步加以考察的内容。

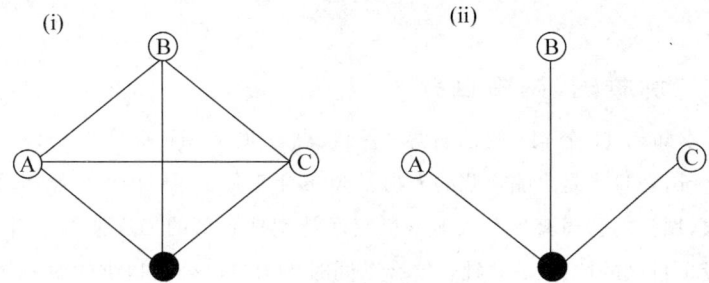

图 8.3.1

最后给读者留一道思考题。在本章第 1 节里我们介绍过,PC 邮件和手机信息的发送对象往往存在差异。现在给出这样一个案例,假设你与 A、B 和 C 这三个人相识,并且经常联络,那么在你们四个人之间的关系网如图 8.3.1 所示存在两种情况,(i) A、B 和 C 三人也分别相识;(ii) A、B、C 三人互不相识,且没有任何交往。在这样的两种关系网络里,PC 邮件和手机信息将各自发挥着怎样的作用呢?关于这个问题,有兴趣的读者可以尝试在自己的朋友圈里做一个调查。

---

① Ling, R. and Yttri, B., Hyper-coordination via mobile phones in Norway, in J. E. Katz & M. Aakhus eds, *Perpetual Contact*, Cambridge University Press, 2002.

电子空间的交流活动
——"网络沸腾"的真相

- ☑ 对于网络世界里发生的类似诽谤、人身攻击等恶性事件早有耳闻,但是,在线交流真的是如此恶不可恕、充满危险的事物吗?
- ☑ 在网络世界里,人际关系的展开与群体的形成过程分别具有怎样的特点?
- ☑ 想要在电子空间里顺利地进行交流互动,需要怎样的诀窍呢?

9.1 "沸腾的"网络世界

日本知名IT公司[①]的前首席执行官堀江贵文(Horie Takafumi),人称Horiemon,在日本是家喻户晓的人物。2006年1月26日,因为涉嫌违反证券交易法,堀江的公司遭到东京地方检察厅特别搜查部的彻底搜查。当时,堀江开设了自己的博客——"社长博客",同时也为自己公司提供的博客服务做宣传,该博客受到了广大网民的关注。据当时该公司管理高层的伊地知晋一透露,在东京地检登门的第二天,一晚就收到超过1万条的评论,其中大多为批评堀江的内容,电脑也因为无法处理这些突如其来的大量信息而险些死机。

如上所述、由于因特网上的某句发言而引发众多议论(多为批判性的)的现象,被称为"网络沸腾"。在当时的日本社会,超过1万条的网络评论可谓是破天荒的规模,但其实无关规模大小,实际上在网络上的各类博客空间

---

① 译者注:Livedoor Co.,Ltd.

里,每天都上演着一幕又一幕或大或小的"沸腾"闹剧。伊地知受到上述堀江事件的启发,同时结合自身经营博客的经验,在《博客沸腾》(图9.1.1)一书中将这种现象进行了总结归纳,有兴趣的读者可以参考以下网页:http://ascii-business.com/zeisei/blog-enjo。

大量的批判性评论并不是"沸腾"现象的终结,往往在发言者与评论者之间一场口舌之战在所难免,激烈的争论有时甚至升级为诽谤中伤,发言者舌战群儒却难敌众口,最终败下阵来落到关闭博客的窘境(又称"玉石俱焚")。同时,当某博客的"沸腾"被另一个博客或者论坛引用,从而在一个新的场所里引发另一场争论的现象被称为"蔓延",这种现象甚至可以扩

图 9.1.1 伊地知晋一著《博客沸腾——Web2.0时代的风险与机遇》,日本 ASCII 出版,2007 年。

大到网络以外的世界,实际上堀江博客迸发出来的火种就曾一度"引燃"了伊地知晋一的博客。

这一类现象不仅存在于一般博客,在需要通过有介绍人才能加入、用户之间大致相互了解的 SNS①等其他网络服务里也相当普遍。《博客沸腾》一书中介绍过这样一个例子,有一个日本的大学生,将自己酒后驾车的经历写在 SNS 的日记里,结果收到大量来自其他用户的批评,批评的声音"蔓延"到该大学生所在大学的网络社区,最后校方不得不召开记者招待会向公众致歉来平息这场风波。可见,这种网络"沸腾"现象,并不仅仅发生在互不相识的博客用户之间,因此可以认为,这种现象产生的原因不能完全归结于网络交流的匿名性上。换一种思维角度来看,我们的网络发言确是伴随着巨大的风险,因为一旦在网络上留下言论,无论是在自己的日记里还是他人的博客上,尽管只是自己不经意的一句话,但是随时隐藏着能够激起一场"沸腾"现象的可能性。

---

① 参照本书第10章。

上述言论听起来似乎有耸人听闻的嫌疑,但是实际上确实存在不少网络用户因为惧怕引起诸如网络"沸腾"这样的现象,而对博客评论等一些在线交流服务深感不安。"沸腾"现象的确是在网络交流这种特殊环境下产生的,但是是否只要满足网络这个前提条件,在任何时候都能引发"沸腾"现象呢?又是否一旦"沸腾"开始,就必定导致车毁人亡、悲惨收尾呢?

在本章里,我们首先从网络"沸腾"问题入手,着重讨论在线交流(又称 CMC = Computer Mediated Communication)中素昧平生的人们相互评价、留言等匿名进行的交流行为所表现出来的特点。之后,以网络匿名用户之间的关系为依据,考察网络世界里人际关系的展开与帮派集团的形成带来的影响。希望通过这些研究能够提供一个平台,让读者对在线交流形成一种更为全面的认识,因为网络不单纯是一个可怕的世界,同时它也蕴藏着无数的机会与可能性。

9.2 网络交流的特点

与我们日常诸如对话、开会这样的面对面进行的交流活动相比,通过电子技术媒介进行的网络交流具有怎样的特点呢?在本节里我们将参考斯普劳尔和基斯勒等人的研究成果进行介绍[①]。

在归纳网络交流的特点时,首先不得不强调的是它的快速性。以本章开头提到的崛江博客事件为例,无论发言人身处何处,他发出的信息能够通过网络的力量在瞬间迅速传播开去,所以最终能在一夜之间收到 1 万人的评论。尤其是具有争议性的发言,完全有可能在转眼之间引发一场大规模的口水战。

第二个特点,信息共享性。一夜之间收到 1 万条评论的前提是,1 万人同时接收到了崛江的这条发言。在网络交流的世界里,时间和地点都已不再成为制约人们共享信息的因素。并且,个人参加交流活动所需的资格以及花费的成本,也丝毫不受共享信息人群规模大小的影响。

第三,通过服务器等外部储存装置,在一定前提下网络交流的信息可以

[①] Sproull, L. & Kiesler, S., *Connections*, The MIT Press, 1993.

被永久性保存，因此用户随时能够加入到交流活动中来而不受时效的限制，但是同时，这也存在将一些过去的发言重新卷入争论的危险。

最后，通过电子媒介处理的信息，经过简单的复制和搜索，便可以锁定目标，再加上他人的反复引用，信息的传播范围将进一步得到扩大。这一特点在网络"沸腾"现象里表现得尤为明显。

以上是从电子技术方面总结的有关网络交流的特点，也是引发网络"沸腾"现象的硬件要素，这些特点不仅适用于博客，在邮件群发系统（Mailing List）和邮件杂志（Mail Magazine），甚至网络会议和论坛等其他网络服务也是共通的。因此，网络交流世界中的"沸腾"现象，也不是博客特有的问题，我们在后面还会介绍到与之类似的"燃烧（Flaming）"等现象。其实在比较面对面的交流方式（如对话、会议）和网络交流（如邮件、网络会议）的研究里，或多或少均有涉及这方面的内容。

如果说上述的技术背景是网络"沸腾"现象产生的条件，并且这些特点在网络世界里是共通的，那么，是不是从日常发送邮件到其他一切网络交流活动，都随时伴随着引发矛盾的危险呢？其实事实情况并非如此。当然，作为网络用户我们需要时刻注意、避免发生上述的矛盾，但是从根本来讲，运用这些技术进行交流活动的主体，还是人类自身。在有关网络交流这个领域以往的研究里，除考察技术在网络交流活动中发挥的作用以外（又称"技术决定论"），人类在特殊情况下采取的行动也是研究者们关注的一个重要方面。下一节我们将从社会心理学的角度出发，讨论网络交流与人类在不同环境下采取的行动之间暗存的关系。

9.3 "网络沸腾现象"与态度形成——关于"对人魅力"的研究

这里的"沸腾"，如果主要指对他人的批评言论，那么也可以理解为用户所表现出的对他人言行的一种反应。在社会心理学的领域，像这样对其他事物的反应，一般称为"态度"，并且可以从认知、感情和行动三个方面加以分析。这里所说的认知是指对某种意见表示赞同或者反对的态度，感情则是指对该事物的喜恶，在这个基础上进一步通过具体的语言或者其他信息手段、在行动上表现出接近或者回避对方。以网络"沸腾"现象为例，当网民对网络上某句发言表示反对意见时，随即表现出厌恶的情感，继而通过在网络上发表批判性评论来表达自己的态度。

"态度"

在社会心理学领域所说的"态度"是指，人们在对外界的变化做出某种反应时所依据的心理状态。态度通常包含认知、感情和行动这三种要素。当人们认识到自己与他人处于对立状态时，不仅会在情感上表现出反感，而且有时还会在行动上尽量避免与对方会面。但是，也有研究指出在很多场合，人们的态度并不一定与行动表现完全一致，因此现在有关态度的研究往往将态度视为行动背后的潜在背景，而非直接作用于行动的原因，所以人们采取的行动有多少程度取决于态度也成为研究的一个重要方面。

当这种"态度"的对象是某个他人，尤其是当持有肯定态度的时候，我们称之为"对人魅力"，在社会心理学上恰恰与批判性态度相对立。如何让别人对自己怀有好感、上升至喜欢的感情，并且能够采取实际行动接近自己是一项长期的研究课题。根据这种理论，从另一个角度，网络"沸腾"现象有可以看做是发言者因为不具备这种"对人魅力"，结果付出了惨痛的代价。下面我们将着重讨论"对人魅力"与网络交流的关系。

(1) 网络世界缺乏外表的诱惑

如今电脑已经广泛普及到一般人群的日常生活中了。在距今仅仅大约40年前，曾经有一个用"电脑"进行的著名实验。沃尔斯特等人用"电脑选舞伴"的名目在大学新生中征集舞会参加者，实为召集实验参加人员。但是实际上并不存在这样的"电脑"，舞伴组合是通过类似抽签的方法决定的，这只不过是社会心理学实验中常见的一种手法。在征集过程中，由数位评审员给应征者的外表魅力打分，但是在舞会结束前这个评定结果对应征者保密。

那么，在实验设置的这个环境下，实验人群在舞会结束后如何评价"电脑"分配给自己的舞伴呢？研究人员发现，对实验人群的态度影响最大的因素,不是实验人群自身感受到的对方的涵养或者幽默感,而是由他人(译者注:"电脑",即评审员)评定的外表魅力[1]。

由此我们可以确认,外表的魅力在"对人魅力"中发挥无比巨大的作用。在以文字交流为主的网络世界里无法向对方透露自己的外表信息,因此想要制造机会获得对方的好感面临重重困难。

但是反过来想,也正因如此,网络的世界里不存在因为外表和容貌产生的区别对待,所以绝大多数网络用户都能够拥有公平参与交流的权力。正如斯普劳尔和基斯勒指出的那样,因为没有了视觉要素的干扰,在网络世界里不用顾虑社会地位的高低,并且实际有数据显示,社会地位高低有别的人群在网络发言率上表现出的差异要远远低于现实生活[2]。如果将外表也视为衡量社会地位的一个标准,那么从理论上讲,在失去了这个要素的网络世界里,一切交流活动的进行都将畅通无阻。

(2) 网络世界只能期待偶遇

在"对人魅力"的形成过程中,还有另一个重要因素也在发挥着作用,那就是"单纯接触效果"。在面对面的交流里,这种效果也被称为"近距离接触特性",意思是指人们对于经常见面的人更容易产生好感。有实验为证,美国著名心理学家扎荣茨在实验里给参加实验的人群展示了一组照片,他发现,在保证实验人群与照片中的人物素未谋面的前提下,随着同张照片展示次数的增多,实验人群对该照片中人物的好感度也不断增加。并且除人物照片以外,图片展示也出现了同样的结果[3]。因此华莱士等人认为,在网络世界里,即使是互不相识的双方通过文字接触,那么随着接触频率的增加,对对方的好感度也极有可能随之增加。并且他们通过观察计划在网络上完成共同作业的人们,发现被告知将与固定成员长期合作的人群,与被告知仅此一次合

---

[1] Walster, E. et al., Importance of physical attractiveness in dating behavior, *Journal of Personality and Social Psychology*, vol. 4, 1966.
[2] Sproull, L. & Kiesler, S., *Connections*, The MIT Press, 1993.
[3] Zajonc, R., Attitudinal Effects of Mere Exposure, *Journal of Personality and Social Psychology*, vol. 9, 1968.

作的人群相比,对团队其他成员表现出了更加友善的态度①。

但是同时也不得不承认,在无法获知对方的任何信息、匿名状态下进行交流的网络世界里,这种由接触频度带来的效果是可遇而不可求的。又如在网络论坛里,用户可能会不断更换用户名,因此想要实现与同一用户的长期接触也非轻而易举。在这种情况下,即使可以大致推断对方是同一个人,但是距离产生好感还是具有一定的难度。

(3) 网络世界知音难遇

想要与对方建立一种亲密的人际关系,"自我开示"行为是必要的前提。何为"自我开示"呢?顾名思义,是将自己的相关信息传达给对方。据研究表明,在一定条件下,将自己的内心世界毫无保留地向对方坦白,这种行为更容易获得来自对方的好感②。

那么"自我开示"需要具备一些怎样的条件呢?首先第一点,必须掌握好自我开示的时间③。沃特曼等人通过研究发现,在对话开始不久就急于自我开示的人,与在对话即将结束时才敞开心扉的人相比,往往获得好感的机会要降低不少。也就是说,急于进行自我开示并不能给自己塑造良好的印象,特别是在初次见面时,刚见面就滔滔不绝地讲起自己的糗事,对方很可能因此望而却步。换句话说,当对方对自己有了一定程度的了解之后再进行自己开示或许会达到有事半功倍的效果。在前文"(2) 网络世界只能期待偶遇"里提到,网络世界很难维持一种长期持久的接触,因此想要准确判断与对方交往的程度具有一定难度。所以网络交流总是伴随着这样的风险,自己认为与对方已经是无话不谈的好友,结果弄错了自我开示的最佳时机,反倒招致对方的反感。

第二点,在通过自我开示获得好感的这个规则里,不能忽视"回报性"这

---

① Wallace, P., *The Psychology of The Internet*, Cambridge University Press, 1999.
② 中村雅彦,《对人关系与魅力》,出自大坊郁夫等编《亲密对人关系的科学》,诚信书房,1996。
③ Wortman, C. et al., Self-disclosure: an attributional perspective, *Journal of Personality and Social Psychology*, vol. 32(2), 1976.

一点。也就是说,自己从对方获得的恩惠必须同等同量地归还给对方,并且对于自己带给别人的恩惠也希望从对方那里得到相等的补偿①。因此,当对方将重要的秘密告诉自己以后,自己也必须将秘密告诉对方的想法就会油然而生。建立在这种回报性之上的自我开示,可以理解为一种从对方获赠的"有价值的东西",因此这种行为往往能够提升对对方的好感。当然在这个过程里,如果掌握不好自我开示的程度也很有可能直接影响到回报率,这与控制自我开示的时间一样具有一定难度。

在网络世界里,除了在上述(1)中提到的外表特征以外,对方是何许人也、平日的所思所想都无从得知。如果将这些情况都向对方公开,又势必伴随着自我开示的种种困难,因此想要给对方制造好印象并非易事。但是一旦双方感觉到彼此愿意展示真实自我的诚意,如果能够勇于向对方表达自己的好感并且透露希望进一步加深关系的愿望②,即使在网络这个虚幻的空间里,也不是完全没有可能进行深入的交流。

与此相关的还有一点,那就是网络交流无法判断对方发言的真实性。根据某个调查的结果显示,在网络上有28%的人曾就自己外表的特征说过谎,有23%的人曾经谎报自己的年龄,但是在现实生活中,关于这两项内容曾经说谎的人数分别只有5%和13%,可见,网络世界是一个更容易产生谎言的地方。网络沸腾现象尽管时常能够引起强烈的社会反响,但是如果谎言被揭穿,例如某些企业冒充个人日记利用博客大肆宣扬商品的优点,这种欺骗行为一旦曝光将在网络上掀起剧烈的风波,实际上也曾经有博客因此被封。

有关"对人魅力"还需要再补充一点,那就是在性格上具有相似性或者互补性的人们之间更容易产生好感,例如利用温顺性格的人去吸引征服欲望很强的人,所谓各有所好。但是在网络空间里,能否接触到对方有关身体特征以及自我开示的信息是首先面临的问题,这便给事情的发展增加了难度。也正因为网络交流存在着如此自我开示和信息接触的困难,只能通过极少的信

---

① 同样参照中村(1996)。
② Joinson, A., *Understangding the Psychology of Internet Behaviour*, Palgrave Macmillan, 2002.

息来判断对方,所以不免更容易产生诸如偏见、定向思维等否定的态度。

从上述对人魅力形成的条件和网络在线交流存在的种种困难来看,可以认为,这些在态度形成过程中产生的问题完全有可能引发网络上的喧嚣。

9.4 "群体规范"的力量

在前文里,我们通过对个人态度形成的原理,尤其是否定态度的产生过程的分析来理解了网络上的沸腾现象。但是,人们持有好感或者感到厌恶的对象并非一致,那么该如何解释至今无数人前赴后继地卷入到网络上的口角之争里去呢?此外,恐怕在读者中认为网络交流充满危险、有百害而无一益的人也不在少数吧?

因此,在本节里,我们将换一个角度出发,从网络世界里社会群体关系所发挥的力量来思考这个问题。

(1) 平衡理论:敌之友亦为敌

先讲一个关于网络沸腾的实际案例。曾经有一位著名的滑雪运动员,在观看了当天的拳击锦标赛后在自己的博客里写下了"太棒了,真的很感动!"这样的留言。可是关于这场比赛的判决结果,电视台接到了来自观众的上万件抗议电话,而在此之前拳击冠军本身也曾因为自身的言行受到过批评。结果作为第三者的这位滑雪运动员,他的博客因为纷至沓来的批判性留言一时陷入混乱,第二天当事人不得不为自己发表的感想而向公众道歉。

这位滑雪运动员本人也是经常出现在电视广告里的有名之人,这次的发言不过是出自个人对比赛选手的声援,照理来说本不至于引起如此的轩然大波。那么,这次的网络沸腾现象该如何解释呢?这里需要运用到"平衡理论"的知识体系,这与之前提到的态度形成过程也是密切相关的。

美国著名心理学家、"平衡理论"的提出者弗里茨·海德认为,在认知的结构里存在着由认知主体(P)、认知对方(O)和认知第三方(X)这三者构建的关系。加号表示肯定的态度,减号表示否定的态度,那么这三者之间的关系

9 电子空间的交流活动

将向着一种趋于平衡的状态发展,并且在这个过程里伴随着态度的变化①。在上述案例里,我们可以假设博客的留言者们为 P,滑雪选手为 O,拳击冠军为 X。O 是受到民众喜欢的名人,而 X 则恰恰相反。那么,当 O 为 X 加油的时候,恰巧形成如图 9.4.1 中①所示的关系构造。那么,P 只能通过把对 O 的态度改变为否定以维持平衡状态,也就是如②所示的关系构造。P 的这种态度转变体现到实际行动上,于是在原本受到追捧的 O 的博客里出现了上述的光景。

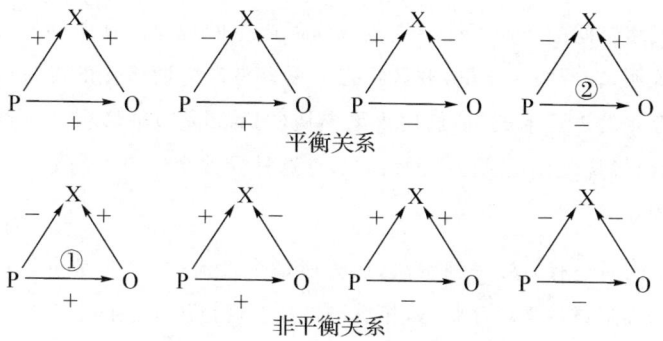

图 9.4.1 "平衡理论"中的三者关系

在这个案例里,我们可以发现,O 作为知名人士,其个人本身并不具备招致否定性态度的条件。但是仅仅因为 O 对 X 的支持行为改变了认知结构中三者之间的关系,最终导致了一场沸腾剧的上演。因此,可以认为,所谓网络沸腾并非是因为喜好、针对个人的行为,而是建立在"敌之友亦为敌"这样一种社会关系基础之上的。

（2）个性流失与社会认同

通过在上一节的叙述,我们认识到与个人的态度相比,人们的行为更容易受到社会关系的影响。其实这种见解与网络空间里匿名性的存在也有着不可分割的关系。例如有这样一种看法,美国心理学家菲利普·津巴度,在美国社会心理学家利昂·费斯廷格(L. Festinger)的"个性流失"理论的基础上,通过实验证明,当个人淹没在群体中,个人的特征无法辨认,也就是处于

---

① Heider, F., *The Psychology of Interpersonal Relations*, Wiley, 1958.

所谓"个性流失"的状态时，通常的社会规范的力量将被减弱，因此在这种情况下人们出现异常行为的几率会大幅度提高。例如在大致相同的条件下，在城市里和郊外分别停放一辆自行车，结果放在城市里的自行车在一天之内会遭受主要零部件被拆卸、支离瓦解的命运，而停放在郊外的那一辆却能安然无事①。这种现象可以解释为在都市的纷嚣繁杂里，人们的个性逐渐被埋没，因而产生了破坏自行车这样的行为。同样，如果将网络在线交流理解为同样一种个性流失的状态，那么，网络沸腾现象里出现的大量的诽谤中伤，也正是由于在网络空间的条件下社会规范减弱而产生的现象。基斯勒等人通过实验实践证明，在网络交流里，匿名状态下更容易产生情绪化的发言以及诽谤中伤等夸张的表现形式，他们用火焰燃烧("Flaming")来形容并且定义这种现象，指出燃烧现象正是由于网络匿名性这种导致个性流失的方式所造成的无秩序现象②。

但是同时还有另外一种看法，认为所谓个性流失，并非是由于社会规范力的减弱而形成的无秩序状态，相反正是社会规范力增强的表现。这种观点被称为"社会认同（social identity）"理论。根据这种理论，个体的特征被忽略也就是个性流失的状态不能单纯地看做是群体的瓦解或者秩序的丧失，甚至在某些情况下这种状态本身就可以理解为是一种群体规范。例如当自称"我们是某某某"的时候，正是某种群体意识的高度表现。因此个性的流失也可以理解成作为群体的一个成员，尽管个体的差异被忽略，但是整个群体的统治力却得到了加强。然而，如果对这样的群体没有产生归属感，那么个性的流失所带来的将是个人的孤立，对他人的反抗意识和行为也将随之增加，最终结果是导致群体统治力的削弱。斯皮尔斯等人③通过实验发现了社会认同意识的内在规律，即当某种群体意识高涨，在网络上容易表现出比实际更加激烈的行为，但是当个人意识处于主导地位时，来自群体规范的约束便会受

---

① Zimbardo, P., The human choice, *Nebraska Symposium on Motivation*, University of Nebraska Press, 1970.

② Kiesler, S. et al., Affect in Computer-Mediated Communication, *Human Computer Interaction*, vol. 1, 1985.

③ Spears, R. et al., De-individuation and group polarization in computer-mediated communication, *British Journal of Social Psychology*, vol. 29, 1990.

到压制(图 9.4.2)。

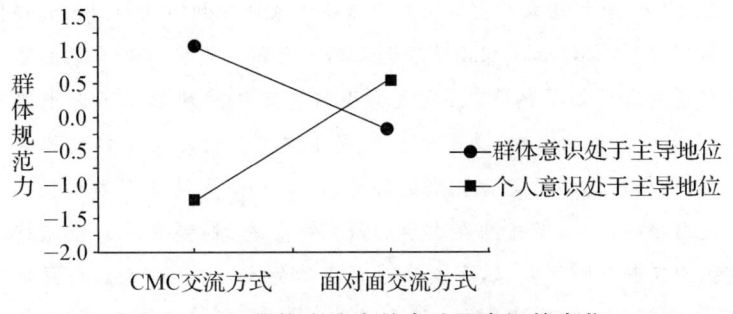

图 9.4.2　网络交流中社会认同意识的变化

因此,网络上出现的沸腾现象,不能简单地归结于是网络匿名性诱发的违反社会规范等无秩序行为的爆发,而是可以看作在某种特定的群体规范(即秩序)下发生的行为。例如在前文提到的告发酒后驾车的案例,网络沸腾的矛头直接指向了个人以及企业的不法行径,像这样由于群体意识的凝聚而发动起来的群众行为恰恰是极其符合公众所认同的社会规范的。

(3) 群体极化

所谓社会规范的形成,并不仅仅是匿名状态一手造就的,由无数人组成的群体齐发参与到网络交流活动中这个过程也是不可或缺的要素。

关于这个过程,具体可以这样来分析。例如对于一个话题,公众的意见分为两派,有一部分人群从一开始就认为其中的一种意见是正确的,于是这一部分人群形成小的群体,通过群体内部的交流让他们更加肯定自己所持意见的正确性,从而导致他们的行为逐渐走向一个极端的范畴。日本研究者龟田等人通过实验验证了这种被称为"群体极化(Group Polarization)"的现象[①]。

[①] 龟田达也、村田光二,《挑战复杂的社会心理学》,有斐阁,2000。

"群体极化现象"

这个概念是建立在由美国社会心理学家斯托纳(J. F. S. Storner)提出的"风险转移(Risky Shift)"理论基础之上的。斯托纳在自己的硕士论文里披露了如下的发现:当人们面临一定风险却不得不做出决断时,与其自己左右为难,人们往往倾向于在广泛听取某个群体的意见之后,做出相比之下更为冒险的决定,即使明知成功的概率很低。关于极端化的走向,斯托纳在之后的研究中补充到,如果个人事先持有较强的回避风险的意识,那么通过与群体的交流,这种意识会更加坚定[也称"谨慎转移(Cautious Shift)"]。如此这般的态度变化,不仅在对事情的判断上,在对他人的态度上也有同样的体现。

但是在这里需要注意的是,上述理论强调的并非当个人形成群体以后更加容易产生过激行为,而是当原本持有某种意见的个人形成多数派以后,通过加入群体这个过程,使得个人的意见更加坚定。正如在上节提到的"我们是某某某"这种社会认同意识在成为多数派主导型意见以后,对于网络空间里产生的个性流失,又可以理解为个人持有的群体意识经过群体极化的过程得到肯定,从而群体的统治力进一步得到加强。

如果将这样的群体意识看做是某种特定的社会规范(例如"因裁判误判产生的冠军不应当予以承认"等),这种规范经过网络的群体化过程后,变为一种更加强烈的意见表达出来,也就是前文所讲的网络沸腾现象,甚至有时表达的方式会升级为对违反规范者(比如上个案例中支持拳击冠军的滑雪运动员)毫不留情的攻击。如此看来,网络上众人的意见交流,虽然在行为上有时表现过于激烈,但是并不能简单看做是意在哗众取宠的个人言论的盲流,也就是说不能完全等同于一种无秩序的状态。

此外还有人指出,经过网络社会规范强化的认识或者群体意识,通常比通过聚会等面对面的交流方式所形成的情感更为强烈。华尔瑟[1]将这种现象称为"高度个人交流(Hyperpersonal Communication)",并且将这种在网络上

---

[1] Walther, J., Computer-Mediated Communication: Impersonal, Interpersonal, and Hyperpersonal Interaction, *Communication Research*, vol. 23 (1), 1996.

形成的群体意识或者对抗意识称为"快闪一族(Flash mob)"①。这些意识具有强大的凝聚力,因此能够促使发生统一的群体行为,但是同时也不免沾染上浓烈的政治或者社会性色彩。

9.5 网络交流的未来

通过以上的叙述,我们可以了解到,所谓网络"沸腾"现象,是指对网络上某个发言人的集中批判,并且这种否定性的态度在网络空间里有进一步得到加强的倾向。但是这样的行为并不是单纯的、无秩序的"暴动",而是当某种特定的社会规范被大多数人所认识并且接纳,经过网络群体化的过程,将事态的发展推向了一个看似极端的方向。

因此,在网络交流的空间里,想要杜绝"沸腾"现象是具有很大难度的。可是当我们明白这种现象是发生在一定条件下并且维持着一定秩序的话,只要在发言时对此有所意识,那么因唐突一言引发争论的可能性便会大大降低。例如,在发言前先考虑一下现今大多数人所认同的意见,另外不要只图一时口舌之快,要顾虑到与阅读者建立更加长远的关系,因此发言的方式与事后适时的关注也是需要注意的方面。

在《博客沸腾》这本书里还提到这样一个案例,有一位政治家也是因为某句发言在自己的博客上引发了大规模的唇枪舌剑,但是这位政治家并没有将这些批评的言论放置不管,而是认真地对每一句留言都给予了回复,不动声色地平息了这场风波,并且身为政治家的他比以前受到更高的评价,也因此获得了更多的支持。所以,网络交流确实存在一定风险,但是只要掌握其规律和过程并且妥善地应对,取得更多的机会、收获更大的成功也并非痴人说梦。

---

① 译者注:指通过因特网和手机相聚到指定地点的人群,在一起完成某个任务后(通常是一些引人注意的动作)迅速散去的行为,最早发源于美国,也可视为一种短暂的行为艺术。

Extension Study   "匿名人士之间的友好行为"

    在因特网上隐姓埋名的人们之间是否会发生友好的行为、互相给予建议呢？如果存在，那么这些行为又具有一些什么样的特点呢？

    在本章我们已经详细介绍了网络"沸腾"现象，看到了在网络上用户对互不相识的他人表达否定的态度并且采取相应的行动，但是同样是对不相识的人，网络上也存在诸如捐款、捐赠等极其友善的态度和行为。此外，在网络购物的网站，也能够发现已经购买的用户对其他用户写的建议，或者回答关于商品的疑问，等等。这些行为大都是没有金钱回报、完全自发的行为。

    在社会心理学领域的研究里有"援助行为"的概念，是指对他人有益的行为，理解了这个概念将有助于我们理解上述的行为。研究指出，当多数人拥有援助能力的时候并不能使得援助行为热烈地展开，相反，除自己以外能够实施援助的大有人在这种想法会让自身的责任感减轻（即"责任分散化"），结果可能导致最终没有人去实施援助。

    此外，本章提到的"回报性"这个概念在援助行为里也发挥着重要的作用。在网络交流里，无法直接给予对方物质性的利益回赠，因此对于让自己获益匪浅的言论，只能通过在其他方面同样给予有益的建议以示回报。但是当无法确认对方身份，甚至无从得知是否能够再次遇到对方的情况下，回报行为发生的概率就大大降低了。

    换而言之，网络上的匿名人士之间发生的友好行为其实是伴随着很大风险的。例如实际有这样的案例，通过所谓"厄运邮件"强制性让收到邮件的人转发捐款信息，而这个捐款活动完全是一场骗局。这样的信息传递不仅没有给对方带来利益，反而招致了损失。

    尽管存在着上述的问题和风险，人们在面对网络上不相识的他人时究竟如何开展援助行动呢？应该怎样才能降低风险发生的几率呢？带着这样的疑问，我们还需要对网络交流进行更加深入的调查研究。

10 虚拟社区

- ☑ "虚拟社区"究竟所指何物？
- ☑ "虚拟社区"与我们现实生活中的社交圈究竟有何不同？
- ☑ "虚拟社区"有何长处，又有哪些不足？这背后的评价标准是什么？

10.1 何谓"虚拟社区"

（1）虚拟社区的定义

人并非独自存活的个体，从降生到这个世界开始就被置身于多重的人际关系之中，并且在其中求得生存。居住在同一个地区的人们，在拥有共同的利害关系的同时，也因为政治、经济等多种共同关心的问题紧密结合在一起，如此形成的共同体我们称之为"社区（Community）"。例如以乡村镇市等地域为代表的社会就是传统意义上的社区。而在电脑上通过以因特网为首的互联网连接形成的虚拟空间里，网络用户却无法共享物理意义上的时间和空间，换句话说，这是一个不具备物理意义上的地域性的场所。但是即便如此，在这样的虚拟空间里，网络用户之间也并非是毫无瓜葛的分散状态，而是努力地为相互的交流活动积极寻找机会和资源，试图为大家创造一个可以用于共同讨论、交流的"社区"。这种全新形式的社区就是"虚拟社区（Virtual community）"，也被称为电子社区、e社区或者网络社区。

因特网当初的构想仅仅是将计算机用户通过互联网连接到一起，而实际上从最早期的用户收发电子邮件开始到今日网络虚拟社区的形成，并没有花费太多时日。即使在此时此刻，仍有无数的虚拟社区正在悄然诞生，有无数的用户在其中享受着互动的快乐。在本章里,我们将主要从社会心理学的角度出发,考察网络用户在虚拟社区中与人交往时的行动特点,透析行动背后的个人心理活动,并且将之与传统社区进行比较,最后通过实际案例从宏观角度比较这个问题所折射出的文化差异。

(2) 虚拟社区的种种形式

"虚拟空间"的概念最早是由美国评论家瑞格尔德提出的。他在所著《虚拟社区》①一书中详细叙述了自己在一个名为 WELL 的虚拟社区中的亲身使用经验。WELL 在 1985 年起步之初,只是给通过电话线联网的计算机用户提供用以交流的空间——电子公告板(BBS)服务,20 世纪 90 年代初申请加入到因特网行列,现在的 WELL 除 BBS 以外还提供会员专用的电子邮件以及网页浏览等其他多种形式的服务②。

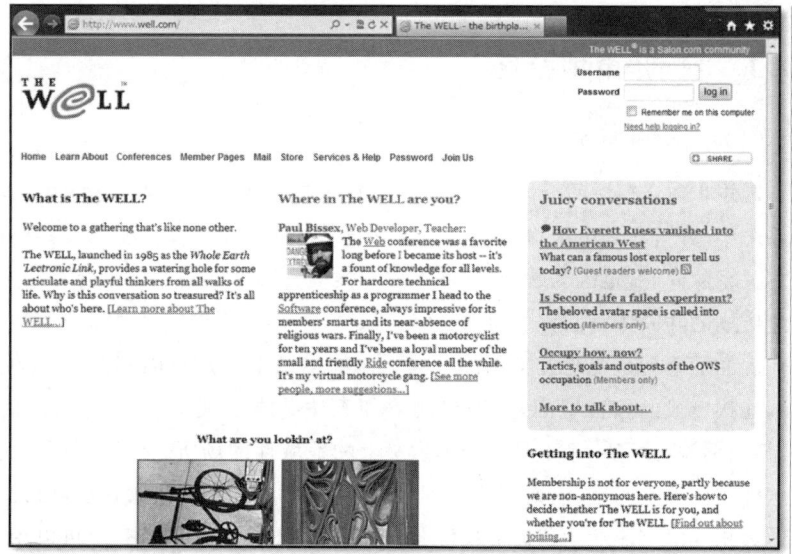

图 10.1.1　虚拟空间的先行者——WELL③

---

① Rheingold, H., *The Virtual Community: Homestanding on the Electric Frontier*, Perseus Books, 1993.

② 参考:http://www.well.com。

③ 译者注:该画面展示的是 2012 年经过改版的 WELL 主页,在排版上与原书出版当时的 WELL 页面有所差异。

与上述 WELL 的进化/功能多样化的道理相同，和因特网刚刚问世、硬件条件欠缺的当初相比，如今的虚拟空间里可见的交流形式可谓是丰富多彩，从可以同时提供多种服务的综合性社区到细化到某种服务形式的专业社区，不计其数。目前这些社区基本建立在 WWW（万维网）服务上，其中具有代表性的服务形式，除了电子公告板（BBS）以外还有博客（Blog）、社交网络服务（Social Networking Services＝SNS）、在线聊天、网络游戏以及用户可以自由参与编写的数据库（如"维基百科"）等。此外不使用 WWW 服务形式的有即时通信（Instant Messenger＝IM），可以通过在电脑里安装专用的软件使用该项服务，也有不少用户使用电子邮件服务、通过邮件群发的功能达到交流的目的。其实所谓虚拟空间并不一定局限于上述的服务形式，即使是使用因特网最基本的功能、例如仅仅将一封电子邮件同时转发给多人的行为就已经构成社区的形式了。因此，对于虚拟空间在现代社会中的定义我们可以作如下修正，即在因特网上用户使用某种应用程序，通过发送信息、进行讨论和交流的空间，也可以说是其整个复合体。

"社交网络服务（SNS）"

社交网络服务是指为促进人际交流在因特网上建立社会型网络的因特网服务的总称。所谓社会型网络，是指无论关系远近，将所有可能存在的人际关系用图表形式将其可视化。1997 年开始提供服务的 SixDegree.com 可以看做是这个领域的先驱，随后 2000 年美国斯坦福大学的毕业生们创立了 Friendster（http://www.friendster.com/），由此 SNS 服务正式开始普及并且在全球掀起了热潮。日本在 2004 年有数家公司同时开始提供服务，其中较早采纳如日记、论坛等用户较为熟悉的功能、如 mixi（http://mixi.jp/）受到多数用户的追捧，此外手机用户专用服务、如 Mobage Town（梦谷宝社区，http://www.mbga.jp/）也极具人气。这些服务最初大多采用邀请制度，即若与登录会员没有任何关联则无法进行新用户注册，但是随着用户的逐渐增多，如今也出现了不少用户可以自由参与的服务。

10.2 虚拟社区与现实社区

(1) 社区与社会

美国媒体研究者斯通认为,"虚拟社区"毋庸置疑就是"人们用于进行面对面交流的社会空间",但是这里的"面对面"和"交流"等措辞已经被赋予了全新的定义①。斯通所谓的全新定义,当然是相对于"传统"意义上的定义而言的,也就是指在现实社会的社区中进行的"在共同的物理时间和空间里人们见面交流的活动"。那么人们通过这种全新定义下的"面对面""交流"所形成的虚拟社区与现实社会的社区究竟有何不同呢?

首先,在考察虚拟社区的特点之前,我们先整理一下有关现实社会社区的社会学相关理论。19世纪末至20世纪初曾经一度非常活跃的德国著名社会学家滕尼斯(F. Tönnies)将社会群体分为社区(Gemeinschaft)和社会(Gesellschaft)两种形态。根据他的定义,社区是指因血缘关系或者地域性关联而自发形成的群体,比如家族和村落是其中比较典型的例子。这样的社区是建立在成员之间强有力的连带关系②之上的,因此彼此通过实际见面能够产生紧密的相互作用,并且成员之间一般拥有共同的目标、社会认同意识,使用相同的语言。相比之下,社会则是指为了完成某项具有合理性的特定目标,人为地、有意识地形成的群体,例如城市或者企业和学校。在这样的社会群体里,各位成员之间没有出于对同一地域的关心和目的性,因此所有的交流活动都是依据成员之间基于理性思考建立的弱连带关系,因此这样的人际关系也是相对疏远的。滕尼斯的观点是,在传统社会向近代社会转化的过程中,人类社会也在逐步走向现实化的进程中发生着根本性的变化,而这两种变化都体现在了"社区"向"社会"过渡这一过程里。在当今社会里经常听到诸如"人与人之间都是因为利害关系结合在一起的",或者"与邻居从未打过交道"等如此的抱怨,因此"社会"一词往往让人联想到的是现代都市的冷漠。

---

① Stone, A. R., Will the real body please stand up?: Boundary stories about virtual cultures, In M. Benedikt (Ed.), *Cyberspace: First steps*, Cambridge, Ma: MIT Press, 1991.

② 参照本书第8章。

(2)"虚拟社区"="社会"?

将上述滕尼斯的理论单纯地套用在因特网空间里的虚拟社区,可以发现虚拟社区其实具有很多"社会"的特点。因为网络用户仅仅是源于相同或者相似的兴趣与关心而聚集到一起形成了群体。尽管瑞格尔德所描述的WELL是完全另外一番景象,但是到目前为止有不少其他研究都将虚拟社区形容为一个"反面乌托邦(Dystopia)",即与理想社会乌托邦(Utopia)[①]大相径庭的悲惨世界。但是我们需要注意的是,人类是不可能只存在于网络空间的虚拟社区中的,所以虚拟社区无论是反面乌托邦还是乌托邦,在对其进行讨论时都不能忽视其与现实社会的相互影响。

在当今日本社会流传的有关虚拟社区的话题中,我们非常遗憾地发现很多事实让人不得不将其划分为反面乌托邦。例如通过"自杀网站"结识的人们在初次见面时发生的集体自杀案件,又例如恶意利用成人交友网站引起的杀人、骚扰等犯罪纠纷不胜枚举。2007年8月26日,因日本爱知县女性绑架杀人案被捕的4名男子,据称是在案件发生仅仅一个星期以前,通过一个名为"地下职业安定所"(案件曝光后被封锁)的手机虚拟社区相识,在相互不知对方真实姓名的情况下策划并且实施了这起以陌生女性为目标的绑架凶杀案。这是一起作案动机非常单纯的案件,但是因为虚拟社区在其中起到的中介作用,无法避免地给社会带来了一场不小的震惊。如此这般,在现实社会里无法表露或者一直试图压制的种种欲望(有时是极度扭曲的想法),在虚拟社区这种无须照面、无须自曝身家姓名、保持高度匿名性的交流活动中一进而发。如果这些情绪一旦被还原到现实社会,那么这样的虚拟社区无疑就成为了最恶劣的"社会"——反面乌托邦!

(3)因特网悖论

当然,将反面乌托邦的阴暗面极尽体现的惨痛事件并不适用于所有虚拟

[①] 译者注:Utopia,英国思想家托马斯·莫尔(Thomas More)在其1516年的拉丁语著作 *Utopia* 中提到的国家名,指在现实生活中不存在的理想社会。莫尔描述的乌托邦是一个与世隔绝的孤岛,人们的生活有严格的规律性,除却了一切奢华的要素,人们按职能分配劳动任务,生产资料按需分配,男女平等,有充足时间从事科学与艺术的研究。

社区以及网络用户。但是,尽管不如上述案例的极端,依然有为数不少的研究认为虚拟社区里展开的交流活动对既存社区构成了威胁,并且列举了网络交流对现实社会中人们的行为产生的负面影响。

关于因特网的使用对现实生活产生的影响,在因特网开始普及初期,不少研究成果都提出了反面乌托邦式的悲观结论。其中影响最为广泛的是克劳特等人实施的名为"家庭网络计划(HomeNet Project)"的研究①。这个研究计划是以居住在美国匹兹堡市和宾夕法尼亚州的一般市民为对象,向他们免费提供可以连接到因特网服务的电脑,在2年间持续调查他们的因特网使用情况和精神健康状态。调查结果显示,频繁使用因特网的人们不仅参与社会活动的频率降低,并且孤独感和抑郁情绪有所增加。也就是说,因特网使用频率越高,虽然在网络上新建立的人际关系有所增加(在这个过程里虚拟社区所起的作用是可以肯定的),但是与身边的家人和朋友的交流活动却随之呈现出减少的趋势,最终影响了现实社会中的人际关系,并且对精神健康造成损害。

"精神健康"

人类的"健康"状态,并不仅仅是指身体意义上的无病无灾,还包括心理方面。后者又称为"精神健康(Mental Health)",具体指个人处于能够适应自己所处环境、能够控制自己情绪的状态。身体健康和精神健康两者相互影响,例如因为巨大的精神压力导致精神健康指数下降,那么同时可能会引发血压上升、多汗等身体反应。在因特网普及初期,因为长时间连续使用网络、将现实社会生活置之不顾(例如学校逃课、公司欠勤),也就是所谓网络依存症人群的出现引起了社会的广泛关注。因此,当初有关因特网的负面影响论盛行一时,即认为因特网的使用可能会损害精神健康、造成对现实社会的不适应。

克劳特等人将这种看似矛盾的现象称为"因特网悖论(Internet Paradox)"。即虚拟社区中人际关系的建立不会直接影响到现实生活,甚至经常

---

① Kraut, R., Patterson, M., Lundmark, V., Kiesler, S., Mukopadhyay, T., & Scherlis, W., Internet paradox: A social technology that reduces social involvement and psychological well-being?, *American Psychologist*, 53, 1998.

参加虚拟社会活动的人们因为投入到现实社会的人际关系里的时间减少了，既存的交往圈反而出现缩减的倾向。克劳特等人的研究结果被《纽约时报》用整版篇幅报道，传媒的追捧让这个研究结果扩散到了普通民众中间，因此在美国一般市民之间流传着这样的认识——"虚拟社区是一个制造孤独和寂寞的世界！"①

但是另一方面，克劳特等人的研究受到了来自网络研究者的严厉批评。其中不少批评是针对研究方法的，比如调查对象的抽样方法不够科学导致调查对象单一，又或者有关精神健康状态的测定方法存在问题，等等。但是最根本的问题在于该研究计划的实施时期是在因特网刚刚开始普及的阶段，所以这次调查结果不能直接应用在今日的虚拟社区上。而实际上，克劳特等人于几年后通过再次实施调查也对当初的研究结论进行了修正。他们提出随着因特网的进一步普及、应用软件的多样化以及网络交流对象范围的扩大等这些变化，虚拟社区里进行的交流活动与现实社会中的人际关系之间呈现出一种趋向积极的相互作用②。但是他们这次的调查结果并不是单纯地否定了"因特网悖论"的存在。克劳特指出，用户如果原本属于乐于与他人交流的外向社交型性格，那么通过使用因特网能够使现实生活中的人际关系更加紧密。但是如果原本属于内向、不善与人交往的性格，那么网络的使用反而会加剧用户的孤立和孤独感，削弱既存的现实社会中的人际关系。换句话说，交流活动中的匿名性根据使用者的个人特点发挥着不同的作用，因此尽管网络交流具有高度的匿名性，我们也不能够简单地认为是匿名性导致并且加速了虚拟社区的"社会"化。

（4）匿名性的积极作用

如上文所述，恶性事件的频繁发生对虚拟社区产生了强烈的负面影响，但是虚拟社区并不完全是一个匿名的、极度恶劣的都市环境。尽管与负面作用论相比声势相对较弱，也有不少研究结论认为虚拟社区给现实社会带来了种种恩惠，具有乌托邦式特性。例如麦肯纳和巴奇对"边缘人类"的网络使用

---

① 有关研究的详细情况请参照本书第 8 章。
② Kraut, R., Kiesler, S., Boneva, B., Cummings, J., Helgeson, V. & Crawford, A., Internet paradox revisited, *Journal of Social Issues*, 58, 2002.

进行了调查①。所谓边缘人类,是指虽然外表无明显特征,但是实际上持有在现实社会中被认为属于边缘意识(这里主要指如同性恋、SM 等现实社会中存在的极少并且倾向于隐藏的嗜好)的一类人群。通过对网络新闻②的记录分析以及对相关人群实施的问卷调查结果,研究人员发现,与主流社区相比,在持有边缘意识的人群所形成的社区里,成员之间的交流活动更加频繁,并且这种积极参与的态度不仅使得用户对自身更加肯定,能够促进其在现实社会中的自我公开(也称"出柜",coming out of the closet),而且同时可以降低他们在现实社会中的孤立感。

从这样的案例中我们可以看出,对持有边缘意识的人群而言,虚拟社区代替了现实社区相对于非边缘人群、即持有主流思想的社会大部分人群所发挥的作用,也就是通过与他人的交往确认个人的社会认同意识并且维护对自身的评价。因此,对于身处现实社会、却无法将真实的自己告知与公众的人们来说,具有高度匿名性、可以放心表达意见的虚拟社区无疑是一个令人积极流连的场所,从这个意义上来讲,虚拟社区发挥着与现实社会中社区同样的功能。实际上从很多案例中我们都可以发现匿名性发挥的积极作用,特别是在拥有特殊烦恼(多为病理性的)的人们用于交换信息、相互安抚情绪的网络社区里体现得更为明显。

在本节里,我们比较了虚拟社区与现实社会中的社区所具有的差别,并且从反面乌托邦以及乌托邦的正反观点出发考察了两者之间的相互作用。这两个问题的关键都在于匿名性,这也是虚拟社区的最大特点所在。此外,在这里介绍的很多研究成果都表明,在虚拟社区进行的交流活动中,匿名性并非时时刻刻发挥着一成不变的影响力,而是根据社区和用户的特性在不同情况下发挥着不同的作用。这仿佛也告诉我们,虚拟社区的多样化进程要求我们用发展的眼光和更加严谨的态度继续关注它的影响。

10.3 虚拟社区折射出的文化差异

在本节里,我们换一种角度来探讨虚拟社区中人们的交流活动里是否存

---

① McKenna, K. Y. A., & Bargh, J. A., "Coming out in the age of the Internet: Identity de—marginalization" from virtual group participation, *Journal of Personality and Social Psychology*, 75, 1998.

② 使用因特网的一种电子公告板系统。

在因不同文化背景而产生的差异。在本章的开篇我们强调过,因特网是一个虚拟的空间,在那里用户可以超越物理性时间、空间的制约,自然也就不存在国界的概念。换句话说,只要克服了语言的障碍,所有用户都可以轻而易举地在这个"地球村"里与任何人进行交流。但是实际上,在很多虚拟空间里,用户往往是拥有相同国籍或者使用同种语言的同性质人群。因此在考察虚拟社区的特点时,作为用户所有行为的大背景——文化,是一个不能忽略的重要因素。在这里,我们将选择日本的邻国韩国,通过比较研究,考察日韩之间的文化差异问题。

(1) 日韩比较1:SNS用户调查

日本东京大学桥元良明等人于2005年就日本和韩国两国国民的因特网使用状况实施了详尽的社会调查,并且在数据分析的基础上比较了两国因特网用户关于虚拟社区使用的特点①。在调查实施之时,日韩两国的因特网使用率均超过70%,同属世界较高水平,但是两国用户的实际使用状况却大相径庭,尤其是在虚拟社区里韩国用户的活跃表现也是早有耳闻。从桥元等人的调查结果可以非常清晰地看到日韩间存在的差异。在韩国的网络空间里存在着一个名为"Cyworld"的虚拟社区,该SNS的用户规模据说达到韩国总人口的三分之一(2006年数据)。韩国用户在Cyworld以及其他博客和论坛的发言次数(即交流活动的频率)远远超过日本用户。仅以SNS的月平均发言次数为例,日本为2.8次,而韩国为23.1次,显示了将近10倍的悬殊差距。

那么为什么在日本与韩国之间会出现如此明显的差异呢?桥元等人认为原因在于两国现实社会中通过地缘、血缘、学缘等形成的人际关系的强弱不同。韩国文化深受儒教影响,因此与家族和学校同学之间的关系非常紧密,但是却不太倾向于陌生人之间的泛泛之交。例如在该调查里有这样的问题,询问参加调查者平时使用最为频繁的虚拟社区,是由现实社会中的人群在网络上组成的社区(即"现实集团型"),还是在现实社会中无任何接点、仅

---

① 桥元良明、金相美、石井健一、小笠原盛浩、木村忠正、金仁培,《关于网络利用与网络社区的日韩比较》,出自东京大学大学院情报学环情报学研究调查研究编,24,2007。

仅因为共同的兴趣爱好在因特网上聚集而成的社区(即"虚拟集团型")。选择"现实集团型"的韩国用户为48.1%,日本用户为33.3%,在日韩之间确实存在着差距($\chi^2=8.61, p<0.1$)。此外,韩国的虚拟社区往往可以看做是传统地域型社区的缩影或者是一种补充。Cyworld没有实行匿名制,因此用户登录时需要提供自己的真实姓名和韩国所有国民都持有的住民登录号,如果两者不一致则无法通过确认。可以想象,如果在日本也有一个虚拟社区设置同样的认证标准,极有可能不会出现同样多的用户。在韩国,虚拟社区已经成为维系并且进一步加强现实社会中既存人际关系的重要媒体,其在韩国民众之间的普及也可谓是韩国传统文化的一种体现,这与日本以及在前面介绍过的其他国家里虚拟社区的意义有着本质的区别。

(2) 日韩比较2:网络游戏用户调查

此外,在以网络游戏"天堂(Lineage™)"用户为对象进行的社会心理学调查中也存在有关日韩对比的数据。"天堂"是由韩国开发的、多人同时参加型网络在线角色扮演游戏①。与众多同类游戏相似,在该游戏里主人公也将在经历与怪兽的反复战斗后完成任务,并且最终实现自我成长。玩家们通过结成名为"血盟(Clan)"的虚拟社区,以血盟为单位进行游戏可以说是"天堂"的一大特色。在诸多研究中,日本研究者小林与池田就影响用户对血盟信任度的主要要素这一问题,分别考察了日本与韩国的情况并且进行了比较②。首先看日韩间的相似点,在日本与韩国的用户中间都存在以下特点:(1)用户的性别、年龄以及学历等个人特征对信任度几乎不构成影响;(2)参加血盟共同战斗的频率越高、血盟成员的相似度越高,并且与其他血盟的友好关系也将提升用户的信任度。但是,有关影响用户对血盟信任度的要素在日韩之间也显示出了一些差异,例如日本用户往往选择在网络上举办血盟内部成员的活动,而韩国用户则愿意与血盟成员实际见面,并且在现实生活中对一般事物的信任度越高的玩家同样对血盟也怀有较高的信任。

---

① 译者注:Role-Playing Game,简称 RPG。
② Kobayashi, T. & Ikeda, K. ,"Clan" as a source of trust: Ferment of social capital through involving in an online game, Paper presented at the 5th Annual Conference of Association of Internet Researchers (AoIR), Sussex, UK, 2004.

可见，在韩国，虚拟社区与现实社会相互渗透、影响，但是在日本，用户仅仅将共同游戏看做是虚拟空间内特定的行为，与现实社会区别看待，因此两者处于相对独立的关系状态。这样的差异，当然不完全是由用户人数的悬殊产生的（有关该游戏的用户人数，韩国处于绝对优势，因此在现实社会中比较容易接触到有关该游戏的信息），在前文中叙述过的日韩之间的文化差异也是不可忽略的原因。

10.4　虚拟社区的发展前景

虚拟社区一直没有停止它"进化"的脚步。尤其是在近年，虚拟社区致力于向现实社会靠近，并且不断努力、试图在这两者的社会运营体系之间寻求融会贯通之道。例如，在网络聊天工具和即时消息里有设置虚拟化身（"avatar"，用于代表用户的卡通形象）的功能，就是为了帮助用户表达一些用文字难以言表的情感，以及利用网络摄像头相互传送视频的功能也是虚拟社区的一种尝试。此外，有一部分网络游戏开通了与现实社会流通货币的兑换功能，例如"第二人生（Second Life）"便是其中之一，游戏社区内的专用流通货币"Linden Dollar"可以兑换为美元，因此受到了来自社会的广泛关注。由此，在虚拟社区获得的财富不再是假想世界中的幻影，极有可能创造出现实社会中真正的富翁。

"第二人生（Second Life）"

"第二人生"是由美国企业"林登实验室（Linden Lab）"运营的游戏型虚拟社区。用户可以在因特网的3D空间里制作自己的虚拟化身形象，通过即时聊天工具与其他用户取得交流，并且在社区内属于自己的土地上建造房屋和商店，发起活动，等等。这种来自自己亲手创造的真实感正是"第二人生"的魅力所在。并且，用户对自己在社区内的创造持有所有权及著作权，此外虚拟货币与现实货币的兑换等功能在推动虚拟社区与现实社会的融合方面具有非常先进的积极意义。但是，目前在该社区内尚不存在法律，因此时而发生纠纷也在所难免。另外为了能够顺畅地进行游戏，用户需要准备高性能的电脑，因此，对于"第二人生"，用户们的评价也可谓是褒贬不一。

仅仅是在短短数十年前,因特网作为一种全新的交流媒体横空出世,虚拟社区对于大多数人尚是一个充满未知的新奇国度。新诞生的虚拟社区不可避免地被拿来与现实社会进行比较,其结果可想而知当然是新生事物显现出的"不健全"。因此对于虚拟社区,世间往往投与一种带有偏见的眼光,认为它必然会给社会带来负面的影响。这番景象,在电话以及电视等媒体问世当初也曾如复制一般地上演过。但是时至今日,虚拟社区已经成为以面对面式交流为基础的现实社会社区的强劲竞争对手,融入到了我们的日常生活之中,两者也在错综复杂的关联之间共存于世。从今往后,虚拟社区在社会生活中所占的比重必将愈发扩大。当然,这并不意味着虚拟社区与现实社会将发展成为完全等质的事物,也正是因为如此,两者之间存在的些许差异将时刻提醒人们正在进行的交流活动是否存在于共同的物理性时间与空间。例如在本章,我们详细地论述了匿名性的种种功过。无论是何种特点,都有如硬币的正反两面,时而发挥积极作用,时而产生消极影响。而作为使用者的我们,不能只看到虚拟社区众多优缺点的某一面,更应该思考如何发挥其长处以贡献于我们的生活,做到扬长避短。尽管只是一种尝试,相信在虚拟社区与现实生活之间一定可以孕育出更多令人欣喜的可能。

Extension Study   "虚拟空间的知识共享"

在因特网上存在着无数各具特色的虚拟社区,其中有一种专门用于共享知识的社区。在这样的社区里,用户可以随时在线上传或者更新信息,社区因此成为信息资料库,其中有一部分社区与本章中提到的使用维基系统的服务(如"维基百科")类似,在与他人的交流中(如通过提问和回答的形式)获得信息,具有电子公告板的性质。在电子公告板型的知识共享社区里,提问者往往并非执著于期待正确答案,更多则是期待来自其他用户的多种不同意见。

日本学者川浦康至等人(川浦康至、三浦麻子、地福节子、大泷直子、冈本真,《创造知识共享社区的人们——从"提问"形式看参加行动》,日本社会心理学会第47回大会发表论文集,2006)为了考证在这样的知识共享社区里流通的信息种类,对日本的"Yahoo! 知惠袋(http://chiebukuro.yahoo.co.jp)"

的投稿记录进行了内容分析。通过对"提问"与"回答"两者的分析,在两者之间没有发现存在明显差异,因此在这里我们选择介绍关于"提问"的分析结果。

根据对"提问"中出现名词(下文中用【】标记)的出现频率的统计,发现在获得正确答案的提问里出现频率较高的名词之间几乎不存在根本性差别,多为阐明【现在】的状况或者【情景】后,询问有关【电脑】或【邮件】的【使用】【方法】的问题。与此相比,在没有获得正确答案的提问里,女性表现出了较为明显的特征,即相较男性而言,围绕【孩子】【朋友】【恋人】等人际关系的词语的出现频率较高,随后为【不安】【情绪】等表达情感的词语,以及【电话】【礼物】等有关人际关系的行为和事物也频繁出现。

没有获得正确答案的提问,多是由于获取信息的方向不够明朗,或者周边可以利用的人力资源贫乏,以及因为涉及个人隐私难以向现实社会中的友人开口等情况下产生的。可以期待来自不同用户提供的信息,同时还能确保自己的匿名性,虚拟社区无疑是解决该种问题、存蓄知识的理想场所。

媒体与舆论形成
——复合型网络系统构筑的现实

- ☑ 被世人所广泛认知的事情与鲜为人知的事情，它们之间存在的差异究竟是如何产生的呢？
- ☑ 大众媒体可以左右人们的决定，甚至巧妙地操纵人们的所思所想吗？
- ☑ 人们通过因特网形成统一的意见，这个过程到底具有怎样的影响力？

11.1　全球新闻——"泰坦尼克号"事件

提到历史上死难者人数最多的海难事故，很多人都会想起从英国出发的豪华客轮"泰坦尼克号"。1912年，在大西洋中航行的"泰坦尼克号"因撞上冰山而沉没，造成了1 517条生命的牺牲。这场悲剧在世界上引起了轩然大波，也相继成为杂志、小说和电影等众多媒体的素材。其中1997年由詹姆斯·卡梅隆（James Cameron）导演、莱昂纳多·迪卡普里奥（Leonardo DiCaprio）等人主演的电影《泰坦尼克号》（*Titanic*）因荣获第70届奥斯卡最佳影片奖而为大众所熟知。其实早在事故发生的1个月以后，就上映了一部名为《泰坦尼克号生还记》（*Saved From The Titanic*）的电影，并且在之后的20世纪里共计有十余部有关泰坦尼克号的电影问世，陆续在世界各地的剧场放映。

那么，为何时至今日，"泰坦尼克号事件"仍然能够抢占世人的话题呢？或许不少人认为，上千名的死难者让这起海难成为了不可磨灭的历史。但是只要稍加调查就会发现，从"泰坦尼克号事件"发生到现在，死伤上千名的海难事故其实偶有发生，其中最大的一次海难发生在1945年，德国客轮"威廉·古斯特洛夫号（Wilhelm Gustloff）"被前苏联潜艇击沉，仅根据乘船名册的记载大致推算出的死伤者就达 6 000 名,罹难人数约为泰坦尼克号的 4 倍。本章作者在执笔时经过调查才第一次知晓了该次事件,想必这次海难并不为世间大多数人所熟悉吧? 此外,二战期间日本客船"阿波丸"被美国海军潜艇击沉、死伤人数达 2 000 多名;战后 1954 年,往返于日本青森与函馆之间的联络船"洞爷丸"遭遇台风,造成 1 155 人罹难……但是这些海难事故,即使在日本国内,其知名度也远远无法与泰坦尼克号相提并论。

  在"泰坦尼克号事件"发生之初,随着电信媒体的普及,全球化信息网络的建立初具规模,这一点或许可以从一个方面来解释上述的疑问。其实世界情报通信网络的建设在很早以前就已经悄悄开始了,1866 年横贯大西洋的海底电缆铺设完成,到 20 世纪初,全世界的有线通信网络共计 30 万千米、总长度可绕地球 7 周以上。这个通信网络 70%的所有权归当时的英国,在东太平洋地区经由印度到达香港和上海,最后伸展至日本的长崎,这条情报通信网可谓掌控了整个世界的市场。有线电信网在当时并不仅仅用于经济产业活动方面的联系,如国际象棋对战、男女间恋爱时的联络工具等个人利用的情况也比较普遍,因此从某种意义上来讲与现在因特网的使用方法有着极其相似之处①。

  此外,在"泰坦尼克号事件"发生的 1910 年之前,除已具规模的有线电信以外,无线电技术也开始在全世界普及开来。1901 年贯穿大西洋的通信网开通以后,美国社会涌现出了一大批无线电爱好者,为此美国不得不于 1912 年出台了相关法律予以约束。因此,无论是通过正式的还是非正式的形式,如此全球性规模的电信网络成立后,最先通过这个网络向全世界同时发送的重大新闻,恐怕正是我们在上文中讨论的"泰坦尼克号事件"。当时的泰坦尼克号因其豪华程度而广受关注,乘客也多为欧美的上流社会,事故发生后乘客们所携带的贵重饰品也随着游轮一起深眠海底,有关这批财物的谣言盛传一时。由此看来,"泰坦尼克号事件"可以称为是由电信网络创造出的 20 世纪最负盛名的传说。

  在本章,我们将一起探讨诸如"泰坦尼克号事件"这样广为一般世人所熟

---

① Standage, T., *The Victorian Internet*, Berkley, 1998.

知的事情与媒体社会的种种关联。以此为突破口，着重考察社会大多数人所持有的政治意见（即"舆论"）是如何在大众媒体以及因特网等新兴媒体的影响下逐步形成的。

11.2 舆论制造的"拟态环境"

在上一节里有关"泰坦尼克号事件"的叙述中，我们提到了20世纪初期由于电信技术的发展，全球信息网络的建立取得了一定的规模。这个变化给习惯通过信息来认识周遭现实世界的人们带来了不小的冲击。关于这一点，李普曼从一名当时工作在第一线的媒体人的敏锐视角给予了精辟的评论。他在著作《舆论》(*Public Opinion*)①一书中提到，人们在认识现实社会的时候，在大脑意识中往往存在一个"拟态环境（pseudo-environment）"，是独立于真实的、客观的现实环境之外的，这个理论被后世视为传播学经典。并且值得一提的是，李普曼将这种拟态环境形成的原因，归结于当时通过电信技术实现的信息传达方式。首先，李普曼指出随着电信技术发展，逐步完善的信息网络将人们至今无法想象的世界（即现实社会）瞬间扩展到了全世界的平台。在此基础之上，李普曼认为电信技术将信息如单纯的符号般搜集起来，然后在对速度的执迷追求中把这些符号传送出去，如此这样的信息处理方式自身存在着严重的问题。例如：

> "Washington, D. C. June 1—The United States regards the question of German shipping seized in this country at the outbreak of hostilities as a closed incident."（华盛顿DC，6月1日发——美国已经解决了战时在本国逮获的德国船只的问题。）

这一信息在作为电报发送时，当时的工作人员，需要将文章改写成如下的记号：

> "Washn 1. The Uni Stas rgds tq of Ger spg seized in ts cou at t outbk o hox as a clod incident"

而这种形式的"翻译"，需要一个专门人员平均每天工作8个小时，换算

---

① Lippman, W., *Public Opinion*, Harcourt Janovovich, 1922.

成字数大约为1万5千字的工作量。李普曼认为,如此将信息的过度单纯化处理以及效率过低的传达方式,可能无法表现出现实社会原本具有的复杂模样,由此他提出了关于"成见(stereotype)"的著名理论。

> "我们在绝大多数时候,不是经过观察以后给出评论,而是先给出评论之后再去看待事物。在当今世界如此博大、繁盛,但是充满喧嚣的混沌状态中,我们的文化早已将特意为我们准备的东西筛选陈列出来。而这些经过选择的东西,在我们的文化环境里被披上了成见的外衣,但是大众往往在毫无察觉的情况下完全接受。"(*Public Opinion*)

这里所提到的"文化",当时建立在电信基础上的大众媒体便是其一。其后布尔斯廷将这个理论继续发展,提出了"伪事件(pseudo-events)"的概念。布尔斯廷人为,20世纪50年代之后,在大众媒体的大规模信息流通过程中,媒体自身创造出"经过拼凑的、新奇的事件",即"伪事件",人为地将现实社会复杂化,而人们对现实社会的认识却通常受到"伪事件"的左右。

至于"大众媒体创造的事件",很多人自然会联想到媒体制造虚假事实的问题,但是问题其实不仅仅在于故意捏造。我们需要从大众媒体获取信息,也就是说,需要依赖于电信技术,如此一来,这种媒体技术的社会存在方式就必然会影响到我们对信息内容的理解。因此,如果将"世界上有人知道的事情"看做是"世间人所共知的事情"、即"舆论",那么理所当然,舆论就是媒体通过它在社会的某种存在形式创造出来的"现实"。

11.3　舆论的复合型结构体系

(1) 媒体创造的"世界"

从上一节的讨论中我们了解到,大众媒体所持有的社会网络系统对于舆论的形成有着极为重要的影响力。可以认为,这个庞大的网络系统极尽其一切形式,正在向着世间一般大众传递各种信息。但是换一个角度思考,这里提到的"世间一般大众",即"世界"所意指的对象范围,或许正是媒体在人们的意识里塑造的概念。也就是说,当我们看到一条国际新闻,理所当然地认为"原来全世界的人们正在面临着这样的现况啊"。你可曾想过,你的这种想法产生的背后其实是因为存在着一张由媒体编织的、遍布全世界的网络系统。

在之前的章节里我们叙述过,因为电信技术的发达,世界规模的信息网络系统形成以后,国内乃至世界的任何地点都可以在同一时间接受到相同的信息报道。在这种电信技术以及大幅度提高了速度的印刷技术的共同作用下,报纸一跃成为了全国性的媒体。在日本,报纸从此被称为"全国纸",开始适应面对全日本国民如此大规模的读者群。这同时也意味着随着新闻这种媒体的诞生,人们初步认识到信息可以在"全国国民"这个广大的范围内流通。换句话说,通过每天早晨打开报纸、阅读新闻这个行为,人们开始意识到,在同一时间的某个地方、正在阅读报纸上同一条信息的其他"世间一般大众"的存在。因此,对于报纸特别报道的新闻,在报纸的读者们看来都是一次别有生趣的经历体验。政治学家、人类学家安德森①将这种由媒体呈现给人们的"世界"称为"想象的共同体",例如人们开始更加真切地感受到自己是属于某个国家的"国民",当然这种意识也是每天在与媒体的接触中形成的②。

到20世纪中后期,由于国民齐发接触媒体而形成的"想象的共同体"这种意识的提出,也使得建立在电信技术基础上的情报通信网络被赋予了更加重要的意义。这是因为广播和电视的大量普及,人们通过一个无线电接收装置就可以获取来自现场的实时报道,因此对于在同一时间接收到相同信息的其他"世间大众"的存在感立刻变得更加真实。甚至有人认为,像这样的感受时而会超越现实中的人际关系。

在20世纪50年代至70年代期间,电视在日本社会快速普及,人们又逐渐演变成同时收看某一相同节目的"国民",而电视也渐渐发展成为全体"国民"服务的媒体。例如,日本漫画家樱桃子(SAKURA MOMO)在其作品《樱桃小丸子》里,根据自身经验,描述了20世纪70年代日本国民在除夕夜晚观

---

① Anderson, B., *Imagined Communities*, Verso, 1991.
② 参照本书第3章。

看全民拥护的音乐颁奖典礼——"日本唱片大赏"的情景①。

就像漫画里描绘的一样,当时从祖父到儿孙、一家老小齐集到家中仅有的一台电视机前,想象着此刻全日本的所有国民都在一同收看这个节目,兴奋的心情可想而知。本章作者亦出生在那个年代,对于当年看电视时的这种心情可谓记忆犹新。换句话说,因为电视的出现,通过收看知名度较高的节目,可以与其他众多素未谋面的"国民"形成一种不同于现实生活中家人关系的、全新的人际关系。

因此,收看电视的行为其实虚构了一种"大家都在收看"的假象"现实"——即"伪事件"。在这样一种拟态环境中,人们在想象的意识里塑造出"世间一般大众"的存在,并且继续联想其他人正在做什么、想什么,由此产生自己的理解。

(2) 电视制造的"舆论"

从此以后,有更多的研究开始关注电视这种全新媒体所产生的影响。美国学者格伯纳(G. Gerbner)将人类收看电视的行为归纳出以下三个特点:①不需要具备读写的能力;②不需要进行能动的选择,久而久之成为一种习惯性行为;③培养(cultivation)出一种共通的社会现实,并且格伯纳将之称为"培养效果"。具体说来,格伯纳对1960年后的美国电视剧以及儿童节目进行了内容分析,发现这些节目里一贯存在着大量的暴力内容。之后他对长时间收看电视和不经常收看电视的两组人群进行意识调查,比较调查结果发现,长时间收看电视的人群比不经常收看电视的人群对社会治安感到更多的不安,并且对他人怀有较强烈的不信任感。研究人员根据这个结果推测,人们对社会的理解认识是建立在电视剧这个拟态环境的基础上的,并且由此产生对"世间一般大众"的不信任感②。

此外,有更为具体的研究结论强调大众媒体会影响人们对政治问题的看法,如"议题设置效果"。为了验证这个效果,在选举前的一段时间里,研究人

---

① 译者注:参照日本集英社出版的《樱桃小丸子》漫画系列第1卷。
② 参照本书第7章。

员首先调查了选民在对候选人投票时最为重视的几个方面,并且对同一期间内的电视、报纸和杂志进行了内容分析,总结出这些媒体究竟将哪些事情作为重大新闻反复报道。将这两组调查数据比较后,研究人员发现在媒体重点报道的新闻和选民所重视的政治问题之间,其优先排序有着极高的关联性①。关于这一点,可以理解为人们关于当今社会里何为重要问题的认识,确实受到大众媒体制造的拟态环境的影响。

如此说来,大众媒体选择报道怎样的内容,又选取问题的哪些侧面,以何种方式进行报道,作为一个拟态环境,毫无疑问地影响着人们对社会的理解方式。具体有"启动效应(Priming effects)"和"框架效应(Framing effects)"②等理论可以参考。

"启动效应"原本是来自认知心理学方面的理论,指因为受到之前某个信息的影响,而使之后对其他问题的看法发生改变。将这个理论应用到大众媒体的报道上来看,可以给出以下的例子,例如从某国进口的商品中查出了有毒物质,经过媒体对这件事情的大肆报道,人们可能对今后接触到的有关这个国家的一切信息,包括国家政策、社会制度,甚至与环境政策毫无相关的事物,都会作出否定的评价。

"框架效应"是指关于某个社会问题,是将其看做一种普遍的社会现象,还是当做一个具体的个例处理,换句话说,即媒体不同的报道方式可能会影响到人们对该问题背后原因的看法。例如,对于"少子化"这个问题,如果将其归咎于出生率下降或者晚婚等原因,作为一种社会现象来报道,那么问题的焦点就集中到了政府的责任,但是如果选取某个没有儿童的家庭作为特例进行报道,那么其个人的价值观问题无疑被扩大化处理了。

综上所述,人们对问题的理解或者意见,很大程度上是由媒体创造的拟态环境所事先预设的,很多情况下一些与事实毫无关联的内容被放大报道,人们受其影响被转移了视线,结果却可能导致某种"舆论"的形成。

---

① 竹下俊郎,《媒体的议题设置功能》,学文社,1998。
② Lyenger, S. & Kinder, D. , *News That Matters*, The University of Chicago Press, 1991.

"启动效应（Priming effects）"

这是有关人们在认知阶段处理外来信息时常有表现的理论,无论人们自身是否能够意识到这种现象,研究人员经过实验发现,(人体内部)先前进行的信息处理活动将会对之后的信息处理活动造成一定影响。其中有一个评价他人印象的实验,实验结果表明,在评价之前,与被评价者素不相识的实验参加人员如果接触到一些描写良好性格的词语,那么他对被评价者的评价也趋向好感,相反,如果他接触到的是负面的性格描写,有趣的是这种情绪也会立即体现在他对同一位被评价者的评价当中。

（3）复合型网络结构

通过上节的讨论,我们清楚看到,电视拥有无以匹敌的庞大信息量,而它以此为基础建立的拟态环境,正在以席卷之势引导整个人群,而"舆论"也将在这个过程中诞生。但是另一方面,相对于由大众媒体创造的拟态环境,人与人之间所持有的具体的人际关系网络也试图以一种互补或者对立的状态发挥出它的原本的力量。

由美国著名社会学家、传媒学家卡茨与拉扎斯菲尔德[1]提出的"两级传播理论"[2]在这个研究领域有着举足轻重的地位。该理论指出,大众媒体发出的信息,并非以完全相同的形式传达到每一个人,而是首先传达到一部分积极主动获取信息的人们,即"意见领袖",然后信息将在其个人建立的人际关系网络里得以进一步传播,并且在这个过程中大众对该信息作出评价,形成一种公众意见。根据实际调查的结果显示,尤其是在决定有关政治意见的时候,与直接从大众媒体获得信息相比,绝大多数人往往更多地受到周围人为环境的影响。

---

[1] Katz, E. & Lazersfeld, P., *Personal Influence*, The Free Press, 1955.
[2] 译者注：Two-step Flow of Communication。

> **"意见领袖（Opinion leader）"**
>
> "意见领袖"（Opinion leader，简称"OL"）是指在特定领域内，获得信息快速并且拥有该领域的丰富知识的这样一群人。特别是有关新科技新思想方面的 OL 甚至被称为"创新者（Innovator）"。OL 不仅领先众人，传达世间的新鲜信息，并且对诸事给出自己的评价，时常在舆论导向中发挥着重要的作用。他们除了存在于职场、学校等日常周边的人群中，因特网上的论坛、博客中也常见他们的身影。在社会多样化发展的潮流中，如此形式的"意见领袖"今后必将对社会舆论的形成产生更大的影响。

因此，尽管大众媒体的信息网络规模无可比拟，但是如果信息内容与人们从实际身边的人际关系网络中获取的经验相矛盾、或者遭到否定，那么这些信息的传达效果就会大打折扣。当然，如果媒体报道的信息一旦被周边人们的某次实际经验所证实，这种人际关系也将成为媒体信息的强有力后援。另外需要指出的是，人们自主形成的人际关系网络、意见领袖的存在形式以及信息所属领域等方面的情况，都会极大地影响到媒体信息的传达效果。人们获取信息以及作出评价时，是可以选择参考媒体还是身边的人际关系网络的，从这个意义上来说，人们并非单向地接受着媒体的影响，准确地说是人们为了验证自己原有的知识和意见，时而主动地选择使用媒体。如此，大众媒体的信息网络与现实生活中的人际关系网络是交错纵横的，它们依靠多样的存在方式将人们实际接触到的"舆论"用更加丰富的形式表现出来。

11.4 舆论与网络结构的类型

舆论究竟是媒体制造的，还是在身边的人际交往圈里产生的？关于这个问题，先前的研究一直试图通过比较哪一方的力量更加强大来找出答案，但是随着研究成果的积累，近年研究界的观点也逐渐发生着变化。对于上述问题，如今在学术圈更为普遍的看法是：人们通常在不同的时候选择使用不同的网络系统获取信息，然后在各自经验积累的过程中产生了"舆论"。

根据以上观点，现今飞速普及的因特网就不能只单纯看做是诸多媒体中又新增的一个"拟态环境"，而是作为一种全新的网络，编织融合到原本就错综复杂的既存网络系统当中。因此,与其说因特网的诞生对有关政治等诸多舆论造成了影响,或许是因特网这个崭新的网络系统,给舆论的产生方式带来了全新的可能这种说法更为妥当。

(1) 网络空间里的多数派与少数派

在考察因特网对人们的交流活动带来的影响时,如果从一种互联网的角度来考虑,那么当用户在线进行交流活动的时候,与企业内部的网络系统不同,无论是范围还是路径都不会被限制在一定格式之下,而是在一个广阔无边的天地里与形形色色的人相遇。因此在这种情况下,因特网对大众的意见形成所产生的影响不容忽视。

美国心理学家拉塔纳等人①通过实验,模拟(simulation)再现了网络用户在线交流时进行意见交换的过程(即模拟实验),他们让实验参加人员预测哪种意见属于多数派意见,并且自己也加入到多数派里去,即反复多次进行"猜多数派"的游戏。设置的问题有 A(白)和 B(黑)两种答案选项,实验参加人员通过与事先安排好的人群交换意见,判断正确答案是 A 还是 B。如果实验参加人员判断出讨论人群中选 A 的人居多,那么即使自己原本的选择是 B,也被要求将答案改选为 A。在这样的反复过程中,最终 A 会成为多数派意见。

> "模拟实验"
>
> 社会心理学的研究活动,主要包括考察组织、集团等社会整体的行动对个人造成的影响,个人所接受的这些影响将反映到其个人行为,最终观察这些影响又将如何通过个人体现到社会整体行为的变化上。为了研究社会与个人之间的相互关系,近年"模拟实验"成为常用的研究方法(广濑幸雄,《模拟世界的社会心理学》,Nakanishiya 出版,1997)。通过这种方法,可以再现大规模人群的长期行为,而这是一般调查所无法实现的。模拟实验一般分为两种情况,一种是如上文拉塔纳等人的实验,让实验参加人群实际参加一些假设的游戏情节,另一种则是完全通过电脑程序再现虚拟的人类行为。

---

① Latané, B. & L'Herrou, T., Spatial clustering in the conformity game: Dynamic social impact in electronic groups, *Journal of Personality*, vol. 70 (6), 1996.

随后，如图11.4.1所示，拉塔纳等人将讨论人群设置为两种情况，一种是将人群限制在一定的团体范围之内（如图11.4.1上方）；另一种则完全没有限制，人群可以相互自由接触（如图11.4.1下方）。研究人员通过比较，发现了在这两种情况下多数派意见形成过程中显示出的差异。

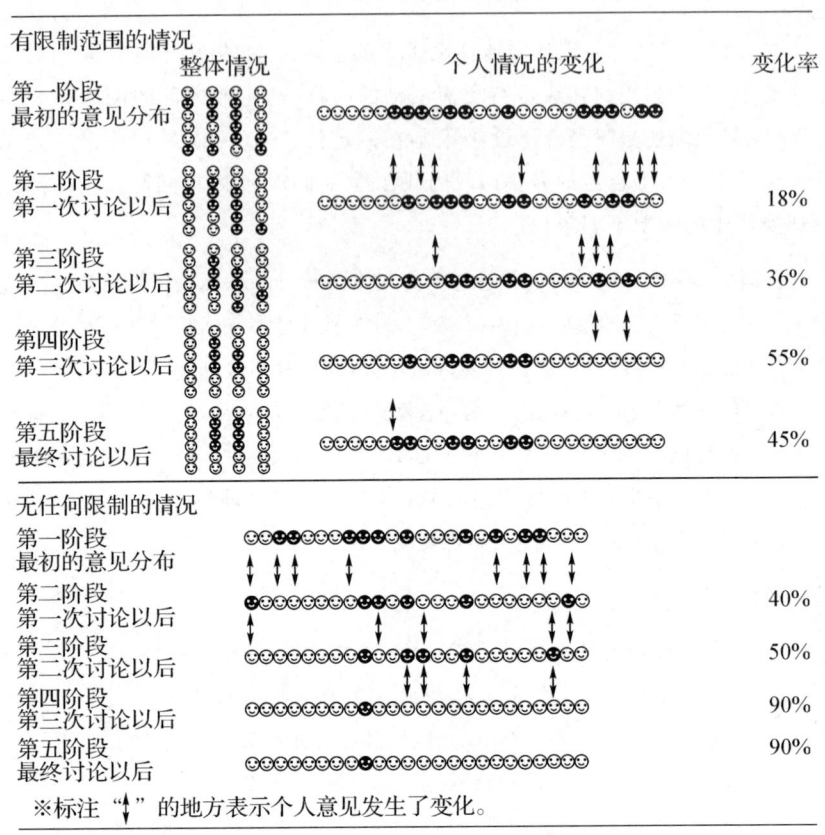

图11.4.1　不同类型的网络系统中呈现出的意见变化过程

图11.4.1右侧的数字显示的是人群经过3次意见交换后，少数派意见（黑色）人群中转变为多数派意见（白色）的人数百分比。在有限制的一定范围内，最终变化值为45%，也就是说在经过共计5次的讨论以后，最初的意见分布状况发生了变化，其中有45%的人群加入到了多数派意见人群中。相比之下，在没有限制的自由讨论里，有90%的人发生了意见转变（如图11.4.1

下方所示,其实在经过第 4 阶段的讨论以后变化人数比率已经达到 90%)。当然这只是一次模拟实验的结果,并且实验参加人员也被要求服从多数派意见,所以这个结果尚不足以说明在线交流必定能够促使人们改变自己最初的意见。但是在现实生活中倘若真的存在服从多数派的倾向,那么根据这个实验结果可以推测,人群在自由状态下的交流活动,远比在某个组织内部的进行讨论更容易形成多数派意见的集中分布。因此,以论坛为代表的、不确定人群可以自由交换意见的因特网在线交流服务,原则上来讲不受到任何制约,在那里形成统一意见的可能性也就明显增大。

但是同时也有研究指出,即使在线交流活动果真如上所述,确确实实存在意见统合的倾向,这也并不意味着所有参加讨论的人群的意见最终变为一致,而事实证明在这个过程里仍然存在着一小部分坚守自己意见的少数派。出现这样的情况,有一种可能是因为人群在自由与他人进行交流的时候,错过了多数派意见形成的时机,因此这一部分人群一时陷入了对周遭情况难以把握的状态。并且,像这样比较顽固的少数派一旦形成,网络系统里自然产生分离现象,人们各自持有独立的意见,但是同时又相互依存。

对于上述的过程,可以理解为如因特网上各抒己见的博客,他们相互参阅彼此的意见并且不时对自己的意见作出修改。假设某位博主在其博客里写下自己的观点,但是并非所有人都能直接阅读到这条信息,对于"现在在什么地方发生了什么问题",大多数情况下人们只能通过在与其他博客的交流中获知。总体来讲,在人们可以不受限制进行交流活动的网络世界里,尽管有一部分人群受到影响逐渐倾向于多数派意见,但是仍然有一些少数派意见持有者在坚守着他们各自独立的阵地。

(2) 在线交流与大众媒体/对面交流的相互作用

在本节里要强调的重点是,因特网空间里形成的交流网络,往往是贯穿于现存的各大媒体之间的。比如,博客上引用报纸、电视报道的信息,而报纸、电视也会关注因特网上的动态,此外在日常对话里谈及博客上的内容,因特网上流通电视提供的资讯,或者参照从身边交流圈获得的消息也都早已是司空见惯的情景了。可见,因特网上所形成的是一种极为复杂的信息空间。

关于大众媒体与互联网系统之间的这种关系,有研究者称之为"间媒体性"①。有具体的调查案例可以说明相关现象。日本有研究人员分别以日本国内和海外电脑用户参加的网络社区为调查对象,观察了解了有关电脑的海外重大新闻在这两组人群中的传播过程②。首先,关于人们对事件的认知度,调查结果显示,海外的网络社区用户中有超过70%的人在大众媒体报道之前就已经获知该信息了,这说明了因特网的传播能力远在大众媒体之上。此外,当研究人员对国内和海外用户进行对比时发现,日本国内的网络社区用户中知道这条消息的人尚不足4成,与海外用户之间存在较大差距,难以望其项背。但是同时研究人员也发现,在大众媒体报道该信息之后大概一个星期左右,日本国内用户对该信息的认知度也达到了海外用户的同等水平,由此可见大众媒体的传播能力也不容小觑。这次调查还发现了一个有趣的现象,那就是当人们得知此次事件以后采取最多的行动是通过对话与身边的朋友和家人分享这条信息,其比例远远超过发送邮件或者在论坛里发言。所以我们可以确认,网络上流通的信息并不仅仅局限于互联网的世界,而是可以依靠其"间媒体性"扩展到现实生活中的人际交流圈等更为广阔的空间里去。

(3) 博客群与舆论形成

在当今的因特网世界里,正如我们在上两节中讨论过的一样,博客之间相互参考,以此在这个由各种网络关系错综盘结而成的空间里谋求一席之地。这种被称为"博客群"的出现,在特定情况下可能造成相当规模的社会影响。例如,2006年7月公映的动画电影A和B,日本研究人员通过调查博客里有关这两部电影的记述情况并且进行比较后,发现了一些有趣的现象③。知名度较高的电影作品A通过电视广告等途径进行大规模的宣传,并且在日本全国300多家电影院上映。而相比之下,电影B不但宣传力度不够,最初只在6家电影院上映。这是因为电影B在制作方面投入了大量的时间与精力,已经没有能力再举办大规模的首映式和宣传活动,但是作为权宜之计,制

---

① 远藤薰,《间媒体社会与"舆论"形成》,东京电气大学出版局,2007。
② 柴内康文,《向现实开放的互联网》,出自池田谦一编《网络社区》,东京大学出版会,1997。
③ 新井范子,《众人之力:将网络收为己用的技术》,东洋经济新报社,2007。

作方召集了数名博客的博主举行了电影的试映会。

图 11.4.2 显示的是研究人员统计出的在电影上映期间记述内容里涉及电影 A 或电影 B 的博客数。可以看到，谈及电影 A 的博客数在最初一段时间里迅速增长但在电影公映后立即出现下滑。另一方面，谈及电影 B 的博客数则以较为缓慢的速度保持增长，并且在之后较长的一段时间内仍然处于话题的中心。研究人员将这半年期间对电影 A 和电影 B 的谈及总数进行了比较，发现电影 A 合计 6 600 次，而电影 B 则为 8 700 次，显示出了一定的差距。而实际上电影 B 因为观众数的不断增加，最终决定在全国 60 家电影院延长上映时间。

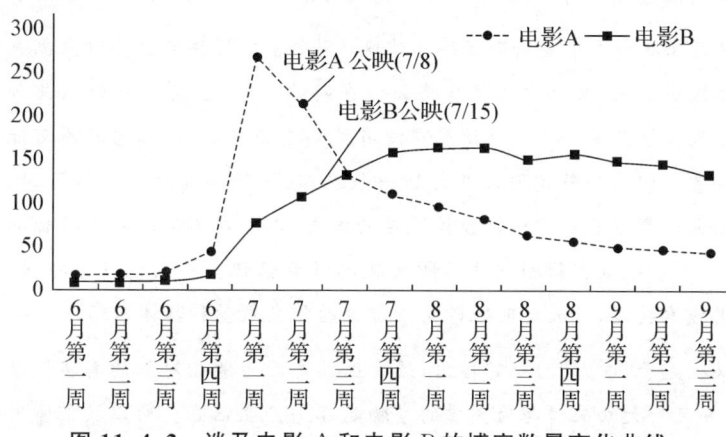

图 11.4.2 谈及电影 A 和电影 B 的博客数量变化曲线

从上述案例中我们可以看到，原先仅有的两种信息传播途径，即通过大众媒体进行大规模宣传和面对面形式进行的小规模消息流通，如今加上互联网这种全新的方式，赋予了信息传播更大的可能性。这种网络体系的诞生，也为舆论的形成开辟了一条新的路径。但是需要注意的是，在当今这个复合型的信息环境中，想要剥丝抽茧将互联网的影响力单独分离出来考虑是不现实的。并且，网络虽然在一定程度上促使了多数派意见群体的形成，但是同时也为一部分顽固的少数派意见提供了栖身之所，因此目前我们尚且很难判断网络世界里的意见动态是否立刻能够反映成为现实中的社会现象。

电信技术的发展促进了全球化信息网络的建立，也由此成就了如"泰坦尼克号事件"一样被人们流传了近一个世纪的神话。那么如今,结构愈加复杂化的网络体系是否能给我们创造更大的奇迹呢?目前尚未可知。但是在这个背景下,为了对抗大众媒体在世界范围内持续蔓延的影响力,地方的少数派势力正在试图利用网络的力量来守护自己的一方天地,这似乎正体现了社会多样化发展的根本可能性所在,对此我们是否可以从一种更为积极的角度来看待呢?

Extension Study　　　"网络世界里的'谣言'与信息"

让我们思考一下,信息是怎样通过因特网然后在人群中流传开来的。

假设你从朋友那里听到了一些消息或者"谣言",并且这些信息尚未被大众媒体报道出来,那么这些信息将如何在网络上出现,又会何时以何种形式被大众媒体报道呢?当一条消息在没有被完全公开的时候,它极有可能只是一个谣言。但是如果我们只当它是一个谣言、一带而过就太可惜了,因为我们可以通过考察它在不同场合被流传的方式,以及在不同时期表现出的变化倾向,从种种痕迹里推测它背后所反映的社会意识。特别是在因特网上,可以使用搜索功能,每天定时跟踪某条言论的信息数量和具体内容。

以往关于"谣言"的研究指出,谣言往往是因为所指对象的真实情况不易掌握,并且对大众来讲越为重要的事物越容易产生谣言。所以我们需要将其分类,通过实际比较来验证上述的特征。

此外,被大众媒体报道的一般信息,如今成为因特网上的话题,在网络用户之间广为流传的现象也极为普遍。我们可以尝试搜索一条正在被网络热议的、来自大众媒体的信息,看看网络用户更加关注这条信息的哪些方面、又容易忽视哪些方面,然后将这些特点与原本大众媒体的报道内容作比较。或许你会发现,在不同时间和不同场合下,人们关注的焦点其实也在发生着变化。

媒体素养
——批判性解读媒体的方法论

- ☑ 何谓"媒体素养"？为何近年"媒体素养"一跃成为社会广为关注的话题？
- ☑ "媒体素养"所强调的"批判性"究竟有何所指？何谓"批判性"解读媒体？
- ☑ "媒体炒作"为何屡禁不止？"媒体素养"能够成为解决问题的一剂良方吗？

12.1 无休止的"媒体炒作"与"媒体素养"

有关电视节目中的"炒作"事件屡有耳闻。

例如在日本，以1985年朝日电视台的《午后秀》(Afternoon Show)节目中发生的"虚假暴行"事件①为首，此后1992年NHK制作的纪录片《神秘的王国·穆斯坦》(Mustang Kingdom)中存在多处人为制造的不真实场景②等类似事件多有发生。甚至在近年，这样的炒作事件仍然没有得到遏制的迹象。如东京电视台《教教我们！奥特曼试验队》节目中公布的治疗花粉症的虚假

---

① 译者注：1985年8月20日，该节目以"聚焦！中学女队长！性侵犯全告白！"为题，播放了同年8月3日晚，在东京都福生市内的多摩川附近，正在野炊的数十名不良女中学生中的五人遭遇暴走族男性性侵犯的录像。10月8日，被逮捕的女学生供认录像中的暴力行为完全出自该节目制作人的事先安排。10月15日，其中一名受害女学生的母亲自杀身亡，事件的社会影响迅速扩大化。10月16日，该节目制作人因教唆暴力被逮捕。

② 译者注：1992年9月播出的该NHK纪录片中，患高山病的节目制作组人员刻意夸张患病的痛苦，并且为了摄影效果人为制造流沙现象等炒作行为于次年2月被曝光，造成了极大的负面影响。

数据和节目的突然中断播出①(2005年)、日本电视台《新闻＋1》(New Plus 1)中多次发生的虚假报道②(2006年)、2007年新年伊始富士电视台在节目《发掘！某某大事典Ⅱ》中播出的内容引发了所谓"纳豆减肥风波"，这些事件都严重动摇了电视观众对电视媒体的信任。

"纳豆减肥风波"

于2007年1月7日播出的《发掘！某某大事典Ⅱ》(富士电视台)节目介绍了有关日本传统食物"纳豆"的"新发现"，称纳豆中含有的异黄酮(isoflavone)具有减少体重、增加荷尔蒙分泌的功效。节目播出后，在日本全国各地引发了抢购纳豆的风潮，并且一时导致纳豆脱销。事后该节目被指多处捏造事实，如在对美国研究人员的采访中，使用了部分与实际发言内容不符的画面。事情曝光以后，该节目的唯一广告商日本花王表示将不再提供支持，连续播出长达10年的该节目也从此永远地离开了人们的视线。

在这样的背景下，面对电视观众人群中日益高涨的对媒体的不信任情绪，近年在各种场合"媒体素养"的重要性得到进一步的提倡。例如，1999年至2000年期间，日本邮政省召开的"有关放送事业中青少年与媒体素养的调查研究会"在其报告书中有如下阐述：

"放送"事业是以收视人群的存在为前提才能成立的，不是放送事业从业人员和节目制作人员自产自销的事物，这是不争的事实。

---

① 译者注：2005年1月25日播出的该节目中，在介绍日本千叶大学临床试验的最新花粉症治疗法时有多处不符合事实。同月28日该节目声明，原本需要两周时间进行的实验实际只用了5天，并且等待实验结果至少需要2～3个月，而节目中称两周后便能体现效果。但是在经过进一步调查后，同年2月1日，该电视台先前的说明中被指仍然存在隐瞒，因为该节目不仅没有实际进行实验，在节目中宣称接受过治疗的人在采访时的证言完全是捏造的。4名节目制作相关人员受到处分，同年2月8日该节目停止播出。

② 译者注：2005年7月6日和9月19日的两期节目中有关买卖个人信息的报道被证实为虚假报道。经过调查发现，该节目制作公司的工作人员为了拍摄买卖个人信息的画面连续跟踪了三个月，但是在这期间没有出现实际购买的顾客，因此制作人员委托自己的朋友假扮顾客完成了节目的摄制。日本电视台在2006年1月16日的节目中向观众道歉，并且表示终止与该节目制作公司的合约。《新闻＋1》也于2006年3月31日终止播出。

12　媒体素养

只有在经过"批判性观众（critical audience）"的双眼审视以后，我国的放送文化才能得以发展，从而我们才能够期待更为健全的民主主义建设。

因此，为了在放送事业从业人员与收视人群之间建立这种健全的、紧张的关系，观众自身通过提高"媒体素养"成为"能动的观众（active audience）"这一点显得尤为重要。

7年后，为调查《某某大事典Ⅱ》节目中的虚假报道而专门设置的外部调查委员会，提议建立与收视人群之间的联络通道，而作为其中一环，应该启动以提高"媒体素养"为目的的大型计划，理由如下：

> 对媒体怀有质疑的、具有高度的能动性和批判性的观众，也就是媒体素养较高的这一部分观众，随着其人数的增加，能够对关西电视台（日本）提出更多宝贵的意见，实质上能够促进关西电视台节目质量的提高。因此，我们必须全力支持收视人群的媒体素养提高，同时也为加强关西电视台与观众之间的紧密接触，有必要立刻启动以提高媒体素养为目的的大型计划。

具体来讲，联合各大高中、大学以及自治体的市民讲座，围绕虚假报道等电视放送事业中经常出现的问题，安排关西电视台工作人员与收视人群直接对话的场合，或者让观众与工作人员一起参与到小节目的制作当中去，提供互相提意见的机会。

无关岁月的变迁，也无关监视或被监视的不同立场，作为医治放送业界长期疑难杂症的良药——媒体素养，无论是业界人士还是观众自身对它的期待其实是不言而喻的。在其背后存在着这样的思考模式，也就是说"媒体素养是一种能够能动地、批判地接触媒体的能力，通过提高这种素养，可以在受众与媒体之间培养出一种具有积极意义的紧张关系，从结果而言，实质上也促进了媒体质量的提高"。这种说法听起来似乎无懈可击，甚为妥当。

但是不得不提醒大家的是，即使有良药佳方，我们也常常忽略了病症的复杂性和严重性。日本学者内田树在《伟大的老师》[①]一书中提到这样一种有

[①] 内田树，《伟大的老师》，筑摩书房，2005。

趣的现象,那就是"我们可以这样毫无批判地追随媒体的论调吗"这样的言论,已经和"日本像现在这样下去可以吗""我们希望年轻人也能思考一下这个问题"等一样,已经成为大学生们写文章时惯用的结尾句式。的确,作为媒体素养论的教诲之一,能动地、批判性地看待媒体,是解决有关媒体诸多问题的一条重要线索。但是这个理论若只沦为一句口号,很有可能成为人们放弃自身努力的借口,无益于激发思考。归根结底,把"能动地、批判性地接触媒体"这句理论当做口号无原则地空喊,这种态度本身就不能视为真正具有能动性和批判性的行为。

如上所述,"媒体素养"这个词语里,真实与暧昧、批判性与非批判性等众多元素交错其中。但是有关媒体素养的讨论陷入如此混乱的两难境地究竟是何缘由呢?此外,媒体素养论真的是解决如"炒作"等诸多让媒体业界头疼问题的良方吗?在本章里,我们将通过重新考察"媒体素养"的定义来解答以上的疑问。

12.2　何谓"媒体素养"

在上一节里我们提到过有关"媒体素养"的定义,是指一种能够能动地、批判地接触媒体的能力。但是这种定义太过简略,不足以概括关于这个领域的众多观点。在本节里,我们将介绍有关媒体素养的代表性定义,同时整理一下相关的几个基本概念,以更好地理解这个理论的相关研究。

首先我们介绍加拿大安大略省(Province of Ontario)颁布的教师用媒体素养教育纲领中有关"媒体素养"的说明,这个地区在媒体素养教育方面有着先进的指导地位[1]。

> 媒体素养是指:以促进儿童的理解和提高学习兴趣为目的,就有关媒体的主要功能和诠释手法,以及如何组织化运营、构建现实社会等相关内容进行的教育,并且同时致力于培养儿童创作媒体作品的能力。

---

[1]　Ontario Ministry of Education, *Media Literacy：Resource Guide*, Queen's Printer for Ontario, 1989.

这份教育纲领的日文版翻译者,同时也对日本媒体素养论的发展作出了极大贡献的铃木绿教授(Suzuki Midori)如此定义媒体素养[①]:

>媒体素养是指市民能够在社会的大背景下客观地分析、评价和接触媒体,并且创造出多样的交流方式的这样一种能力。

与铃木教授同为日本媒体素养论代表研究者之一的水越伸教授这样阐述了自己的意见[②]:

>所谓媒体素养,指人们能够认识到通过媒体接触到的是经过媒体制作人编辑再合成的信息,需要批判地接受和理解,并且同时能够将自我的思想、意见和感受,利用媒体统合表现,由此衍生出新的交流方式。因此,媒体素养是一种综合性的能力。

结合以上各家观点,我们归纳总结出以下四个要点作为补充说明,希望能够有助于大家对"媒体素养"的全面理解。

第一点,认识到"媒体构建现实社会"这一点,并且能够理解所谓"媒体修辞"的存在。媒体并非将眼前存在的现实世界原封不动地传达给大众,而是根据媒体各自持有的表现特征以及修辞方式,依靠各自的一套程序构建着"现实"。提到媒体的修辞方式,以电视为例,包括摄像机的拍摄方法、镜头剪切长短、效果音和背景音乐[③]、旁白等众多元素。能够从这些内容的组合中读解出信息的含义,或者自己能够灵活运用这些元素传达信息,可谓是"电视素养"的核心内容。同样,照片的修辞手法可以有取景方式和角度的变换、镜头种类的不同以及快门速度的调节,等等;报纸和杂志的修辞方式则包括纸张的大小、纸质、段落组合、照片图标的配置,以及文字大小、字体设置等要素。这些修辞方式都与我们看到的各大媒体中展现的"现实"密切相关。

第二,能够意识到媒体在所传达的信息背后隐藏的"潜台词"。媒体在传达一条信息时,这条信息的含义并不仅仅是由媒体的修辞方式决定的,往往在其背后隐藏的潜在含义能够给我们带来全新的读解视角。而这样的深层

---

① 铃木绿,《为了媒体素养的学习者们》,世界思想社,1997。
② 水越伸,《新版数字媒体社会》,岩波书店,2002。
③ 即 Background Music,缩写为 BGM。

含义通常极其隐蔽,不易为人察觉,因此只有当我们开始注意到这个层面的时候,才有可能发现对于同样一条信息完全不同的解读路径。

例如电视直播奥运会或世界杯足球赛等大型国际赛事,我们可以尝试观察电视媒体为了提高收视率或者增加广告收入所费的苦心,或者关注当时的国际形势对节目的构成和内容有何影响,这些因素通常能在很大程度上左右我们对眼前画面的理解。也就是说,媒体传达的信息一般有表里两个层面,透过现象看本质,深层次解读媒体信息,这也是"媒体素养"中一大不可或缺的内容。

解读媒体信息的深层含义,与第三点——批判性(critical)看待媒体是紧密相连的。在日常生活当中,"批判"这个词往往解释为否定或者责难,但是在媒体素养论的领域里,批判主要是指能够从媒体与受众之间无形中形成的一种固定的理解模式中解放出来,仔细品味、重新审视的意思。所以媒体素养论里所说的"批判"与否定、责难相比,更接近"反思"、"回顾"的意思。

换句话说,作为媒体受众的我们在不知不觉中陷入了一种惯用的思考套路,而"批判"正是试图将消息的解读从这种固定套路中解放出来投放到另外一种全新的模式当中,通过"使司空见惯的事物焕然一新"①,从习以为常的周遭环境以及逐渐丧失敏锐的感触中发掘全新认知的这样一个过程。

有关媒体素养定义的最后一个要点,即第四点,是指受众要勇于利用媒体尝试自己创造信息、发送信息。通过体验媒体的幕后制作过程,我们不但有机会熟悉并且掌握各大媒体的特点和它们各自擅长的不同修辞方式,而且可以为了准确表现自己的构想反复实践,从失败中吸取经验。在这个过程里,我们也自然会站到媒体制作人的角度,考虑"如何才能更好地传达信息",仔细挑选从采访对象那里获得的素材。长久以来,我们已经习惯了从媒体受众的角度来看待媒体信息,但是通过这样的实践,我们或许能够从一些熟视无睹的事物中收获全新的发现。同时,不断积累的媒体制作经验也会拓展并丰富我们的视野,改变一味批判的单纯思路。另一方面,在媒体制作者和受

---

① Buckingham, D., *Media Education: Literacy, Learning and Contemporary Culture*, Polity Press, 2003.

众这两种角色不同视角之间的反复思量与斟酌,以及在实际操作、总结经验、再操作这样一个良性的循环里,也会让体验者们关注的重心从作品的完成度逐渐转移到制作的过程当中,比起作品的自然流畅,或许其中暗含的矛盾和纠结更能吸引我们。

通过以上的叙述我们可以发现,参与媒体制作的实践活动中几乎包含了媒体素养理论里强调的所有要点。尤其是创作实践与批判性看待媒体的素质培养这两个环节之间有着非常紧密的联系。

综合以上的观点,我们对"媒体素养"重新进行定义,主要包括以下几点:

①能够理解媒体的修辞手法,读解媒体信息中隐藏的深层含义,并且能够批判性地看待媒体信息;

②对于媒体提供的信息能够做出自我的判断,从全新的视角出发予以诠释;

③学习并掌握各大媒体的使用方法;

④利用媒体进行创作、发送信息,具有这种综合能力。

这样解释媒体素养应该是相对比较全面的。但是当我们对现代媒体素养教育产生了很大影响的英国媒体教育的起源和发展进行研究比较后发现,上述的定义尽管看似简单明了,但是实际上当中融合了多种媒体论、媒体素养论的观点。因此在下一节,我们将简略地回顾一下英国媒体教育的历史,关注在媒体素养理论中隐含的对峙与分歧。

12.3　英国媒体教育的发展与"媒体素养"论

如今在世界范围内普及的媒体素养教育,大多认为起源于自20世纪30年代起在英国社会开展的媒体教育。作为这个领域的理论基础,里维斯与汤普森的《文化与环境——训练批判意识》①一书时而被人们提及。在20世纪30年代出版的这本著作里,作者通过大量的素材向世人展示了训练对媒体

---

① Leavis, F. R. & Thompson, D., *Culture and Environment: The Training of Critical Awareness*, Chatto & Windus, 1933.

的批判意识是何等重要,这里的"媒体"指被认为给在学校培育的文化爱好和良好习惯造成了不良影响的学校外环境,电影、广告以及报纸等大众媒体自然都包括在内。

在20世纪30年代这段时期,由英国导演约翰·格里尔逊①等人以"用纪录电影引导社会变革"为口号发起的电影运动在英国社会造成一定影响,同一时期德国纳粹控制电影、广播等媒体,宣传战时政策似乎也取得了较大成效。因此越来越多的人在此时注意到了大众媒体强而有力的影响力,并且认识到媒体随时可能被政治或者其他目的所利用,于是人们开始思考如何在这个被媒体包围的社会里保护自己。日本媒体评论人菅谷明子在其著书中介绍到,在当时,英国公共媒体BBC制作了专门节目,用于教育英国国民如何区分政策宣传,并且在1936年,罗马教皇呼吁世界各国将媒体教育正式列入学校课程②。

在这样的社会背景下,里维斯和汤普森出版《文化与环境》一书,大力提倡需要保护儿童免受学校外大众媒体环境的不良影响,此举可谓是极合时宜的。另一名英国学者白金汉将英国媒体教育的基本出发点——"儿童"、"媒体"和"教育"这三个方面,概括称为"保护主义(protectionism)"③。这种"保护主义"的观点,对今后媒体教育的发展方向以及存在形式起到了决定性的影响。在《文化与环境》出版后时隔70多年的今天,媒体素养理论当中仍然可寻"保护主义"的身影。

里维斯和汤普森所关注的问题,是如何保护儿童不受来自大众文化的不良影响,他们认为这种在标准模式下、大量生产的"文化"是对"真正的文化"的威胁。但是在随后20世纪50年代后期进行的媒体教育与研究,开始批判"真正的文化=高级文化"对立于"虚假的文化=大众文化"这种当时社会的主流价值观。作为最早提出批判意见的学者之一,威廉姆斯指出,里维斯等

---

① 译者注:John Grierson(1898—1972),英国纪录片导演兼制片人,最早提出纪录电影(documentary)的概念并且于20世纪30年代组织英国纪录电影运动,代表作品有 *Drifters*(1929年)等。
② 菅谷明子,《媒体素养——来自世界的实时报道》,岩波书店,2000。
③ Buckingham, D., *Media Education:Literacy, Learning and Contemporary Culture*, Polity Press, 2003.

人只看到了"文化"最为"理想"的一面,他们的观点是不够全面的①。威廉姆斯强调作为文化在社会生活中的实际存在方式也同样应当受到关注,他把被里维斯看做是对真正的文化产生威胁的大众文化也划分为自己文化理论研究的分析对象,并且打破了"高级文化 vs 大众文化"这个狭隘的模式限制,进一步探究了文化的多样性与复杂性。

在之后的 20 世纪 60 年代里,随着在电影等大众文化熏陶下成长的一代人执起教鞭,认为大众媒体提供的皆是虚假文化这种观点也渐渐失去了影响力。但是,这绝不意味着保护主义的态度从此销声匿迹了。在这个时期里,随着电影研究的蓬勃发展,诞生了一种全新的保护主义观点,那就是通过学会区分"好电影"与"坏电影"从而让儿童免受电影的不良影响。也就是说,人们开始认识到大众媒体制造的文化并非完全是邪恶的,而是善恶并存的。但是尽管如此,儿童依然是需要从虚假文化中隔离出来的。和培养对文学作品的"高品位"一样,此时媒体教育的主要任务是培养对媒体作品的"高品位"。

英国媒体教育专家莱恩·马斯特曼(Len. Masterman)指出,20 世纪 70 年代以后,以区分媒体作品好坏为目的的媒体教育逐渐暴露出一系列问题。首先,对个别媒体作品做出"好"或者"坏"的评价时,设置让所有评审员都能认同的评价标准是一件非常困难的事情;其次,过于强调区分媒体作品的好坏,可能造成人们过分重视作品的内容,而忽略了作品从制作、流通到消费的一系列社会背景;第三,所谓"好"、"坏"的价值判断难免升级成为作品的一种属性,阻碍观众从多方位解读作品的视角。只是急于定位作品的价值,可是诸如这是相对于谁而言的价值、是什么意义上的价值、依据什么样的价值判断标准等这些重要问题却无人问津②。

在这样的背景下,继承了威廉姆斯文化概念批判研究衣钵的英国文化研究(culture study),在吸收了罗兰·巴特③的符号学理论分析、路易·阿尔杜

---

① Williams, R., *Culture and Society* 1780—1950, Chatto & Windus, 1958;
Williams, R., *The Long Revolution*, Chatto & Windus, 1961.
② Kubey, R., *Media Literacy in the Information Age: Current Perspectives*, Transaction Publishers, 1997.
③ 译者注:Roland Barthes(1915—1980),法国文学批评家、社会学家、符号学家。

塞①的结构主义以及安东尼奥·葛兰西②的霸权论等理论影响以后,在有关媒体信息的生产、流通、消费这一系列社会程序的研究活动中取得了丰硕的成果。而此时的研究活动已经不再局限于对个别媒体作品或者媒体环境做出好与坏的评价,与此相比人们开始关注媒体及其使用人群所处社会环境中性别、阶级和民族等多样化元素,以发觉社会主流价值观中暗含的矛盾和隐患。并且,媒体受众开始摆脱一味被动接受媒体信息的角色。能动性,即能够在政治、经济和文化的大背景中解读信息的能力越发受到重视。此外,媒体教育的主要素材从电影转换到电视和报纸等人们接触更为频繁的媒体,观察政治、文化在日常现象中发挥的作用,换而言之,研究的重心切换到了日常生活中蕴藏的政治性上。

从里维斯到文化研究,我们一路追寻媒体研究与媒体教育的发展足迹时也同时发现,里维斯的保护主义态度和对里维斯理论的批判意见这两派的不断斗争,在实质上决定了该领域的前进方向。关于保护主义态度,虽然存在很多种形式,但是其中心思想是一致的,那就是在思想上设定了一种区别于现实的、"理想的"文化/媒体的存在形式,并且以此为标准对现实社会中的媒体进行价值评判。在这种指导思想下,批判媒体的具体工作其实就是指出现实媒体在哪一些方面没有达到"理想的"文化/媒体的标准。与之相对应,媒体素养教育的目的也就在于培养一种能够"正确"评价媒体、区分"真伪"的能力。但是在很多情况下,判断"正确"的标准是由授课教师掌控的,因此学生的作业便是去揣测那个所谓的"正确答案"。而在上一节我们提到的惯用口号"我们可以毫无原则地追随媒体的论调吗",便是最受教师青睐的"正确答案"之一。只要有一次发现正确答案的经验,那么当再次遇到这个答案貌似可用的问题时,学生们便会主动放弃重新思考的机会。如此号召人们要批判地看待媒体的媒体素养论,难免沦为学生在处理有关媒体问题时为逃避思考却可信手拈来的借口。

那么,如果否定上述的保护主义态度,评价媒体的标准又从何而来呢?

---

① 译者注:Louis Althusser(1918—1990),法国马克思主义哲学家、结构主义论者。
② 译者注:Antonio Gramsci(1891—1937),意大利马克思主义思想家、意大利共产党创建人之一。

没有了"理想的""正确的"媒体标准存在形式做参照,对现实媒体的评价该如何进行呢?白金汉阐述了他的观点①:

当今的媒体素养教育,不应该基于"媒体的害处无可否认并且无处躲避"、"年轻一代完全被动地成为了媒体的牺牲品"这样的论调,不应该以保护儿童为中心内容,将全部责任归于教师的教育指导,而是应该建立在年轻人们已经具备的媒体相关知识和经验的基础之上。同时媒体素养教育的目的,也并非保护年轻人免受媒体影响,以便给他们灌输"更为正确的东西",而是应该让他们在获得大量信息以后,能够根据自己的观点做出判断。总体来说,媒体素养教育不是一种保护行为,而是一种参与行为。

根据白金汉的上述观点,媒体素养教育的宗旨并不在于揭露媒体的种种错误、拨乱反正,而是"让儿童通过体验媒体制作方与受众这两种截然不同的角色,重新审视自身行为(reflect),并且能够理解媒体作品背后潜在的社会、经济等方面的广泛背景知识"。此外,所谓"批判性分析",并非检验这个对象是否达到了预先设定的标准,却更如同是一个"对话的过程"。在重视"对话"的教育里,教师不会单向地向学生传授知识,更应当重视学生自身对媒体作品的理解以及创作等实践活动。因此,教师所扮演的角色,不是将自己保留的"正确答案"传递给学生,而是引导学生对自己的实践活动作出反省的协助者(facilitator)。

对于保护主义媒体素养论者来说,媒体教育的最终目的是要人们看穿媒体弄虚作假的真实面目,维护"理想"与"正宗"。与此相对,保护主义反对派则认为,媒体素养教育应该以日常生活中积累的媒体经验为基础,重新思考因司空见惯而熟视无睹的事物,批判地看待自己与媒体的关系,并且将这些经验不断贯彻到日常的媒体使用实践中去,因此这其实是一个无限循环的过程。这个过程,更准确地说,不是沿着原先的圆形轨道一成不变地重复,而是不断拓展的螺旋形运动。

上述的这两种媒体素养理论很明显存在着很大差异,但是在实际讨论媒

---

① 同 Buckingham, D. (2003)。

体素养的过程中,两者的区分也并非十分明确。正如我们在上一节介绍的有关媒体素养的定义,从不同角度出发就可能存在着不同的见解。但是讨论媒体素养论的人们并非都能自觉意识到各种理论之间存在的立场差异,况且也有不少人并不排斥同时接受这两种论调。所以在当事人的不经意之间,有关媒体素养论的讨论出现了一些小小的混乱与分歧,而我们则有必要在这两种看似对立的理论之间不断提高自己的认识水平。

12.4 "媒体炒作"与"事实主义"

在本章的一开始我们介绍过,媒体炒作事件屡屡掀起社会风波,尽管事后总能听到当事人的道歉和反省,但是媒体上同样的夸张、造假剧却依然频繁上演。那么,为何在社会的一片责难声中,类似事件却屡禁不止呢?

其实我们在提出上述疑问的同时,已经落入了一个思维的陷阱。说其缘由是因为对媒体炒作的非难,与媒体的夸张捏造行为实际上是事出同根。声势浩荡的申讨并不能阻止媒体的炒作,相反正是为其推波助澜。

这究竟该如何理解呢? 其实无论是媒体的炒作还是来自社会的批评,都是源自对"事实主义"最质朴的、却过度了的信任。"事实主义"是日本媒体评论家武田彻提出的概念,他是这样定义的:"夸大评价媒体的能力,认为媒体只应报道事实,一旦媒体有所辜负便毫不留情得予以纠责。"但是实际上"媒体并不能做到完全报道事实,并且也不应该这样"[①]。同样,对于媒体炒作的严厉指责,也正是由于受众认为自己坚信的"媒体能够并且应该做到排除一切不实与捏造"这个信念受到了背叛,因此做出的强烈反击。

但是上述理论并不能回答"媒体究竟能不能做到排除一切夸张和捏造的报道?"这个问题,而这也是有关炒作的最重要的问题所在。用极端一点的方式说,"炒作"真正的问题并不在"制造谎言"上。人们对炒作的批判,是人们在潜意识里设定了"非炒作=原始的真实"这样的先入观念,并且人们对这个假设的观念深信不疑。当被眼前的谎言吸引住了眼球,人们便不会再去注意在这个谎言背后隐藏着的更大的谎言。但是反过来说,这里我们用"谎言"这

[①] 武田彻,《"事实主义"才是新闻工作的大敌》,出自"NBonline"(http://business.nikkeibp.co.jp),2007年7月17日。

个词语是否恰当呢？提出这个问题是因为它涉及"非谎言=真实"这个概念，而谈到这个概念自身存在的问题有可能会改变我们的一些想法。

所谓"制造谎言"，包括以下几个步骤：①对于"非真实的"事物；②在知道其并非真实的前提下；③有意宣称其为"真实的"。因此，对于"制造谎言"的批判也可以分为两种，第一种是针对"将不真实的事物称为真实的"这种行为，第二种是针对"有意为之"的态度。以前面提到的日本电视节目《某某大事典Ⅱ》的炒作风波为例，观众对节目的声讨主要在以下两点：Ⅰ.纳豆的减肥功效并不属实，但是节目却误导观众，让观众信以为真；Ⅱ.该节目的制作人员有意地做出了如Ⅰ所述的安排。并且，以上这两种观点是建立在"真实"与"非真实"可以明确地区分清楚和电视节目的内容反映了节目制作人员的意图这两条看似符合常识的逻辑基础之上的。

在这样的逻辑前提下，要在"媒体制造的谎言"中让受众学会保护自己，诸如"提高能够区分'真实'与'非真实'信息的分辨能力"，或者"看穿媒体妄想混淆视听的意图，时刻注意不要上当受骗"之类的观点得到大力提倡也是顺理成章。作为医治媒体诸多问题的良方——媒体素养论被不厌其烦地推作挡箭牌，也就是在这样的背景下造成的，因此其中反映出的保护主义的色彩也难免过于浓烈。

但是我们转过来再看，作为上述理论的两个先决条件，即"i.'真实'与'非真实'可以明确地区分清楚；ii.电视节目的内容反映了节目制作人员的意图"，是不是无需任何前提、自然成立的真理呢？因拍摄《生活在阿贺》(*Living on the River Agano*)(1992)等纪录片而闻名的电影导演佐藤真①曾经这样说过：

> 在现实社会里充满了虚构，人言里也必定掺杂着谎言。所以，认为只要用摄像机就能拍到"真实"，这虽然是一种最为质朴的、对"现实"的信仰，但是你最好立刻就扔掉。……即使是纪录片记录的"现实"，也总是游走在虚实交界的边境线上的。……

---

① 译者注：佐藤真(1957—2007)，日本纪录电影导演，东京大学文学部哲学系毕业，京都造型艺术大学教授。2006年因患忧郁症入院，2007年9月于东京都跳楼自杀身亡，享年51岁。

知道影片的拍摄对象是如何决定的吗？其实在经过选择的拍摄对象背后，必定都隐藏着摄像者的某种意图。

但是需要提醒的是，摄像机镜头凭借其机械的忠实性将眼前的现实客观地保存为影像，这是不受摄像者意图左右的。所以时隔多年再拿出当年拍摄的胶片看，无关当时的制作意图，我们往往能够被摄像者和拍摄对象在无意识之间流露出来的魅力所吸引①。

当然，根据佐藤真的这番言论，就认定"'真实'与'非真实'无法区分"、"电视节目的内容无关制作者的主观意图"，也未免太过性急。但是图像媒体具有的潜力和丰富的表现力，却不能因为盲目认同上述的两个观点而被忽视。这些观点，与其说是所有理论的基本出发点，更准确地说其自身还是需要不断加以验证的争论焦点。

如上所述，"媒体制造谎言"这种说法还存在很多问题，但是这也不意味着我们主张"媒体不会制造谎言"或者"媒体可以制造谎言"。可以肯定媒体确实有"制造谎言"的情况，而且在基于确凿证据的基础上应当予以严肃批判。但是我们想要强调的是，对媒体炒作的批评以及类似于"媒体从不报道事实"、"媒体弯曲现实"、"媒体有欠公平"、"媒体不够客观"这样的责难，却容易产生严重的副作用，因为"事实"、"现实"、"公平"和"客观"这些概念自身隐藏着一些问题，可是我们在使用这些评价标准的时候却无法保证能够做到准确把握。如果没有意识到这个层面的问题，只是一味地批判媒体炒作，很有可能会打击媒体的表现力，引起比炒作更严重更深刻的问题。而这种后果给媒体之间或者受众之间，以及媒体与受众之间的关系发展带来的也绝对不是积极的影响吧。

"事实"、"现实"、"公平"和"客观"这些词语，尽管在日常生活中涉及有关媒体问题时经常使用，但也正是因为这样不经考究地使用，这些概念里寄生了越来越多的问题。我们需要意识到的是，这些词语并不是我们评判媒体的基准，而是在讨论媒体问题的同时应该不断提出来进行反复推敲的论点。上述的观点意不在于贬低媒体、指责媒体不足以信任或者完全不能够信任。或

---

① 佐藤真，《纪实电影的地平线——为了批判地看待世界》，凯风社，2001。

许,我们可以期待媒体依靠它无限的表现力为我们构建一种更具柔韧性的、更为丰富多彩的对话关系,而这也势必为媒体素养论的发展提供一臂之力。

Extension Study	"纪录电影"的丰富种类

纪录电影通常被理解为"原封不动地记录、传达现实的作品",但是这个定义却不足以概括"纪录电影"这一分类中的全部作品类型。纪录电影又称纪录片(documentary film),这个称呼最早是由英国导演约翰·格里尔逊(John Grierson)提出的。他师从罗伯特·弗拉哈迪(Robert Joseph Flaherty,1884—1951,美国电影导演,被后世称为纪录片之父),并将弗拉哈迪的这种电影拍摄手法命名为纪录电影。但是实际上我们从弗拉哈迪的妻子弗朗西斯(Frances Hubbard Flaherty)的日记(*The Odyssey of a Film-maker*: *Robert Flaherty's Story*, Threshold Books,1984)中得知,弗朗哈迪的作品其实与"原封不动地记录现实"的定义相去甚远。弗拉哈迪的代表作《北方的那努克》(*Nanook of the North*,1922),在拍摄时为了获得充足的光线,将那努克一家用冰雪堆砌的房屋推倒一半,就在这样半露天的状态下拍摄了主人公的"日常"生活。此外,在《亚兰岛人》(*Man of Aran*,1934)这一部描写漂浮在大西洋上的亚兰岛岛民严峻生活现状的作品里,主人公一家其实是为了这次拍摄而临时召集的当地群众。当然,这些"事实"并不影响我们在亲眼看到这些作品时感受到的来自"真实"的震撼。

"现实"与"虚构"的界线远比我们想象得更加模糊。正如前文引用的佐藤真导演的话:"纪录片所记录的'现实',总是游走在虚实之间的。"希望大家有机会,能够自己亲眼看一看如弗拉哈迪、佐藤真以及森达也[日本纪实电影作家,作品有《A》(1998)、《A2》(2001),著书《相信世界的最佳手段——我们这个时代的媒体素养》(2006)]等多位纪录电影导演的作品。

"不经修饰的现实"是何模样?"客观性"与"中立性"是何含义?现实与虚构的分界线究竟在何处?尽管是一些日常生活中我们不会深思的问题,还是足够吸引我们的注意。其实不管是否能够得出结论,当我们开始思考这些问题的时候,就已经踏上了媒体素养论的实践之旅。

本书各章作者简介

桥元良明(第 0 章、第 6 章)　日本东京大学大学院情报学环教授

松田美佐(第 1 章)　日本中央大学文学部教授

小平佐智子(第 2 章)　日本 NHK 放送文化研究所主任研究员

辻大介(第 3 章、第 8 章)　日本大阪大学大学院人间科学研究科准教授

南田胜也(第 4 章)　日本神户山手大学现代社会学部准教授

三浦麻子(第 5 章、第 10 章)　日本神户学院大学人文学部准教授

森康俊(第 7 章)　日本关西学院大学社会学部准教授

是永论(第 9 章、第 11 章)　日本立教大学社会学部媒体社会学科教授

见城武秀(第 12 章)　日本成蹊大学文学部准教授

译者后记

在旅日第九个年头开始之际，能将本书出版成册，诚然欣慰。于公，不负媒体研究者之责任，不辱海外学子之使命；于私，不枉寒窗苦读数十载，不愧师表谆谆之教导。

自 2008 年原书在日本出版问世后，便心心念念将此书引入国内，一来该书汇集日本媒体学、传播心理学方面专家之代表性研究成果，可谓集大成之作，盼与国内同行共探讨，此乃学界之益事；二来该书用词酌句浅显易懂，且数据丰富，不失为普通读者了解日本社会之理想作品。然好事多磨，2010 年末企划终成，却苦于版权等繁琐事务，亦恼自己学业杂事缠身无从潜心一意，时至 2012 年年初译稿终成气候。在此，对原书编著者日本东京大学桥元良明教授、日本大修馆书店北村和香子女士以及东南大学出版社马彦编辑之大力支持谨致以真挚感谢。

信息世界瞬息变化，无形之物其利弊也均在此，深谙其道者将事半功倍，反之则步步艰辛。何谓信息，何谓媒体？或许你曾以为能够熟练使用手机电脑足矣，其余学问之事与己无关，但读完本书后，如若能引君一线思考，便为本书之大幸、译者之大幸。

末了，请恕我不情之请。翻译过程中以我有限之力，在言语处理之处难免存在不妥，还望各位读者、研究界同行包涵并真心期待指正，更望能有同席交流之机会向诸位请教。

共勉。

2013 年 7 月

江　晖

于东京住所